高等院校应用型人才培养"十四五"规划旅游管理类系列教材

中国大型会展节事案例分析

张欣建　王尚君 ◎ 编　著

Case Analysis of China's Large-scale Exhibition Events

华中科技大学出版社
http://press.hust.edu.cn
中国·武汉

内容提要

本书共分为九章，主要涉及会展节事的缘起、互联网经济下的中国会展节事、中国会展节事的文化属性、中国会展节事文化传承与传播、中国会展节事创意策划、会展节事与旅游融合发展、中国会展节事品牌定位与建设、中国会展节事的影响力以及中国会展节事志愿者服务九个知识领域，选取九个有代表性的中国大型会展节事，以讲好中国会展节事发展进程及故事；分析互联网经济下，中国会展节事打破时空界限的发展态势；分析中国会展节事的文化属性及其所承载的中华优秀传统文化；分析中国会展节事对中华优秀传统文化的传承、发扬与传播，推动构建文化自信；分析中国会展节事的创意策划特色，以及如何做到追求卓越、不断创新；分析中国会展节事如何体现"冰天雪地也是金山银山"的理念，并实现文旅融合、积极助力区域经济发展；分析中国会展节事的品牌定位与建设，以及如何进行品牌优化及高质量发展；分析中国会展节事的多元溢出效应；分析志愿服务精神如何助力中国会展节事举办从而实现价值共创。

图书在版编目(CIP)数据

中国大型会展节事案例分析/张欣建,王尚君编著.—武汉：华中科技大学出版社,2023.7(2025.6重印)
ISBN 978-7-5680-9207-4

Ⅰ.①中… Ⅱ.①张… ②王… Ⅲ.①展览会—组织管理—案例—分析—中国 ②节日—文娱活动—组织管理—案例—分析—中国 Ⅳ.①G245 ②G241.3

中国国家版本馆CIP数据核字(2023)第131257号

中国大型会展节事案例分析　　　　　　　　　　　　　　　　张欣建　王尚君　编著
Zhongguo Daxing Huizhan Jieshi Anli Fenxi

策划编辑：汪　杭	
责任编辑：聂筱琴　汪　杭	
封面设计：原色设计	
责任校对：刘　竣	
责任监印：周治超	
出版发行：华中科技大学出版社(中国·武汉)	电话：(027)81321913
武汉市东湖新技术开发区华工科技园	邮编：430223
录　　排：孙雅丽	
印　　刷：武汉邮科印务有限公司	
开　　本：787mm×1092mm　1/16	
印　　张：12	
字　　数：275千字	
版　　次：2025年6月第1版第2次印刷	
定　　价：49.80元	

本书若有印装质量问题，请向出版社营销中心调换
全国免费服务热线：400-16679-118　　竭诚为您服务
版权所有　侵权必究

出版说明
Introduction

党的十九届五中全会确立了到2035年建成文化强国的远景目标,明确提出发展文化事业和文化产业。"十四五"期间,我国将继续推进文旅融合、实施创新发展,不断推动文化和旅游发展迈上新台阶。国家于2019年至2021年发布的《国务院关于印发国家职业教育改革实施方案的通知》《教育部关于深化本科教育教学改革全面提高人才培养质量的意见》《本科层次职业教育专业设置管理办法(试行)》,强调进一步推动高等教育应用型人才培养模式改革,对接产业需求,服务经济社会发展。

基于此,建设高水平的旅游管理类专业应用型人才培养教材,将助力旅游高等教育结构优化,促进旅游管理类专业应用型人才的能力培养与素质提升,进而为中国旅游业在"十四五"期间深化文旅融合、持续迈向高质量发展提供有力支撑。

华中科技大学出版社一向以服务高校教学、科研为己任,重视高品质专业教材出版,"十三五"期间,在教育部高等学校旅游管理类专业教学指导委员会和全国高校应用型本科旅游院校联盟的大力支持和指导下,在全国范围内特邀中组部国家"万人计划"教学名师、近百所应用型院校旅游管理类专业学科带头人、一线骨干"双师双能型"教师,以及旅游行业界精英等担任顾问和编者,组织编纂出版"高等院校应用型人才培养'十三五'规划旅游管理类系列教材"。该系列教材自出版发行以来,被全国近百所开设旅游管理类专业的院校选用,并多次再版。

为积极响应"十四五"期间我国文旅行业发展及旅游高等教育发展的新趋势,"高等院校应用型人才培养'十四五'规划旅游管理类系列教材"项目应运而生。本项目依据文旅行业最新发展和学术研究最新进展,立足旅游管理类专业应用型人才培养特征进行整体规划,将高水平的"十三五"规划教材进行修订、丰富、再版,同时开发出一批教学紧缺、业界急需的教材。本项目在以下三个方面做出了创新:

一是紧扣旅游管理学科特色,创新教材编写理念。本套教材基于旅游高等教育发展新形势,结合新版旅游管理专业人才培养方案,遵循应用型人才培养的内在逻辑,在编写团队、编写内容与编写体例上充分彰显旅游管理类专业的学科优势,全面提升旅游管理类专业学生的实践能力与创新能力。

二是遵循理论与实践并重原则,构建多元化知识结构。在产教融合思想的指导下,坚持以案例为引领,同步案例与知识链接贯穿全书,增设学习目标、实训项目、本章小结、关键概念、案例解析、实训操练和相关链接等个性化模块。

三是依托资源服务平台,打造新形态立体教材。华中科技大学出版社紧抓"互联网+"时代教育需求,自主研发并上线的华中出版资源服务平台,可为本系列教材作立体化教学配套服务,既为教师教学提供便利,提供教学计划书、教学课件、习题库、案例库、参考答案、教学视频等系列配套教学资源,又为教学管理提供便利,构建集课程开发、习题管理、学生评论、班级管理等于一体的教学生态链,真正打造了线上线下、课内课外的新形态立体化互动教材。

本套教材编写编委会力求通过出版一套兼具理论与实践、传承与创新、基础与前沿的精品教材,为我国加快实现旅游高等教育内涵式发展、建成世界旅游强国贡献一份力量,并诚挚邀请更多致力于中国旅游高等教育的专家学者加入我们!

华中科技大学出版社

序 言
Preface

2020年10月,党的第十九届五中全会召开,对开启全面建设社会主义现代化国家新征程、向第二个百年奋斗目标进军的第一个五年和2035年远景目标,作出顶层设计。展望2035年,我国的经济实力、科技实力、综合国力将大幅跃升,并将建成文化强国,国家文化软实力将显著增强。文化既是凝聚人民力量的纽带,又是繁荣精神文明的源泉,提升国家文化软实力,离不开对中华优秀传统文化的传承和发扬。会展节事是中华优秀传统文化的重要载体,在新时代背景下,在党和国家的领导下,以丰富多彩的会展节事为载体,讲好中国故事,弘扬中华精神,是提高国民文化自信,增强民族凝聚力,激发爱国主义情怀,积极奋进,团结奋斗,助力实现中华民族伟大复兴的中国梦的有效途径。

在中华民族五千多年文明的历史长河中,会展节事的缘起、传承与发展不仅承载着中华民族自强不息的精神追求,代表着中华民族独特的精神标识,对中华民族精神的塑造、心理性格的形成、审美情趣的陶冶和行为的导引等都持续产生着重大的影响,同时为世界会展节事的发展做出了积极的中国贡献。基于此,本书选取了具有代表性的中国大型会展节事案例,如"中国第一展"广交会、天猫"双11"购物狂欢节、中国(曲阜)国际孔子文化节、极具中华民族特色的传统节日、中国·哈尔滨国际冰雪节、平遥国际电影展、中国国际进口博览会、北京2022年冬奥会、"云上会展"等,着重分析了中国会展节事在缘起、文化属性与传承价值、品牌创意与创新、志愿者服务与价值共创、功能及影响效应等层面的理论知识和学术观点,并通过解读与上述中国会展节事相关的政策性文件、统计报告、学术期刊、热点话题等拓展辅助资料,引发读者的思考,引导读者对中国大型会展节事在文化及思想上的引领价值产生共鸣,从而提升读者的文化自信、政治修养。本书的核心思想和宗旨主要体现在以下几个方面:

第一,本书正视中国会展节事的缘起、发展进程,以及其在世界会展节事发展中的地位和作用。会展节事具有同源性,起源于古代集市、庙会。中国史料记载,中国古代集市的出现比欧洲早近千年。新时代背景下的中国大型会展节事的举办具有广泛的国际影响力,对构建和实现人类命运共同体起着积极的推动作用。

第二,本书意在普及中国大型会展节事的文化属性和传承价值,讲解中国大型会展节事的品牌特色、溢出效应和影响力,形象生动地展现中国大型会展节事活动的缤纷色彩,让广大受众认识到中国大型会展节事的举办对实现中华民族伟大复兴的中国梦所起的重要作用,继而更好地弘扬中华优秀传统文化。

第三,本书有利于多学科、多领域、多专业的教学和人才培养。内涵丰富、类型多样的中国会展节事涉及农业、工业、贸易、文化、体育、旅游等多领域的文明成果。在一些突发性危机事件的影响下,在数字经济发展的支持下,中国会展节事砥砺前行,积极寻求有效的可持续发展道路,丰富了大众的文化及精神生活,带动了相关产业的融合发展,促进了社会的稳定。中国会展节事是一部丰富大众精神生活、提升其政治思想和道德修养的"百科全书"。

在编写本书的过程中,编者搜集并参考借鉴了国内外与会展节事相关的研究成果,得到了包括中国进出口商品交易会新闻办公室在内的多家机构和企业的支持,在此一并表示诚挚的谢意!此外,本书在编著过程中使用了部分图片,在此向这些图片的版权所有者表示诚挚的谢意! 由于种种原因,我们无法联系到您。如您能与我们取得联系,我们将在第一时间做出调整。真诚希望在党和政府的领导下,在各行业、各领域的支持下,中国会展节事研究与实践能够守正创新、赓续薪火!

编者

2023年3月1日

目 录
Contents

1 第一章 会展节事的缘起
　　　　——讲好中国会展节事故事

　　第一节　会展节事的起源与发展　　　　　　　　　　　　　/ 1
　　第二节　"中国第一展"广交会案例概述　　　　　　　　　　/ 5
　　第三节　"中国第一展"广交会案例分析　　　　　　　　　　/ 6
　　第四节　"中国第一展"广交会案例启示　　　　　　　　　　/ 26

27 第二章 互联网经济下的中国会展节事
　　　　——超越时空无极限

　　第一节　中国互联网经济浪潮的推进　　　　　　　　　　　/ 27
　　第二节　"双11"购物节案例概况　　　　　　　　　　　　　/ 29
　　第三节　"双11"购物节案例分析　　　　　　　　　　　　　/ 30
　　第四节　"双11"购物节案例启示　　　　　　　　　　　　　/ 38

44 第三章 中国会展节事的文化属性
　　　　——中华优秀传统文化的载体

　　第一节　会展节事的文化内涵与底蕴　　　　　　　　　　　/ 44
　　第二节　中国(曲阜)国际孔子文化节及其祭孔大典案例概况　/ 45
　　第三节　中国(曲阜)国际孔子文化节及其祭孔大典案例分析　/ 47
　　第四节　中国(曲阜)国际孔子文化节及其祭孔大典案例启示　/ 50

54 第四章 中国会展节事文化传承与传播
　　　　——增强文化自信

　　第一节　会展节事有利于文化的传承与传播　　　　　　　　/ 54
　　第二节　极具中华民族特色的传统节日(春节)案例概况　　　/ 55
　　第三节　极具中华民族特色的传统节日(春节)案例分析　　　/ 56
　　第四节　极具中华民族特色的传统节日(春节)案例启示　　　/ 66

68 第五章 中国会展节事创意策划
　　　　——追求卓越,不断创新

　　第一节　会展节事策划与创意　　　　　　　　　　　　　　/ 68

第二节 "双奥之城"北京2022年冬奥会案例概况 /71
第三节 "双奥之城"北京2022年冬奥会案例分析 /71
第四节 "双奥之城"北京2022年冬奥会案例启示 /89

92 第六章 会展节事与旅游融合发展
——助力区域经济发展

第一节 会展节事与目的地旅游的相辅相成 /92
第二节 中国·哈尔滨国际冰雪节案例概况 /93
第三节 中国·哈尔滨国际冰雪节案例分析 /94
第四节 中国·哈尔滨国际冰雪节案例启示 /102

105 第七章 中国会展节事品牌定位与建设
——高质量发展的前提

第一节 会展节事品牌建设与定位 /105
第二节 平遥国际电影展案例概况 /108
第三节 平遥国际电影展案例分析 /110
第四节 平遥国际电影展案例启示 /119

125 第八章 中国会展节事的影响力
——多元溢出效应

第一节 会展节事的影响效应 /126
第二节 中国国际进口博览会案例概况 /128
第三节 中国国际进口博览会案例分析 /131
第四节 中国国际进口博览会案例启示 /146

150 第九章 中国会展节事志愿者服务
——志愿服务精神力量无限

第一节 中国会展节事志愿者服务的价值共创 /150
第二节 我国大型会展节事志愿者服务现状分析 /157
第三节 北京2022年冬奥会志愿者服务案例概况 /162
第四节 北京2022年冬奥会志愿者服务案例分析 /165
第五节 大型会展节事志愿者服务案例启示 /170

175 参考文献

179 后记

第一章

会展节事的缘起
——讲好中国会展节事故事

学习目标

通过中国第一展——中国进出口商品交易会(简称广交会)这一典型案例,进一步理解和掌握会展节事的缘起,深刻认识中国会展节事在世界会展节事发展历史进程中的地位和作用,了解中国现代会展节事发展的进展与历史使命。

素质目标

由中国会展节事的缘起引发学生对中国会展节事发展历史进程的关注,正视中国五千多年的历史文明在世界会展节事发展进程中的地位及其所做出的贡献,以及其对国际社会文明的交流起到的积极作用,以史为鉴,增强学生的民族自豪感和荣誉感。引导学生了解广交会自举办以来,克服重重困难,砥砺前行,从未间断,由此增强学生的爱国主义情怀和民族责任感,引导学生继承和发扬中华民族的优良传统,牢记使命,兢兢业业,为中国会展节事的发展做出积极的贡献。

第一节 会展节事的起源与发展

一、会展节事的概念

中国关于会展节事的研究始于20世纪90年代中后期,其中对会展、节事的定义有众多表述,二者之间的范畴和归属问题也是讨论的焦点。

节事是节日(festival)和特殊事件(special event)的简称,由英文 festival and special event(FSE)翻译而来,也有学者将其译为节庆、特殊事件、事件旅游、节事活动等。依据西方学者(Getz、Page,2016)的观点,节事分为文化庆典(cultural celebrations)、商业与贸易(business and trade)、艺术与娱乐(arts and entertainment)、体育与娱乐(sport and recreation)、政治与国家活动(political and state)、私人聚会(private functions)六大类。从国内现有研究来看,节事既可以与展览会、会议并列作为会展的子概念,也可以作为一个母概念,包含展览、会议、节庆、赛事等子概念(刘林艳等,2021)。

关于"会展"的基本概念,在相关著作中已有翔实的阐述,本书不做过多解析,但需强调的是,会展概念的内涵与外延的不断扩大,是与人类社会时代发展背景、会展业发展实际以及会展学科研究密不可分的。最初会展仅指会议和展览,即狭义的"会展";2003年我国对MICE(由meeting、incentive、convention、exhibition的首字母组成)概念的引入引发会展概念逐渐向大会展概念转变,会展概念的内涵与外延的边界仍没有统一的界定,其中也曾出现"MICEE"这一引申词,即将节事(event)纳入大会展的内涵。

由于会展与节事之间存在一定的联系,以及这两个概念的内涵与外延在现象和本质上存在一定的差异性,如狭义的会展包含会议与展览,这两种活动形式在本质上是有所差别的。为避免在界定概念的内涵与外延时所带来的困惑与不便,本书不讨论会展与节事在内涵与外延上的区别,认为会展即节事,节事即会展,所涉及的分析对象包括会议、展览、赛事、文化娱乐等。并依据规模和尺度,在案例选取上,限定在大型会展节事(mega-event)层面。

二、会展、节事的起源

(一) 中国是世界会展节事的缘起之地

追根溯源,会展节事起源于古代集市,它的存在已经有几千年的历史了。一些西方学者认为,欧洲集市形成于中世纪,起源于古希腊的奴隶市场以及后来的奥林匹克运动会和城邦代表大会。在公元前800年至公元前700年的古奥林匹克时期,希腊已经有常规的集市,与奥林匹克运动会同时举行。希腊早期的集市大都是1年1次,甚至2年1次。到了古罗马时期,民众每隔8天就聚集1次,听官吏颁布法令、宣传裁决等,同时一些农民、小生产者、商人会在大街上搭起临时摊位,用以交换、买卖产品。在罗马帝国扩张版图时,罗马集市又被带到欧洲其他地区。在11世纪至12世纪的欧洲,集市的发展已经达到了鼎盛时期。集市的规模比较集中、举办时间较长;集市的功能包括零售、批发甚至国际贸易、文化娱乐等;各国政府先后制定了有关集市管理的法规,为集市发展提供了制度保障。

相对而言,中国古代集市的出现要远远早于欧洲,可以将相关史料记载总结为两种具有代表性的观点。一种观点认为中国古代集市出现在大约远古(上古)神农时代(距今5500—6000年),《史记·五帝本纪》记载,神农生于姜水之岸(今宝鸡境内),被世人尊称为"药王""五谷王""五谷先帝""神农大帝""地皇"等。神农是华夏太古三皇之一,是传说中农业和医药的发明者,他遍尝百草,因此有"神农尝百草"的传说。神农教人医治与农耕,是掌管医药及农业的神祇,人们认为他能保佑农业收成、人民健康,他更被医馆、药行视为"守护神"。《易·系辞》记载,神农时代,"日中为市,致天下之民,聚天下之货,交易而退,各得其所",这描述的大概就是华夏最古老的集市①。另外一种观点认为中国古代集市起源于殷商时期。秦始皇在统一中国后,统一货币、度量衡、修驰道,这更加促进了商业的发展。西汉时期,都城长安及洛阳、邯郸、临淄、宛城、成都等大城市,都发展成为著名的商业贸易中心。秦汉时期的中国,越来越多的商贸集市逐渐形成于交通方便或居民集中的城中,而且城中的集市都有固定的地点,称为市井。直到唐代前期,官府对市场的管理都还很严,不仅严格区分商业区与居民区,而且还限定市场活动的时间,每天上午击鼓300下开市,下午击钲300下收市。这个"市",只准具有"市籍",即具有商人户口的商人及其他特许人员在里面设肆经营,而且只准在市内营业,此时的"城中"之市,实际上是"井中"之市,它只是城内呈井字形的特定区域。该时期中国的"市井"②是一片怎样的繁荣景象呢?北宋画家张择端的旷世之作《清明上河图》把北宋汴梁街头的精致房屋、各色人物、古老的河流与小桥倒影悉数入画。这幅画,既有村镇集市的展现,亦有乡间民俗的记录,是最早亦是最全面体现城镇民间生活场景的巨幅画轴,每一个画面都栩栩如生。

由此可见,古代中国算得上是会展节事的缘起之地,远远早于欧洲几百年,甚至几千年,中国集市的发展历史进程为中国乃至世界会展节事的发展提供了宝贵资料和经验。

(二)会展与节事的缘起具有同源性

会展与节事具有同源性,这里的"源"即"集市"。作为会展的雏形,集市是一种定期聚集开展商品交易活动的重要形式,集市的发生、发展是人类生产和生活发展到一定阶段的产物,是农耕文明时期村际之间人情、乡情的和谐交流之所。节事自人类诞生以来就以仪式、庆典为基本存在形式,是人类社会发展的一种表现形式。并且经历了由自由、自发到自觉,由不定型到定型的过程,内容涵盖了生产、生活、祭祀、庆祝等多元领域,对经济、社会、文化、宗教、艺术等领域的发展影响深远。集市出现之后,商贸会展活动与节事活动产生了有机的碰撞和融合,使得集市的功能不断增强,其类型也发生了多样的变化。

从功能上来讲,集市的发生与发展肩负着两方面的职能:一是物品交流的功能;二是民众聚会的重要场所,即人与人的关系的社会体现场所③。史前时期人们的聚集交易常出现于宗教圣地和宗教节庆、纪念集会上,并常附带有民间娱乐活动。集市不仅实现了交易和商贸往来,而且传递了文化,促进了感情交流,同时它也是开展仪式和庆典的理想场所,甚至还兼具教育、医疗、娱乐、交流等多种功能。集市的多职能特征一直延续到今日,这也正是现代会展节事能够为举办地带来政治、经济、社会、文化等多方面的溢出效应的渊源所在。

从类型上讲,中国古代集市的形式多样,有定期的常集,也有不定期的各种特殊的集市;集市的名称也五花八门。就常集而言,《五杂俎》记载,岭南人称其为"虚"(墟),西蜀人称其为"亥",山东人称其为"集",而江浙人则称其为"市镇",不一而足;至于特殊的集市,名称就更加丰富,常常以举办主题命名,如庙市(也叫庙会)、香市、花市、药市、灯市等。

例如,广东的"四市"就是有名的专业化集市。清人屈大均的《广东新语》记载,"药市"在罗浮冲虚观左旁,也叫作"洞天药市";"香市"在东莞的寥步,各种生、熟"莞香"都集中在这里

---

① 李丹. 古代的集市[N/OL]. 中国纪检监察报, 2017-08-22. http://www.ynylxf.cn/NewsView.aspx?NewsID=216314.

②《春秋井田记》中记载"因井为市,交易而退,故称市井"。

③ 张丽敏. 浅析中国古代"集市"的形态演变[J]. 西安欧亚学院学报. 2006, 4(3): 3.

出售;"花市"在广州七门,"所卖止素馨,无别花",就像洛阳只称牡丹为花一样;"珠市"在廉州城西卖鱼桥畔(今合浦)。又如古代杭州西湖的"香市",这是一种综合性的大型集市。《陶庵梦忆》记载,杭州西湖的香市每年"起于花朝(夏历二月十五日,一说二月十二日),尽于端午(五月初五)",不但时间长,规模也大。其间,昭庆寺"凡胭脂簪珥、牙尺剪刀,以至经典木鱼、孩儿嬉具之类,无不集……数百十万男男女女、老老少少,日簇拥于寺之前后左右者,凡四阅月方罢"。

古代的庙市(也称庙会)也有点像今天的商品交易会,多在农闲时举行。庙市一般是一年一度,为期三五天,但也有一年举行数次,甚至每月举行的庙会。尤其在宋代,庙市更是盛极一时。《东京梦华录》记载,每当大相国寺开放集市时,从大三门至内殿两廊,各种商品琳琅满目;还有通过临时搭盖的铺棚来进行交易的。而明代北京的城隍庙市,出售的商品不仅有古今图书典籍、商彝周鼎、秦汉匜镜、唐宋书画以及云南、广东、江浙等地的珠宝、象牙、玉石、珍馐、绫绵等,而且还有来自国外的猩猩毡、多罗绒、西洋布等,可视为国际性贸易的雏形。最引人入胜的要数古时候的灯市。《帝京景物略》记载,元宵之夜张灯的习惯,自汉代以来就有,明初"盛为彩楼,招徕天下富商,放灯十日"。明成祖迁都北京后,北京的灯市从正月初八开始,正月十三达到高潮,到正月十七才罢。所谓"灯市"即白天为集市,晚上可以在此观灯。每当入夜之际,华灯张放,五彩缤纷。更有鼓吹、杂耍、弦索等助兴,临朐人冯琦的《观灯篇》形象地描绘了灯市壮丽的景观,其中有"十二楼台天不夜,三千世界春如海"之句,可见盛况之一斑①。

集市类别的多样性对现代会展节事也产生了深远的影响,现代会展节事的举办发起于某一个行业或者某一领域的某一课题或主题,是在一定时空范围内围绕某一主题而开展并实现一定目标的集群性活动。现代会展节事所走的品牌化、多样化发展道路,正是古代集市主题式特殊集市思维的延续,将最初集市的陈列展示以及交易的属性在不同领域、不同行业和人们的日常生活中借助于某一主题发扬光大,从而形成了现代缤纷多彩的会展节事,出现了会展节事领域"百花齐放,百家争鸣"的现象。

三、为现代会展节事奠定基础的历史事件

欧洲为现代会展节事的发展做出了突出贡献,并被公认为是世界会展的发源地。

众所周知,世博会和奥运会是国际上极具影响力的两大会展节事活动,二者都发源于欧洲文明。古奥林匹克时期的古希腊被认为是这两大会展节事活动的缘起之地,当时古希腊有了用于商品交换的集市,与古奥林匹克运动同时举办。到了中世纪,在集市发展到一定程度后,一些当代闻名的大型博览会渐渐兴起。1165年,德国的马尔格拉夫·奥托·麦森大公授予莱比锡以城市和市场的权利,每年可以举办2—3次商品博览会。后由最初的贸易集市发展到建立莱比锡市,这是世界上第一个因博览会而建立起来的城市。1240年,德国法兰克福博览会创办。德皇弗里德里希二世批准法兰克福举办国际博览会,并对参展的展品以皇家名义给予保护,国际展览会和物品保险的雏形出现了。1497年,德国国王马克西米连一世授予莱比锡博览会可以同时展示欧洲和欧洲以外产品的特权。1667年,在法国国王路易十四

---

① 古代集市的故事:聚天下之货[EB/OL].(2022-06-04)[2022.10.1].https://www.sohu.com/a/553378748_120646375.

的提议下,法国举办了第一个艺术展览会。与以商品交易为目的展览会不同,该艺术展览会主要展示绘画和其他艺术品,供参观者欣赏而无商业目的,是一个纯展示性质的展览会。这对后来会展节事的举办产生了深远影响,奠定了会展节事商业化和公益性的双重属性。1978年法国举办世界上第一个由政府组织的工业产品大众展,参展商源未涉及国外,仅限法国境内,被视为近代工业展览会的开端。1851年5月1日,被国际上公认为世界上第一个世博会——万国工业博览会在英国伦敦举办,这是世界博览会发展史上的里程碑事件,为各国展示文明成果提供了重要平台,促进了各国之间科技创新和经济文化交流。1894年的德国莱比锡样品博览会以展示为手段,以交易为目的,是现代贸易展览会和博览会的最初形式。

以上典型事件是世界会展节事发展的里程碑事件,对世界会展节事的发展产生着深远的影响,也为中国会展节事的发展提供了范式和经验。

第二节 "中国第一展"广交会案例概述

中国进出口商品交易会(China Import and Export Fair, CIEF),简称广交会(Canton Fair),原名中国出口商品交易会①(Chinese Export Commodities Fair, CECF),其前身是1956年举办的中国出口商品展览会。首届于1957年4月在广州举办,现每年分春秋两季在广州琶洲岛的中国进出口商品交易会展馆(简称广交会展馆)举办。广交会是由商务部和广东省人民政府联合主办,中国对外贸易中心承办的大型贸易类展览会,截至2022年春季共举办了131届。其是中华人民共和国首次举办的国际性博览会,是中国目前历史最长、层次最高、规模最大、商品种类最全、到会采购商最多、分布国别地区最广、成交效果最好、信誉最佳的综合性国际贸易盛会,被誉为"中国第一展"。

2019年第126届广交会,累计出口成交额约14126亿美元,累计到会境外采购商约899万人。广交会是中国对外开放的窗口、缩影、标志,是中国与世界各国贸易交流和友好往来的重要平台。

2020年,为积极应对疫情带来的影响,国家商务部做出"第127届广交会在网上举办"的决策,从此拉开了广交会线上线下融合举办的创新模式,第128届、第129届、第131届广交会在线上举办,第130届广交会线上线下融合举办。这一创新举措有效地促进了外贸市场交易,更好地发挥了广交会全方位对外开放平台的作用。

2022年4月24日,第131届广交会再一次在"云端"圆满落幕,在复杂严峻的经贸形势下,仍创下了多个历史新高。据统计,共有境内外约2.55万家企业参展,228个国家和地区的53.6万境外采购商注册观展;广交会官网累计访客数1009万人,访问量3390万次。第131届春季广交会架起"云上"桥梁,汇聚五洲宾客,将中国发展同世界链接、中国机遇同世界分享,实现了安全、成功、出彩的目标,为推动贸易高质量发展、保持产业链供应链稳定、促进

---

①2007年春,第101届广交会正式更名为中国进出口商品交易会。

世界经济复苏做出了积极贡献①。

从1957年创立至今,60余年风雨兼程,广交会的举办从来没有间断过。作为"中国第一展",广交会将继续以习近平新时代中国特色社会主义思想为指导,深入贯彻习近平主席贺信精神,认真落实党中央、国务院决策部署和商务部、广东省政府工作要求,创新机制,丰富业态,拓展功能,努力将自身打造成中国全方位对外开放、促进国际贸易高质量发展、联通国内国际双循环的重要平台,更好服务国家战略、服务全方位对外开放、服务外贸创新发展、服务构建新发展格局。

第三节 "中国第一展"广交会案例分析

一、广交会发展进程是中国经济建设、改革开放历程的见证和缩影

从中华人民共和国成立冲破封锁,开展经济建设、改革开放,到加入世界贸易组织,广交会抓住了这三次重要历史机遇,牢记让世界了解中国、助中国走向世界的历史使命。它忠实执行了服务国家经济建设、服务对外经贸大局的宗旨,在各个历史时期发挥了重要的作用。在改革开放前,它是我国对外开展经贸活动的唯一渠道,是国家外汇的主要来源,是展现中国社会主义建设成就的窗口;在改革开放后,特别是我国加入世界贸易组织以后,它成为拓展我国对外交往、推动我国外贸体制改革、帮助我国企业开拓国际市场的重要平台。它的发展历程,是中国经济建设、改革开放历程的见证和缩影,是中国特色社会主义进入新时代、开启新征程、迎接新使命的伟大实践。

(一)首届创办(始于1957年)

在封锁中诞生广交会是一个伟大的创举,它翻开了一页全新的历史,打开了一个崭新的世界。

中华人民共和国成立初期,百废待兴。我国在经济发展方面受到了一定的阻碍,为了打破封锁,发展对外贸易,解决国家建设急需进口工业设备、稀缺生产资料等多种物资的需要,开辟一条与世界交往的通道。国家将目光投在了有着发达商业文明、悠久对外贸易历史的、海上"丝绸之路"的重要起点——广州。1955年10月至1956年5月,广东省外贸系统先后在广州举办了内贸和外贸相结合的华南物资交流大会、广东省物资展览交流大会和两次广州出口物资展览交流会,在推动外贸发展及出口创汇方面取得了一定的成绩。

广州连续几次物资交流会的成功举办,极大地鼓舞了人心。基于此,1956年6月,原外贸部驻广州特派员严亦峻向外贸部和广东省委建议,广州应在9月至10月期间举办全国出

---

① 第131届广交会53.6万境外采购商"云参会"较上届增长41.8%,注册观展人数破历史纪录[N/OL].人民日报,2022-04-26.https://www.baidu.com/link?url=114RlSu62HObaZsf_i-EYC8q8WQ6VUUM65Jjj2WT1cmKCgyZpmma-BqmpJ7yZNSF72ipDf-iOLYmVZEuK-BD0Wx6BbjmTc2RKG4PM91uox1y&wd=&eqid=fa259c4d0011ba450000000464647316.

口商品展览交流会。严亦峻在建议中指出：一些来自港澳地区的参会者自从参加了前几次交流会以后，对交流会的认知加深，相关成交量也越来越多。同时罗列了举办展览会的四大益处：一是全面扩大对我国出口商品的宣传和介绍；二是更广泛地邀请中国港澳地区以及东南亚地区的商人参展；三是熟悉东南亚市场，收集相关资料，掌握情况，以保证今后工作的顺利开展；四是组织交易谈判，争取更多成交量。严亦峻的建议得到了外贸部领导的高度重视，经外贸部同意试办后上报国务院，得到了周恩来总理的重视和支持，9月上旬国务院批准该建议，并通知各部委予以支持。1956年11月至1957年1月，在外贸部和广东省政府的双重领导下，以中国国际贸易促进委员会的名义主办的中国出口商品展览会，在中苏友好大厦举办（见图1-1），成了举办首届广交会的"试验田"[①]。由于办得非常成功，在展览会结束后，相关部门决定暂不撤除展品，并且在此基础上建立陈列馆，继续开放参观。这同时也坚定了党和国家领导人的信心，中央政府作出指示："像这样集中展出、当面洽谈、看样成交的成功做法要继续办下去。"1957年3月4日，外贸部正式下发《中华人民共和国对外贸易部同意4月份举办出口商品交易会》的文件。

图1-1　1956年11月中国出口商品展览会在广州中苏友好大厦举办[②]

经中央政府批准，1957年4月25日至5月25日，首届中国出口商品交易会在广州中苏友好大厦举行。周恩来总理到会考察并提议将交易会简称为广交会，作为中华人民共和国首次举办的国际性博览会，"中国第一展"的历史由此拉开序幕。

首届广交会应邀到会的客商来自中国香港、澳门，以及日本、新加坡、马来西亚、印度尼西亚、泰国、缅甸、柬埔寨、老挝、南非、毛里求斯、新西兰、加拿大、澳大利亚、英国、比利时、法国、叙利亚，共计1223人。由13个专业外贸总公司组织交易团参展，展示商品1万多种。广交会第1年春秋两届成交额约8700万美元，占当年全国创收现汇总额的20%。

---

① 王金锋.春华秋实：广交会迎来百届庆典[M].长春：吉林出版集团有限责任公司，2011.
② 新华网广东频道，http://gd.xinhuanet.com/.

它由此开拓了我国和东南亚乃至世界各国和地区经贸往来的通道,被誉为"友谊的纽带,贸易的桥梁"。

(二)探索成长阶段(1958—1978年)

1958—1978年为广交会的探索成长阶段,即使困难重重,仍砥砺前行,在党中央和各级政府的支持下,在广大外贸工作者的努力下,广交会在特殊时期、特殊年代创造了奇迹,不仅一年两届从未间断,而且不断发展。

这个时期的广交会拓宽了我国对外贸易的渠道,为国家出口创汇和经济建设做出了巨大贡献。20世纪50年代,我国对外贸易的80%是与社会主义国家之间的记账式贸易;自广交会创办之后,从1965年开始,广交会年出口成交额占全国外贸年出口总额的30%以上,1972年、1973年的占比均超过50%,见表1-1。同时,广交会开创了外贸部、广东省双重领导的组织领导模式,确立了促进外贸出口、服务国家经济建设的宗旨,形成看样成交、展谈结合的贸易方式。此外,从组织领导、办会模式、外贸政策、成交方式、客户邀请、接待服务、展览宣传、队伍建设等方面,探索出一条中国特色的展会形式,为我国会展建设积累了宝贵的经验。

表1-1　1957—1978年广交会出口成交一览表[①]

年份	全国外贸年出口总额(亿美元)	广交会年成交总额(亿美元)	占比
1957年	16.0	0.87	5.44%
1958年	19.8	2.79	14.09%
1959年	22.6	2.20	9.73%
1960年	18.6	2.31	12.42%
1961年	14.9	2.71	18.19%
1962年	14.9	2.62	17.58%
1963年	16.5	3.58	21.70%
1964年	19.2	5.22	27.19%
1965年	22.3	7.57	33.95%
1966年	23.7	8.40	35.44%
1967年	21.4	8.24	38.50%
1968年	21.0	8.76	41.71%
1969年	22.0	7.64	34.73%
1970年	22.6	9.12	40.35%

[①] 新华网广东频道,http://gd.xinhuanet.com/topic/zhuanti/201810/1082.html。

续表

年份	全国外贸年出口总额(亿美元)	广交会年成交总额(亿美元)	占比
1971年	26.4	12.01	45.49%
1972年	34.4	18.72	54.42%
1973年	58.2	29.68	51.00%
1974年	69.5	23.64	34.01%
1975年	72.6	26.67	36.74%
1976年	68.5	29.21	42.64%
1977年	75.9	32.30	42.56%
1978年	97.5	43.32	44.43%

（三）崛起阶段（1979—2000年）

1978年，第十一届三中全会明确了将对外开放作为我国的一项基本国策，对外经济贸易成为我国对外开放的一项重要内容和主要标志。开拓海外市场，成为中国企业的迫切愿望。随着改革开放的春风吹来，外贸行业垄断被打破，生产企业、外资企业和各类新兴企业不断加入广交会参展队伍，形成了"万马奔腾"的大经贸格局。广交会从此进入了它的崛起阶段。

这一时期，为适应外贸体制改革的形势，广交会"贯彻市场多元化、以质取胜、科技兴贸和大经贸发展战略"，多次进行了内部体制和办会机制改革。

1982年春，第51届广交会首次尝试改革，举办时间由30天缩短为20天，并缩小办会规模，取得了良好成效。

1993年，第73届广交会再度进行了实质性改革，采取"省市组团，按团设馆"的方式，极大调动了地方商务主管部门和商会参与广交会的积极性。当届参展企业也从1472家剧增至2700多家。1993年春，场馆前经过改革后的交易团的团旗如图1-2所示。

1994年，广交会对组展方式再次实行重大改革，提出"省市组团，商会组馆，馆团结合，行业布展"的组展十六字方针，在布展方式上参照国际惯例按商品类别设置展区（见图1-3），在组展与参展方式上进一步与世界接轨，为客商采购和出口成交提供了便利。

图1-2 1993年春场馆前经过改革后的交易团的团旗

图1-3 参展企业统一参照国际标准展位布展

1997年，亚洲金融危机爆发，广交会的举办在一定程度上减轻了亚洲金融危机对我国产品出口的冲击。1999年，第85届广交会在亚洲金融危机尚未完全消退的困难形势下，依然取得了好成绩，到会客商近8万人，交易额超115亿美元，创历史新高。

在改革开放基本国策的指引下，优化参展商品、参展结构、参展主体，改革组展方式，成为这一时期广交会的主旋律，为其步入新里程奠定了基础、储备了力量，孕育着新一轮的跨越与腾飞。

（四）腾飞阶段（2001—2012年）

进入21世纪后，中国对外贸易的发展迎来了新的契机。2001年11月10日中国加入世界贸易组织，正式成为其第143个成员，这标志着我国全方位、宽领域、多层次的对外开放格局基本形成，使得中国对外贸易环境得到有效改善，对外贸易的发展再上新台阶。广交会为适应中国加入世界贸易组织和改革开放的新形势，在组展方式、办展模式、参展主体、参展商品、展区设置、客商邀请等方面进一步进行了改革，成为中国贸易平衡发展的"试验田"、稳定外贸的"主战场"、外贸发展战略的"示范区"。

在客商邀请方面，广交会加大了招商力度，创新了招商方式：2003年，受"非典"的影响，第93届广交会首次搭建跨国采购平台，邀请国外连锁企业进馆定点采购；2009年，面对金融海啸对外贸的冲击，第106届广交会首次设立国内采购平台，积极帮助出口企业拓宽内贸渠道，有效引导外贸企业走出困境。

在服务客商方面，广交会运用互联网和电子商务开拓新的服务模式：从2002年春季开始，第91届广交会首次采用"客商网上办证系统"；2003年，第93届广交会正式推出"网上广交会"，为参展商和采购商提供全方位的电子商务服务，成为广交会现场交易的有力补充；2010年，第108届广交会上线运行的客户联络中心开通了30个座席，通过中文、英语、俄语、法语、西班牙语5种语言，提供人工和自动语音应答的全天候服务。

在完善制度方面，从2001年起，广交会陆续制定和发布了关于加强知识产权保护的规定。

2001年中国加入世界贸易组织后，广交会仍被视为我国对外贸易的重要渠道、连接国内国际市场的重要桥梁。时任广交会副主任、广东省副省长汤炳权指出：传统的广交会是以商品贸易为主，中国加入世界贸易组织后，要充分利用广交会来推进服务产业、服务贸易和技术贸易，走商品贸易、服务贸易和技术贸易相结合的路子，形成一个新型的国际贸易格局①。

2002年春，第91届广交会实行按专业分期举办的办展模式，具体表现为实行"一届两期"，以时间换空间，每期5天半，按专业分期办展的模式。这次改革，不仅使展览面积扩大，还大幅度地增加了参展企业数量，在保持广交会原有的一站式采购"综合展"的传统优势的同时，又借鉴了国际先进经验，强化了"专业展"的特色，体现了中国式的智慧与创造，适应了国际会展业发展潮流。

2002年末至2003年春，"非典"来袭，波及全球32个国家和地区。经国务院批准，卫生部、广东省、广州市以及大会各有关部门采取了一系列科学、严密的防护措施（如图1-4所示），在最大程度地确保全体展客商和工作人员健康的前提下，第93届广交会如期开幕，成为当时全国唯一一家能够如期举行的综合性国际大型展会，续写了广交会从不间断的传奇。

---

① 新浪财经，http://finance.sina.com.cn。

图1-4　工作人员在闭馆后对展馆进行彻底消毒

2003年春,第93届广交会首次搭建跨国采购平台,邀请法国欧尚、美国家得宝、美国中央采购、美国QVC公司4家跨国连锁企业进馆定点采购,当届923家参展企业与他们进行了贸易洽谈。鉴于跨国采购平台取得的成绩,同年举办了第94届秋季广交会,在商务部统一部署下,广交会网站的网上广交会、中国国际电子商务中心的在线广交会、中国机电产品进出口商会的在线机电广交会共同承担起为广交会提供电子商务服务的任务,吸引客商进行网上交易,当届网上共达成意向成交2.9亿美元,确认成交7664万美元,成为现场成交的有力补充。

2004年4月,第95届广交会首次实行在流花路展馆和琶洲展馆A区"两馆两期"办展的模式,推动广交会展览服务迈向系统化、规范化、标准化、高效化的新台阶。展位数量总计27500个,比第94届增加9100个,规模跃居世界单年展的第3位。参展企业达12224家,比第94届增长了20%,极大地缓解了广交会展位供求矛盾。

2006年10月商务部公布的《商务发展第十一个五年规划纲要》中明确提出"十一五"期间商务领域的六大发展目标包括外贸增长方式实现重大转变,进出口实现基本平衡。2007年春,第101届广交会正式更名,从"中国出口商品交易会"更名为"中国进出口商品交易会",体现了中国努力实现进出口贸易基本平衡的发展思路。第101届广交会实现了由单一出口平台向进出口双向交易平台的转变。该届广交会吸引了36个国家及地区的314家企业参展,进一步扩大了中国的海外市场。

2008年世界金融危机爆发,外需市场陷入低迷,国内经济形势不容乐观,中国企业更需要广交会这样一个舞台去开拓多元化国际市场,去应对风险和危机。为顺应外贸发展的需求,帮助中国企业渡过难关,拓展更广阔的市场,广交会又一次选择了改革,实行"一届三期"的举办模式。第104届秋季广交会分三期的改革给外贸中心的承办工作带来了新的难题,连续两次撤换展,时间紧、体量大、难度系数和安全风险高,一度被认为是"不可能完成的任务"。在艰巨的任务面前,筹办广交会的相关人员再次发扬了坚韧不拔、顽强奋战的精神,各方紧密配合和辛勤付出,撤换展圆满完成,而且办展时间从最初的4天半缩短到3天,此次展会体系更健全,组织更专业,效率极其高。

2010年,网上广交会的日均访问量达60万,其在第108届广交会办会期间的日均访问量更高达700万。网上广交会通过与现场广交会业务的紧密结合,实现"网上洽谈,现场成交",促进国内企业的出口成交,成为每届广交会现场成交的有力补充。同时,网上广交会通过搭建大型电子商务平台——贸易匹配(Trade Matching),为中国企业与国际买家提供更方便的信息交流渠道,创造更多的贸易合作机会。

综上所述,从"一届两期""两馆两期"到"一届三期",从"中国出口商品交易会"到"中国进出口商品交易会",广交会实现了华丽转身,成长为综合性和专业性兼具的国际贸易盛会。从2003年的"非典"疫情到2009年的全球金融风暴,面对外在的冲击,广交会成为"稳外需、保市场、保份额"的重要阵地。从现场广交会的面对面洽谈交易到网上广交会的有力补充,广交会运用互联网和电子商务实现了模式创新与变革。该时期的广交会走过55年风雨,其间既迎来了百届辉煌,也经受了经济危机和公共安全事件的冲击;既记录着中国外贸前进的脚步,也见证了中国走向世界的历史进程。该时期的广交会由"中国第一展"一跃成为"世界第一展"。

(五) 创新发展阶段(2013年至今)

新时代背景下的广交会在国家经济和社会发展战略的指引下不断向前奋进,受国家"一带一路"倡议、"互联网+"战略、"脱贫攻坚"战略、"新发展理念"等的影响,在办展模式上不断做出创新,把握时代脉搏,积极实践,并取得了显著成效,为国家经济、社会发展做出了积极的贡献。

1. 广交会对国家"一带一路"倡议的响应与实践

2013年9月至10月,中国国家主席习近平在出访中亚和东南亚国家期间,先后提出共建"丝绸之路经济带"和"21世纪海上丝绸之路"的重大倡议,简称"一带一路"。2015年3月28日,经国务院授权,国家发展和改革委员会、外交部、商务部联合发布了《推动共建丝绸之路经济带和21世纪海上丝绸之路的愿景与行动》。2017年,习近平总书记在党的十九大报告中指出:(中国)积极促进"一带一路"国际合作,努力实现政策沟通、设施联通、贸易畅通、资金融通、民心相通,打造国际合作新平台,增添共同发展新动力。广交会顺应时代召唤,响应国家"一带一路"倡议,高度重视"一带一路"沿线国家和地区的招展、参展及组织管理工作,并取得了显著成效。

2013年,第114届秋季广交会响应国家"一带一路"倡议,首次组织"一带一路"沿线国家采购商,据统计,到会人数共77278人。

2015年,第118届秋季广交会在采购商邀请方面,优先邀请"一带一路"沿线国家采购商,最终共有来自40个国家和地区的604家企业参展,其中"一带一路"沿线有28个国家和地区的353家企业参展,占比58.44%。

2016年,第119届春季广交会,来自33个"一带一路"沿线国家和地区的参展企业共374家,展位数654个,分别占进口展区参展企业总数的61%、展位总数的66%。第120届秋季广交会是广交会60年发展史上的一个里程碑,承前启后、继往开来,对于展示中国形象和改革开放成就,促进我国外贸回稳向好、转型升级具有重要意义。在这届广交会上,进口展区的展位总数为998个,共有来自40个国家和地区的615家企业参展,其中,"一带一路"沿线国家的参展企业共361家。

2017年,第121届春季广交会"一带一路"沿线国家参展企业364家、展位数616个,分别约占进口展区参展企业总数的58.7%、展位总数的61.72%。其中包括埃及、土耳其、印度、马来西亚、泰国、印度尼西亚等国家展团;采购商到会超过8万人,同比增长7.93%,高于总体平均水平,占报到总人数的44%;面向"一带一路"沿线国家的出口成交额为82.5亿美元,同比增长1.5%,占出口成交总额的39.6%。到了第122届秋季广交会,"一带一路"沿线国家和地区已经成为进口展区参展主体:17个"一带一路"相关国家和地区的341家企业参展,展位数583个,分别占进口展区参展企业总数的55%、展位总数的59.3%,涵盖了进口展区的全部产品区;其中,埃及、土耳其、印度、巴基斯坦、马来西亚、泰国6个国家以国家展团形式组织参展。至此,广交会已与32个"一带一路"相关国家和地区的45家工商机构签署了合作协议,为这些国家的企业提供咨询、参展、与会及贸易促进服务。除此之外,第122届广交会还注重"一带一路"沿线国家和地区的到会采购的组织以及商贸配对活动的开展。据悉,此届广交会组织了14个"一带一路"相关国家和地区以展团的形式到会参观采购,成为广交会助力"一带一路"贸易合作的一大亮点。展期举办了以"一带一路"为主题的贸易配对活动,如"一带一路·聚焦阿联酋"——中阿供采对接会,帮助参展企业和采购商充分了解政策利好,共同探讨最新行业动态。

2018年,第123届春季广交会进口展区设6个产品区,共有来自34个国家和地区的617家企业参展,其中包含来自"一带一路"沿线国家和地区的21个国家的382家企业,乌克兰、埃及、土耳其等"一带一路"沿线国家以国家展团形式参展。第124届秋季广交会共设展位60645个,境内外参展企业有2.5万余家。在进口展中,"一带一路"沿线国家和地区有381家企业参展,展位数615个,分别占进口展区参展企业总数的60%、展位总数的62%,涵盖了进口展的全部产品区,韩国、马来西亚、埃及、土耳其、泰国、巴基斯坦、印度7个国家以国家展团形式参展。第124届广交会前十大采购商中,有7位来自"一带一路"沿线国家和地区,其中印度、俄罗斯等沿线新兴大国到会采购商人数持续增长。"一带一路"沿线国家和地区的企业参展成效显著:"一带一路"沿线国家和地区出口成交额为96.3亿美元,占出口成交总额的32.3%。众多参展企业紧扣"一带一路"倡议,以适销对路的新产品开拓沿线市场,拓展出口市场格局。

2019年,第125届春季广交会共有来自38个国家和地区的650家企业参展,其中有21个"一带一路"沿线国家和地区的383家企业参展,展位数有630个,分别占进口展区参展企业总数的60%、展位总数的63%,新增波兰、俄罗斯、乌克兰、以色列、科威特、菲律宾等沿线国家和地区的企业参展。"一带一路"沿线国家和地区的企业为进口展最大参展主体,占比达到六成。第126届秋季广交会进口展区共有21个"一带一路"沿线国家和地区的367家企业参展,占进口展参展企业总数的60%。"一带一路"沿线国家和地区参展踊跃,土耳其、埃及、印度、巴基斯坦等国家和地区的家电产业集群悉数到展。在进口展的11个展团当中,来自"一带一路"沿线国家和地区的展团达到8个。

2020年,第127届春季广交会实施在网上举办的举措。尽管受到疫情的影响,广交会的开办困难重重,但其仍继续加大与"一带一路"沿线国家和地区的合作力度,积极寻求与更多沿线国家和地区的工商机构建立合作关系,体现其在推动"一带一路"国际合作方面发挥的积极作用。在第127届广交会会前举办的23场"云推介"活动涉及俄罗斯、蒙古国、印尼等8

个"一带一路"国家,占参展国家总数的36%。进口展中来自"一带一路"沿线的国家和地区的参展企业、参展产品数量占比分别为72%和83%,产品主要涉及电子及家电、建材及五金、机械设备、面料及家纺、家居用品、食品及饮料。至此,外贸中心已与全球73个国家和地区的130家工商机构建立合作伙伴关系,其中包括34个"一带一路"沿线国家和地区的53家工商机构。

2022年,第131届春季广交会在疫情影响下借力"云上平台"在线举办,该届广交会与越南、老挝、科威特、伊拉克等"一带一路"沿线国家和地区以及RCEP成员国的14家工商机构签订合作协议。至此,广交会全球合作伙伴达170家。

可见,广交会见证了中国与共建"一带一路"国家贸易蓬勃发展、结构不断优化的历程。在共建"一带一路"框架下,具有悠久历史、品牌效应影响深远的广交会让国际客户走进来、让中国企业走出去,不仅是中国企业"买全球、卖全球"的有效途径,还是中国与共建"一带一路"国家保持稳定友好合作关系、深化贸易与投资合作的有力平台。作为"中国第一展"的广交会为共建"一带一路"、带动中国企业及全球经济发展,以及危机环境下的全球经济复苏做出了中国贡献。

2. 广交会对国家"互联网+"行动的响应与创新实践

广交会网上举办模式的形成不是一蹴而就的,是中国经济贸易顺应互联网和电子商务时代转型的写照,是对全球性危机事件产生的影响的积极应对,是在国家经济和社会发展战略影响下的做出的战略决策。

伴随国际互联网的接入和电子商务全新交易模式时代的到来,早在1996年,外经贸部在第80届广交会首次引进互联网技术创建了中国出口商品交易会站点(www.cecf.com.cn①)。从此网上中国出口商品交易会(Online Chinese Export Commodities Fair),又称"网上广交会",加入广交会的历史发展进程,国内外知名的B2B级电子商务平台与现场广交会融为一体,推动了中国外经贸系统中电子商务的应用和发展。1999年第85届广交会受亚洲金融危机的影响,中国国际电子商务中心②承担网上广交会的信息、网络及技术工作,首届在线广交会与线下广交会同期开幕,为国外采购商和国内企业之间架起了跨越时空的桥梁,其服务功能主要体现在:对参展企业和参展商品进行介绍,为参展商与国内外客商提供在线服务,提供参展企业信息和商品信息的在线发布,支持网上洽谈、专题讨论、网上传真及参展企业和商品的分类交互查询③,为推动中国扩大出口发挥了积极作用,在线广交会曾被海外客商称美誉为"永不落幕的交易会"。2000年,第87届网上广交会将主要提供的服务功能固定化:一是常设网上虚拟市场和虚拟网上商品展位;二是定期提供国内外供求信息,并以电子邮件的方式分门别类地送达参展企业;三是提供网上贸易洽谈和企业自主信息发布;四是提供参展企业个性化服务,如定期的统计分析报告等;五是参展企业会刊、光盘的制作与分

---

① 现变更为"中国进出口商品交易会",简称"广交会",https://www.cantonfair.org.cn/。
② 中国国际电子商务中心(https://ciecc.ec.com.cn/zxzz.shtml),为商务部直属事业单位,于1996年2月成立,肩负商务部信息化服务和技术支撑的使命。
③ 罗乔欣.3000厂商聚在线广交会[J].每周电脑报,1999(11):16.

发①。2003年,受"非典"疫情的影响,第94届广交在商务部统一部署下,网上广交会采用信息化手段,搭建网上交易平台,成为现场成交的有力补充。

2009年,广交会通过对信息技术、互联网和电子商务的融合应用,加强了对于基础网络硬件,集网络化、电子化、信息化于一体的业务管理平台以及网上广交会信息服务体系的建设。一是运用信息技术加强展馆的软硬件设施,打造了无线网络全馆覆盖、信息网络通信基础硬件设施居世界一流水平的信息化展馆;二是建立网络化、电子化业务管理平台和服务系统,加强了参展商管理服务的规范化、采购商管理服务的科学化,实现了招商招展、展位分配、联络邀请、IC卡办证、来宾报到、现场服务、成交统计等展会主要业务的在线办理,提高了办展效率,降低了各项成本。三是建立以广交会官方网站(https://www.cantonfair.org.cn/)为核心的集宣传招商、商贸采购、商旅服务以及电子商务等多功能于一体的网络平台,为参展商和客商提供全过程、跨时空的,且与现场相结合的网上信息服务。广交会官方网站开通了提供中文(繁体、简体)、英文、日文、德语、法语等多种语言文字版本的信息内容,结合现场推荐、网上展厅、广交会光盘、电子杂志和网络广告等形式,为供求双方提供"网上洽谈、现场成交"的贸易撮合服务,许多采购商和供应商通过网上广交会成功找到了所需商品与合作伙伴。网上广交会成为广交会的官方电子商务平台,是客商参会的重要依据。在商贸采购上,广交会建立了采购商电子服务平台(BEST),开辟"境外贵宾俱乐部""跨国公司采购服务"和"采购商家园"专栏,配合现场采购商的服务工作。针对参展商建立了"参展易捷通"②平台,实现参展申请、展品登记、证件申报、预订服务等业务的网上办理,并一直沿用至今,是广交会参展商参展的主要网络平台。还建立"商贸通"参展企业展示平台,为参展商提供展品网上展示,设立参展商展品查询系统,是全球采购商用以了解广交会参展企业和产品的极为全面和准确的网络展示平台③。2010年,网上广交会被纳入由广东省外贸企业应用电子商务扶持资金认定的第三方电子商务平台,在信息集成和内容服务、商贸匹配服务以及安全交易和支付服务等功能上不断探索与实践,进一步体现了广交会的服务商贸的精神和价值④。网上广交会的实践为随后互联网技术下的信息化、智慧化和数字化发展积累了丰富的经验并打下了良好的基础。

2012年11月,"互联网+"理念于易观第五届移动互联网博览会上被首次提出。2013年3月5日,《政府工作报告》提出,"要大力推进转变经济发展方式,加快产业结构调整""加快建设新一代信息基础设施,促进信息网络技术广泛应用"。2015年3月16日,《政府工作报告》首次提出"'互联网+'行动计划",提出"制定'互联网+'行动计划,推动移动互联网、云计算、大数据、物联网等与现代制造业结合,促进电子商务、工业互联网和互联网金融健康发展,引导互联网企业拓展国际市场"。2015年4月19日,《国务院关于进一步促进展览业改革发展的若干意见》提出应"加快信息化进程""引导企业运用现代信息技术,开展服务创新、管理创新、市场创新和商业模式创新,发展新兴展览业态。举办网络虚拟展览会,形成线上线

---

① 常海强.现场与网上广交会相映成辉[J].中国经贸,2000(6):18-19.
② 广交会参展易捷通,https://exhibitor.cantonfair.org.cn/#/login。
③ 吴江.信息化建设对大型展会的作用[J].中国商界,2010(12): 401.
④ 蔡瑞初,赵骏凯,邓强,等.网络会展电子商务功能分析——以"网上广交会"网站分析为例[J].电脑知识与技术,2011(8): 5850-5851.

下有机融合的新模式"。2015年7月1日,国务院印发了《关于积极推进"互联网+"行动的指导意见》,指明积极推进"互联网+"行动的总体思路是"推动互联网由消费领域向生产领域拓展,加速提升产业发展水平,增强各行业创新能力,构筑经济社会发展新优势和新动能"。2020年4月,商务部办公厅发布《关于创新展会服务模式 培育展览业发展新动能有关工作的通知》,指出应"积极打造线上展会新平台""促进线上线下办展融合发展""探索线上线下同步互动、有机融合的办展新模式"。2021年3月23日,国家发改委发布《中华人民共和国国民经济和社会发展第十四个五年规划和2035年远景目标纲要》,明确提出"加快数字化发展""打造数字经济新优势",为会展产业数字化发展指明了方向。相关统计数据显示,在"互联网+"理念的推动下,2014年中国超过90%的展览会都拥有了线上平台,并通过互联网技术实现了线上线下双线举办的有机融合[①]。

2015年10月,党的十八届五中全会通过《中共中央关于制定国民经济和社会发展第十三个五年规划的建议》,根据"十三五"期间全面建成小康社会决胜阶段面临的新形势新任务,着眼于破解发展难题、厚植发展优势,提出"必须牢固树立创新、协调、绿色、开放、共享的发展理念",指出"坚持创新发展、协调发展、绿色发展、开放发展、共享发展,是关系我国发展全局的一场深刻变革"。2016年10月,在第120届广交会上,习近平总书记发来贺信,指示"广交会要贯彻创新、协调、绿色、开放和共享的发展理念"。

在"互联网+"战略以及在新发展理念的指引下,为贸易、经济和社会发展而服务的广交会不断通过融合互联网、大数据、电子商务等多种技术和手段,努力打造智慧化、数字化的会展创新模式,用实际行动积极、有效践行创新、协调、绿色、开放、共享五大发展理念,成为我国对外开放的重要窗口和企业进入国际市场的重要平台。60多年来,广交会与时代偕行,服务于国家改革开放和社会主义现代化建设、面向国内外企业,为我国对外开放和经济社会发展发挥了积极作用。在新形势下,广交会积极贯彻创新、协调、绿色、开放、共享的发展理念,创新体制机制、商务模式,提高服务水平,支持广大参会企业互利共赢、共同发展,更好地发挥全方位对外开放平台的作用,在更高层次上运用两个市场、两种资源,为推动我国开放型经济发展、促进开放型世界经济发展做出新的、更大的贡献。

2015年,第118届广交会积极实施"互联网+广交会"计划,建设"智慧广交会",目标是将这个规模庞大、影响面广的实体展会打造成为"专业、智慧、绿色的中国外贸发展第一促进平台"。2016年6月,广交会又进一步推进"电子商务+广交会"融合发展模式,广交会电商2.0版本开始试运行。2016年,第120届广交会开幕式上又推出了一个全新的采购商App,设立新品发布中心,努力打造跨境电商3.0版本,充分利用大数据、互联网与电子商务技术,构建会展信息精准服务系统,推动广交会开创"一站式"智慧服务和实现线下体验与线上展示的O2O模式,从而进一步实现了"互联网+广交会"的深度融合。广交会持之以恒的"互联网+"探索与实践为创新举办"云上广交会"夯实了基础。

2020年,受全球疫情的严重影响,原定于4月15日开幕的第127届广交会无法如期举办,为助力我国外贸企业开拓市场、共渡难关,4月7日我国国务院常务会议作出"第127届广交会于6月中下旬在网上举办"的决定,4月16日我国商务部网站正式发布了这一重大决策

---

① 任宁,陈思宇.我国智慧会展的发展现状与对策研究[J].现代经济信息,2015(18):333-335.

(如图1-5):第127届中国进出口商品交易会(简称广交会)将于6月15日至24日在网上举办,为期10天。在网上举办广交会是积极应对疫情影响、努力稳住外贸外资基本盘的创新举措,有利于帮助外贸企业拿订单,保市场,更好地发挥广交会全方位对外开放平台的作用。商务部坚持进出口并重,做好产供销对接,积极动员各方面力量,提升技术水平,扩大惠企范围,完善配套服务,提升广大企业和客商的上线体验,力争举办一届"特殊时期、特殊意义、特别举措、特别精彩"的网上广交会,欢迎国内外企业和客商踊跃参与。同时,商务部还作出决定:第127届广交会网上举办期间不向企业收取参展费用,也不向参与同步活动的跨境电商平台收取任何费用。6月15日至24日第127届广交会首次整体搬上"云端",主要包括"线上展示对接平台""跨境电商专区""直播营销服务"三部分内容,按照16大类商品设置50个展区,所有展品同期上线展示,采取"一站式、一体化"全天候网上举办新模式,着力将展示推介、商务洽谈、供采对接等功能在网上集于一站、融为一体。相关统计数据显示,共有近2.6万家境内参展企业参加,展示展品的形式多种多样,有图文、视频、3D等,各参展商的直播间也充满了特色。在10天的线上直播展会中,共有采购商举办了24场"云推介"活动和5次"云签约"。同时,吸引了217个国家和地区的境外采购商观展,观展来源地分布创历史纪录[①]。

图1-5 商务部公布第127届广交会网上举办的通知[②]

第127届广交会打造了一个打破时空限制的网上贸易平台,开启了以网上办展替代实体展的"云上会展"新创举,既是应对疫情的务实举措,又是创新发展的一项重要举措。相关统计数据显示,第128届云上广交会对官网平台进行了全方位的技术升级与功能优化,官网累计访问量5117万次,注册观展的采购商覆盖了226个国家和地区,参展企业累计上传展品超过247万件,比第127届"云上广交会"增加了35万件,采购商来源地再创新高,较好地实现了"进得去、找得到、谈得来"的目标[③]。2021年第129届"云上广交会"共有227个国家和地区的采购商在线注册观展;第130届广交会实施线上和线下融合举办方式,共有228个

---

① 隋金茹.以广交会为例分析疫情下的跨境电商直播模式[J].营销界,2020(51): 55-56.
② 中华人民共和国商务部,http://www.mofcom.gov.cn/。
③ 赖长强."云上广交会"的举办经验与创新发展思考[M]// 张跃国,洪谦.广州国际商贸中心发展报告(2021).北京:社会科学文献出版社,2021.

采购商观展。2022年,第131届"云上广交会"约有2.55万家境内外参展企业在线注册参展,共有来自228个国家和地区的采购商在线注册观展。

综上可知,在"互联网+"战略指引下,在互联网、电子商务等技术的支持下,网上广交会在疫情非常时期做出的"广交云上,互利天下"的实践与创新,继续发扬"不畏艰险,砥砺前行"的优良传统,仍继续保持"从未间断"的历史记录,继续作为中国外贸发展的"晴雨表"和"风向标",发挥出"中国第一展"的风采与魅力。"云上广交会",是稳住外资外贸基本盘的创新举措,是维护多边贸易体制、支持经济全球化的实际行动。在特殊时期坚持举办广交会,向国际社会表明了中国扩大开放、努力维护国际产业链、供应链安全的坚定决心,展现了中国对于全球化的一贯立场:坚持开放、合作、共赢,坚持多边主义和国际关系民主化,以开放、合作、共赢胸怀谋划发展,坚定不移推动经济全球化朝着开放、包容、普惠、平衡、共赢的方向发展,推动建设开放型世界经济。

(六)未来与展望

在封锁中诞生、在困境中探索、在改革开放中崛起、在新时代奋进,在60余年发展进程中,广交会的开办从未间断,为中国的经济建设、对外开放以及发展成为贸易大国做出了重要贡献。未来,广交会将以习近平新时代中国特色社会主义思想为指导,为中国早日建成经贸强国做出新的、更大的贡献。在激荡的风云变幻中,广交会书写了一个时代的传奇、一个大写的承诺,这是广交会对中国外贸不忘初心、牢记使命的承诺;这是中国敞开大门、开放融通、互利共赢的承诺①。

二、广交会重要历史印记是中国外贸的"晴雨表"和"风向标"

自1957年创办至2022年,广交会的发展跨越两个世纪,正如表1-2中所示,这些里程碑事件记录了广交会发展进程中的改革和创新,其与国家经济和贸易发展同呼吸、共命运,其获得的"中国外贸的'晴雨表'和'风向标'"的赞誉实至名归。

表1-2 广交会60余年发展进程中的重要历史事件及意义

时间	事件	标志及意义
1956年11月10日至1957年1月9日	中国出口商品展览会在广州中苏友好大厦举办	"中国出口商品交易会"的前身,首届广交会的"试验田"
1957年4月25日至5月25日	首届中国出口商品交易会在广州中苏友好大厦举办	外经贸部批文同意第1届"中国出口商品交易会"正式创办
1967年春	中共中央下达文件,要求保证第21届广交会顺利进行	为广交会的如期举办提供了支持
1978年春	外贸部发布关于来料加工的有关规定	从第43届起,广交会开始洽谈来料加工等"三来一补"业务
1979年春	经国务院批准,中国出口商品陈列馆机关改为企业,更名为广州外贸中心	广交会的承办机构体制发生改变

① https://tv.cctv.cn/2019/11/02/VIDEw0krgfjuGuzGz2r7xK0P191102.shtml.

续表

时间	事件	标志及意义
1980年春	根据外贸部规定,广交会可同来自中国港澳地区和旅居海外的华商洽谈大陆与台湾之间的贸易	从第47届起,广交会开始对台贸易
1982年春	广交会展期由30天缩短为20天	从第51届起,广交会展期缩短
1989年春	广交会展期由20天缩短为15天	从第65届起,广交会展期进一步缩短
1989年秋	新增了由厦门、深圳、珠海、汕头、海南等经济特区组成的经济特区交易团,共有19个交易团参展	第66届广交会参展商范围拓展到经济特区
1993年春	实行了由专业外贸总公司组团改为由"省市组团、按团设馆",共设45个交易团,试办轻纺交易会	第73届广交会开始实行"省市组团、按团设馆"的办展模式
1994年秋	实行按"省市组团、商会组馆、馆团结合、行业布展"的方案组展	第76届广交会进一步对办展模式实行了改革
1997年春	广交会进一步采取有效措施,加大知识产权保护工作力度	第81届广交会首次设立保护知识产权的专门工作机构
1999年春	民营企业参展	民营企业作为参展方,首次参与第85届广交会
2000年春	展期由15天缩短为12天	第87届广交会的展期进一步缩短
2002年春	广交会一届分两期举行,每期6天,4月15日至20日为第一期,4月25日至30日为第二期	第91届实行"一届两期"的重大改革
2003年春	为应对"非典"疫情,第93届广交会采用网上广交会的形式;邀请法国欧尚、美国家得宝、美国中央采购、美国QVC公司4家跨国连锁企业进馆定点采购,当届923家参展企业与他们进行了贸易洽谈	第93届广交会续写"从不间断"的传奇,开拓网上广交会并首次搭建跨国采购平台
2003年秋	广交会将境外"客商"改称"采购商";并在琶洲展馆设立部分展区	第94届广交会进一步与国际展会的通行做法接轨;琶洲展馆首次设立分展区,规模进一步扩大
2003年秋	商务部统一部署,广交会的网上广交会、中国国际电子商务中心的在线广交会、中国机电产品进出口商会的在线机电广交会共同承担为广交会提供电子商务服务的工作,吸引客商进行网上交易	第94届广交会建立网上广交会模式的雏形
2004年春	广交会首次实行在流花路展馆和琶洲展馆(A区)两馆分两期举办。	第95届广交会开启"两馆两期"办展模式,并开始设出口品牌展区

续表

时间	事件	标志及意义
2004年8月	国务院办公厅印发《保护知识产权专项行动方案》	广交会保护知识产权的做法被充分肯定,并在全国会展业推广
2007年春	百届之后的广交会由"中国出口商品交易会"更名为"中国进出口商品交易会",设立进口展区	第101届广交会正式更名,掀开了进出口贸易基本平衡发展的新一页
2008年秋	广交会实行分三期举办的改革模式,曾一度被认为是"不可能完成的任务"	第104届广交会实行"一届三期"的办展模式
2010年春	自第108届起,每届广交会展览面积超过110万平方米、参展企业超过2.4万家、到会采购商保持在近20万人的规模	进入21世纪的第2个10年,广交会逐渐成为"世界第一展"
2013年4月15日	广交会电子商务平台正式上线,以"网站+移动客户端+呼叫中心"为载体,建设智慧广交会,打造出了365天不落幕的广交会	第113届广交会开启电子商务B2B供采新模式
2013年秋	创办广交会出口产品设计奖(简称CF奖),为国际采购商呈现更多中国设计精品,并努力把该奖项打造成在国内乃至世界具有影响力的奖项	该奖项评选活动每年举办一次,通过评选促进企业创新,树立企业典型形象,发挥了标杆作用,展示了中国智造
2013秋	在第114届广交会中,"一带一路"沿线国家和地区的采购商到会人数达77278人	第114届广交会响应国家"一带一路"倡议
2015年秋	建设智慧广交会,打造高效、智能的智慧服务体系,新设"智慧服务区——广交会网络中心";"一带一路"沿线有28个国家和地区的353家企业参展	第118届广交会推进"广交会+互联网"行动计划,引导企业转型升级;精准化招商,紧贴国家"一带一路"倡议
2015年9月	广交会A区展馆获得LEED认证的"既有建筑运营与维护金奖",是国内首个得到此认证的展馆类建筑	广交会A区展馆成为全球极为高效的绿色展馆之一
2017年春	广交会出口产品设计奖(简称CF奖)首次增设"最受采购商欢迎产品奖",邀请全球采购商参与评选	第121届广交会扩大了出口产品设计奖的国际影响力
2017年秋	17个"一带一路"沿线的相关国家和地区的341家企业参展,展位数583个	在第122届广交会中,"一带一路"沿线国家和地区已经成为进口展区参展主体

续表

时间	事件	标志及意义
2020年春	商务部召开专题新闻发布会：第127届广交会将于6月15日至24日在网上举办。疫情下的广交会展览规模保持稳定。"广交云上，互利天下"，"云上广交会"运用先进信息技术，让来自全球的参展商和采购商集聚"云端"，从"面对面沟通"变为"屏对屏交流"，实现足不出户谈生意、下订单	受疫情影响，第127届广交会创新举办模式，实行在"云端"举办广交会的形式，被称为创新模式下的"广交会2.0版"
2021年秋	商务部统筹考虑疫情防控需要，将会期由三期调整为一期，时间为5天，线上线下同步举办。时逢广交会举办第130届，"首届珠江国际贸易论坛"在本届广交会上举办	第130届广交会将会期调整为一期，将线上线下双线模式常态化；此届广交会也是广交会发展史上第一次举办国家级国际贸易论坛，彰显了"中国第一展"的国际影响力

资料来源：根据中国进出口商品交易会(广交会)官网(https://www.cantonfair.org.cn/)相关数据整理制作。

三、广交会组织机构顺应我国经济体制改革，彰显国展优势

广交会是由中华人民共和国商务部和广东省人民政府联合主办，中国对外贸易中心(简称外贸中心)承办的。

中华人民共和国商务部(简称商务部)是中华人民共和国设立的主管国内外贸易和国际经济合作的部门，隶属中华人民共和国国务院。1949年中华人民共和国成立时，我国内外贸工作均由中央人民政府贸易部管理。1952年，贸易部分为对外贸易部和商业部。1961年，我国成立对外经济联络总局，1970年改为对外经济联络部，主要负责对外援助。直至1982年，我国管理对外经贸工作主要包括对外贸易部、对外经济联络部，以及改革开放后新成立的国家进出口管理委员会和国家外国投资管理委员会四个部委。1982年我国政府机构进行了一定改革，将四部委合并，成立对外经济贸易部(简称经外经贸部)①。1993年3月，第八届全国人民代表大会第一次会议审议通过《国务院机构改革方案》，将"对外经济贸易部"更名为"对外贸易经济合作部"。2003年3月，第十届全国人民代表大会第一次会议审议通过《国务院机构改革方案》，组建商务部，不再保留对外贸易经济合作部。

中国对外贸易中心最初名称为中国出口商品陈列馆机关，自成立之日起就是中国进出口商品交易会的常设机构，负责承办中国进出口商品交易会(广交会)。1957年至1979年间，中国出口商品陈列馆机关是外经部直属事业单位。1979年4月，经国务院批准，中国出口商品陈列馆机关改为企业，更名为广州外贸中心。1980年1月1日广州外贸中心正式成立。1986年秋，广州外贸中心更名为中国(广州)对外贸易中心。1988年8月29日，中国(广州)对外贸易中心更名为中国对外贸易中心(集团)。2001年4月，中国对外贸易中心(集团)

---

① 新一轮新起点：机构改革这些年——商务部机构改革[EB/OL].(2018-03-02), https://www.antpedia.com/news/18/n-1466318.html.

改制为事业单位,更名为中国对外贸易中心,并于2001年7月31日完成事业单位法人登记,是商务部直属事业单位。中国对外贸易中心全面负责每年春秋两届广交会的组织管理和承办工作,下设中国对外贸易中心集团有限公司(简称外贸中心集团),主要业务是主办、承办各类大型专业展览;运营广交会展馆;通过旗下子公司及控股或参股公司运营国家会展中心(天津),经营展览工程、酒店、物业、餐饮、广告、商旅、贸易服务等会展全产业链业务。

目前,除组织机构外,广交会还设有大会秘书处、业务办公室、外事办公室等主要职能机构,主要负责与广交会重大活动相关的协调、组织、运营、管理以及服务等各项工作(见图1-6)。

图1-6 广交会职能机构[①]

四、广交会形象变迁寓意着继往开来、改革创新、锐意进取[②]

1985第57届春季中国出口商品交易会首次使用徽标,标志着中国出口商品交易会有了自己的会徽形象。徽标的设计师梁炯将其设计思路解释为用"中国出口商品交易会"的英文缩写"CECF"组成中国出口商品交易会大楼正面的形状,徽标的外形既像英文字母"C",又像个地球,蕴含"国际性"之意。徽标的形状还可以解释为拱桥,上半部为拱桥形,下半部为拱桥的水影,蕴含"友谊桥梁""贸易桥梁"之意。直至2007年,第101届中国出口商品交易会正式更名为"中国进出口商品交易会",英文表述为"China Import and Export Fair",英文缩写也变成了CIEF,其徽标也重新进行了设计(见图1-7)。

图1-7 中国进出口商品交易会徽标

中国进出口商品交易会徽标以及展馆内部使用的中文书法,是由1963年时任全国人大副委员长的诗人、学者、书法家郭沫若先生在视察广交会时题写的。2007年春,第101届中国进出口商品展览会正式更名为"中国进出口商品交易会"时,决定继续采用郭老的书法,组成新的"中国进出口商品交易会"榜书,郭沫若先生之女在郭老的馆藏书法中找到"进"字,并

[①]中国进出口商品交易会(广交会)官网,http://www.cantonfair.org.cn/cn/。
[②]本部分的文字和图片内容均参考中国进出口商品交易会(广交会)官网http://www.cantonfair.org.cn/cn/。

无偿提供给广交会使用。

2021年10月9日,第130届中国进出口商品交易会正式发布蜜蜂"好宝 Bee"和"好妮 Honey"作为吉祥物(见图1-8)。两个开心的吉祥物奔跑跳跃、伸展手臂,热情欢迎全世界朋友,彰显了中国持续扩大对外开放的坚定决心,以及拥抱世界、共建人类命运共同体的真诚愿望。这是中国进出口商品交易会自1957年创办以来首次发布吉祥物。

图1-8 中国进出口商品交易会品牌形象

除此之外,中国进出口商品交易会(广交会)还注册了自己的商标(见图1-9),其理念巧妙运用CANTON FAIR英文中的字母"O"和"I"以及阿拉伯数字"1"作为设计元素,赋予商标广阔的联想空间,强化商标的语言表现力,使设计主题鲜明、生动、易记。该商标在设计上采用动静结合的方式,以字母中的"O"为同心圆结合旋动的圆弧形,寓意太阳,代表广交会的发展如旭日东升,具有无限的生命力;同时,也象征着广交会员工同心协力,共创美好的企业文化。"1"在外形上与CANTON FAIR中的英文字母"I"相似,也代表着广交会"中国第一展"的美誉,昭示着广交会的发展迈向国际化的远大目标。CANTON FAIR商标多彩、和谐的颜色组合,显示出广交会的活力和热情。广交会是举世闻名的综合性国际贸易盛会,进入新时代后,广交会将继往开来、改革创新、锐意进取。

图1-9 中国进出口商品交易会(广交会)商标①

五、广交会举办场馆四次迁址是广交会发展水平和实力不断提升的标志

广交会自创办以来,伴随展位需求的增长和展览规模的不断扩大,其举办场馆历经四次迁址,实现了"从四馆到永久性场馆"的发展变迁。海珠桥边、流花湖畔、琶洲塔下,一座座展馆如同一个个里程碑,记录着广交会的成长与辉煌。广交会展馆建筑面积由创办初期的1.8万平方米发展为现在的超110万平方米。

---

① 中国对外贸易中心,https://www.cftc.org.cn/about/53.html。

(一) 第一个举办场馆：广州中苏友好大厦

第1届、第2届广交会均在此场馆内举行。首届广交会租用广州中苏友好大厦作为举办场馆，当时的中苏友好大厦占地面积97854平方米，展馆建筑面积1.8万平方米，展出面积为9600平方米。广州中苏友好大厦设计效果图见图1-10。

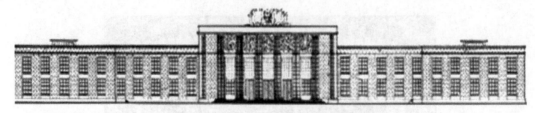

图1-10　广州中苏友好大厦设计效果图①

在中华人民共和国成立之初，中共中央决定分别在广州和上海两地举办苏联经济及文化建设成就展，并建造会展场所。建成的两座展现了现代建筑技艺和艺术性的庄严大厦象征着当时中苏两国人民的友谊，因此均取名为"中苏友好大厦"。

广州中苏友好大厦于1955年4月5日破土动工，9月底竣工，建筑面积1.97万平方米，馆内展出面积1.58万平方米，馆后露天展览场面积达1万平方米以上，馆前广场及草坪约3.3万平方米，展览厅共30个，实用面积约占90%②，每天可容3万人次以上的观众参观。历经60多年风雨，广州中苏友好大厦经过改造扩建后，成为现在的广州流花展贸中心。上海中苏友好大厦于1954年5月4日动工兴建，1955年3月建成，1968年改名为上海展览馆，1984年更定名为上海展览中心。上海展览中心目前是专业从事会议、展览业务的经济实体，上海书展等知名的会展品牌在这里举办会展。现位于上海市延安中路1000号，坐落于繁华的南京西路和交通主干道延安中路之间，具有十分优越的地理条件。其占地面积9.3万平方米，建筑面积8万平方米。上海展览中心在保持原有建筑风貌的基础上，不断提升功能，多次进行内部装修，形成"南展北会"的新格局。现有展览面积2.2万平方米，大小40多个多功能会议室和会议厅③。

(二) 侨光路中国出口商品陈列馆

1958年4月15日，第3届广交会在新建成的中国出口商品陈列馆举行。这是广交会举办场馆的第一次迁址。该陈列馆位于侨光路2号，于1957年11月4日动工，1958年4月10日竣工。侨光路中国出口商品陈列馆楼高5层，占地面积3600平方米，建筑面积1.45万平方米，展馆使用面积1.3万平方米。时任国务院副总理陈毅曾为该陈列馆题写馆名。第3届至第5届广交会均在此场馆内举办。

(三) 起义路中国出口商品陈列馆

1959年11月1日，第6届广交会在新建成的中国出口商品陈列馆举行。这是广交会举

---

①广州中苏友好大厦的前世今生[EB/OL].(2019-07-23).https://haokan.baidu.com/v?pd=bjh&type=video&vid=14203370018937937642.

②林克明.广州中苏友好大厦的设计与施工[J].建筑学报，1956(3)：58-67.

③上海展览中心，http://www.shzlzx.com.cn/.

办场馆的第二次迁址。该陈列馆位于广州起义路1号,于1958年11月1日动工,1959年8月底竣工。起义路中国出口商品陈列馆占地面积1.09万平方米,总建筑面积4.02万平方米,展馆使用面积3.45万平方米,为侨光路中国出口商品陈列馆的2.65倍。第6届至第34届广交会均在此场馆内举办。

(四) 流花路中国出口商品交易会展馆

1974年4月15日,第35届广交会在新建成的流花路中国出口商品交易会展馆举行,这是广交会举办场馆的第三次迁址。该展馆位于流花路117号,于1972年10月动工,1974年4月建成。"中国出口商品交易会"字样为时任全国人大常委会副委员长郭沫若手书。当时馆占地面积9.8万平方米,建筑面积11.05万平方米,经过多次扩建,该展馆最终建筑面积达17万平方米。第35届至103届广交会在此展馆内举办(其中第94届至103届广交会于琶洲展馆同时举办)。

(五) 琶洲展馆

2003年10月,第94届广交会首次试用琶洲展馆部分展厅。2004年4月,第95届广交会琶洲展馆一期工程全面投入使用。

2008年9月,第104届广交会整体搬迁至琶洲展馆举行,这是广交会举办场馆的第四次迁址。新落成的中国进出口商品交易会展馆(琶洲展馆)位于广州珠江南岸,占地面积超过80万平方米,展馆总建筑面积超过110万平方米,室内展厅总面积34万平方米,室外展场面积4.36万平方米。这是亚洲设施极为先进、功能极为齐全的现代化展馆,也是当时亚洲最大的会展中心。如图1-11所示,从外观上看去,琶洲展馆的主题是"飘",它的设计理念源自珠江美丽的江面上徐徐的清风吹过琶洲岛,让这座作为世界贸易之窗的承载着高科技的场馆飘然坐落在珠江的南岸。该展馆似浪潮一般高低起伏,承载着广州先进的文化与科学技术,"飘向"八大出海口,流传至世界各地[1],不仅展现着广州这所城市的魅力,而且又一次提升了广州市的整体形象。

图1-11 中国进出口商品交易会展馆(琶洲展馆)[2]

---

[1] 倪阳,邓孟仁.珠江边上吹来的"和煦之风":中国出口商品交易会琶洲展馆一、二期[J].建筑创作,2010(12):84-91.
[2] 广交会展馆,https://www.ciefc.com/。

第四节 "中国第一展"广交会案例启示

会展与节事的缘起具有同源性,即集市出现之后,商贸会展活动与节事活动在此产生了有机的融合和碰撞。中国是世界会展节事的缘起之地,中国古代集市的出现甚至要早于欧洲几百年。中国古代会展节事的文化交流、商贸交易功能为世界会展节事的发展做出了积极的贡献。

广交会作为"中国第一展",为中国的经济发展做出了不可磨灭的贡献,也奠定了中国"现代集市"的发展模式,为会展节事产业的发展指引了方向。

在新时代背景下,在党和国家的领导下,我们在学习世界会展节事优秀成果和经验、加强与国际的交流和合作的同时,更应该以史为鉴,明确中国古代集市文明对世界会展节事发展做出的积极贡献,讲好中国会展节事故事,尤其是以广交会为典型的大型会展节事的风雨历程。以丰富多彩的会展节事为载体,积极投身于会展节事产业的创新和创造,为中华优秀传统文化的保护、传承和创新发展做出积极的贡献,为中华民族的伟大复兴和远景目标而努力奋斗是我们肩负的神圣的历史使命。

请观看学习《广交会》纪录片,并说一说你从中获得的启示。

《广交会》纪录片概况

第二章

互联网经济下的中国会展节事
——超越时空无极限

学习目标

通过"双11"购物节这一典型案例,理解和掌握会展节事的时空发展特征,深刻认识国家"互联网+"行动计划对中国会展节事产业发展的推动作用,探索和明确未来中国会展节事发展的历史使命。

素质目标

中国互联网经济发展下诞生的"双11"购物节是中国电商购物造节的典范。其不仅丰富了现代会展节事的内涵与类别,是对会展节事理论与实践的有益补充;而且超越了时空限制,似乎是中国古代集市"穿越式"地在网络空间上的延伸。"双11"引领了时代消费潮流,为中国会展节事的创新发展提供了无限想象空间。

第一节 中国互联网经济浪潮的推进

人类社会的发展进程都会受到每一次科技革新的影响,并且伴随历史的发展,这种影响越来越显著,甚至会彻底改变人类社会的生产和生活。18世纪中期到19世纪,以蒸汽机的发明和使用为主要标志的第一次科技革命,即工业革命,使人类进入工业时代;19世纪末期,以电力的广泛应用为主要标志的第二次科技革命,即电力革命,使人类进入电力时代;自20世纪40年代起,以计算机的出现为起点的信息技术革命又将人们带进一个崭新的信息时代。

　　20世纪60年代末,互联网正式诞生①,并于90年代风靡全球,中国便是在1994年正式接入互联网的。1994年4月20日,在国务院的支持下,经过我国科研工作者的艰辛努力,一条64K的国际专线从中科院计算机网络中心通过美国Sprint公司连入Internet,实现了中国与Internet的全功能连接。从此国际上正式承认中国为第77个真正拥有全功能Internet的国家②。此后,互联网的兴起又助推了人类信息化发展的进程,同时,伴随着社会经济的发展,大多数商品出现了供远大于需的现象。信息技术的进步和商务的发展使社会网络化、经济数字化、竞争全球化、贸易自由化成为必然,基于互联网技术的现代电子商务应运而生。20世纪90年代中期,互联网迅速从大学、科研机构走向企业和家庭。1991年,一直被排斥在互联网之外的商业贸易活动正式进入互联网的世界,电子商务成为互联网应用的最大热点。电子商务起源于1995年,它的先驱是一些互联网零售公司,如被大家所熟知的亚马逊(Amazon)。2010年之后,像沃尔玛(Walmart)这样的传统跨国零售商也建立了自己的网上商店(网店)③。

　　中国在1994年接入互联网之后,以互联网产业和电子商务为依托的网络经济的发展便势不可挡。有研究表明,我国互联网经济的发展大致经历了5个阶段:互联网经济发展的集聚阶段(1986—1997年)、互联网经济发展的诞生阶段(1998—2000年)、互联网经济发展的成长阶段(2001—2008年)、互联网经济发展的繁荣阶段(2009—2012年)、互联网经济发展的强国阶段(2013年至今)④。

　　在集聚阶段,我国互联网的发展从专业技术向国家信息基础设施转变,《国家信息化"九五"规划和2010年远景目标(纲要)》将互联网列入国家信息基础建设,为互联网商业应用和互联网经济的诞生铺垫设施基础。

　　在诞生阶段,我国互联网出现了暂时的疯狂发展,网民数量、商业应用域名、网站总数都呈爆炸式增长。标志性的事件是诞生了直到如今仍是中国极具影响力与代表性的互联网服务企业,如真实拉近用户与互联网距离的"三大门户"网站——搜狐、新浪、网易,以及对互联网经济未来几十年发展都会产生巨大影响的企业——百度、腾讯、阿里巴巴等,并引发了第一轮中国互联网企业的上市浪潮(如中华网、TOM等)。

　　在成长阶段,我国互联网经济的发展处于动荡时期,美国互联网泡沫破灭影响了包括"三大门户"网站在内的中国互联网企业的快速发展,政府部门从基础设施建设中线转向互联网管控,并制定了《国民经济和社会发展第十个五年计划 信息化发展重点专项规划》。互联网向多元化的社会和商业应用扩散,网民分布较为密集的行业主要有制造业、科研教育、批发和零售业等,网络视频、网络音乐、搜索引擎成为网民使用互联网的主要应用内容。腾

---

①互联网的诞生是指美国1969年建立的阿帕网。美军在ARPA(Advanced Research Project Agency,阿帕网,美国国防部研究计划署)制定的协定下,将美国西南部的大学UCLA(University of California, Los Angeles,加利福尼亚大学洛杉矶分校)、Stanford Research Institute(斯坦福研究院)、UCSB(University of California, Santa Barbara,加利福尼亚大学圣塔芭芭拉分校)和University of Utah(犹他州立大学)的四台主要的计算机连接起来。

②NCFC,中国互联网从这里起步[EB/OL].(2014-04-19).https://www.cas.cn/kxcb/kpwz/201404/t20140419_4093686.shtml.

③电子商务产生和发展[EB/OL].(2021-05-07).https://zhuanlan.zhihu.com/p/370473869.

④荆文君,何毅,刘航.中国互联网经济与互联网经济学20年:1998—2018[J].山西财经大学学报.2020(5):46-60.

讯、百度和阿里巴巴三家互联网企业市值首先超过了百亿美元,成为世界级的互联网企业。

在繁荣阶段,我国互联网经济的发展体现三个特点:一是随着3G技术、智能手机普及,移动互联网经济开始发展,直至2012年中国手机网民数首次超过PC端网民数,标志着移动互联网市场基本成熟;二是互联网企业继续扩大互联网在各领域的应用,如网络购物、网络支付、网上银行等商业应用的发展较为突出;三是互联网企业开始改变传统发展模式,将原有产业运营模式改变为竞合模式,并对越来越多的传统行业产生了影响,如百度、腾讯、新浪、阿里巴巴等诸多互联网大企业宣布开放平台战略。例如,在互联网金融领域,阿里巴巴在支付宝的基础上推出了余额宝产品,腾讯、京东在一年内陆续推出了互联网金融产品,给传统金融产业带来了冲击。社会发展已彻底与互联网紧密联系起来。2009年,中国网民总数首次超越美国,成为全球网民人数最多的国家,扩大的市场规模和用户群体成为我国互联网发展优势的基础。

在强国阶段,互联网经济已经成为我国国民经济中的重要组成部分。我国"互联网+"行动计划的提出和推动,"发挥'互联网+'对稳增长、促改革、调结构、惠民生、防风险的重要作用"指导性意见的提出,意味着中国互联网的发展进入了新纪元,一些新的概念如大数据、虚拟现实(VR)、人工智能(AI)、元宇宙等逐渐被提出;"互联网+"与各行各业深度融合,形成了如互联网金融、共享经济、数字经济等新业态,提升了我国国家竞争力,是互联网强国之路的集中体现。

第二节 "双11"购物节案例概况

"双11"购物节是中国电商购物造节的典范。"双11"购物节(简称"双11"),始于2009年,是阿里巴巴集团旗下B2C(Business to Customer)业务网络交易平台——淘宝商城(2012年更名为天猫)于每年11月11日这一天固定举办的电商平台网络促销日活动。自2009年至2021年,"双11"已持续举办了13年,从"购物狂欢节"到"全民狂欢节"再到"全球购物狂欢节",其在全国乃至全球范围内兴起一种基于互联网、电子商务平台的全新消费模式和网络购物节事。"双11"本是中国电子商务行业的年度盛事,但"双11"购物造节这一"同一天来自全球的买家和卖家一起在网上商城买卖商品"的购物狂欢打造的是一种极富时代感的消费仪式,是不受空间限制的经贸会展集市,以及体验感超强的节事庆典。从某种意义上来说,其在内容上进一步诠释了中国会展节事的内涵,在形式上进一步扩大了中国会展节事的外延。"双11"在意义上既是对会展集市开展商贸交易传统的延续,又是对古代节事文化的时代创新,是中国电商购物造节的典型代表。"双11"推动了中国消费结构的不断升级,为中国经济转向高质量发展提供了动力支撑[①],引发了数字商业的升级,并不断推进数字经济和实体经济的深度融合;创造了我国助力脱贫攻坚的新模式;是中国消费强大潜力的有力证明,更是中国"世界市场"地位的充分表现[②]。

---

① 王珂.消费升级,以蓬勃内需推动长期增长[N].人民日报,2019-02-25(5).
② 乔继红."双十一"带动全球经济共振[N].新华每日电讯,2020-11-13(7).

第三节 "双11"购物节案例分析

一、"双11"由"光棍节"象形而来

"光棍节"又名单身节("光棍"的意思即单身),兴起于20世纪90年代,于每年的11月11日举办。四个数字"11.11"形似光滑、孤立的棍子,和单身"光棍族"形单影只的形象很贴切,故而得名"光棍节"。

关于"光棍节"的由来有多种不同的说法,其中被人广为接受的是它缘起于南京大学的宿舍文化。1993年,南京大学"名草无主"寝室4个大四学生每晚举行"卧谈",某一段时间卧谈的主题都是讨论如何摆脱"光棍"状态,他们在卧谈中创想出了以即将到来的11月11日作为"光棍节"来组织活动,从此,"光棍节"逐渐发展成为南京高校以至各地大学里的一种校园趣味文化。随着一批批学子告别校园,这个节日逐渐社会化。并且,随着成年单身男女群体的庞大,以及群体活动和网络媒体的传播,"光棍节"逐渐在社会中流行开来[①]。

伴随"光棍"群体的不断扩大,一些年轻新婚夫妻也会选择在这一天举办婚礼庆典,这种"光棍节"文化现象及消费力吸引着越来越多商家的注意力,他们从中发现了无限商机。在商家的助推之下,"单身经济"就骤然兴起,"光棍节"的各种促销活动、广告宣传又将这些小众活动演变成为一种社会化的节日[②]。更有各大商家以此为契机开展一年一度最大力度的打折促销活动。

2009年,淘宝平台以"光棍节"为契机,以电子商务为平台,首次发起网购促销活动,即"双11"购物节,这一日的销售成果惊人,单日成交量达5200万元。此后每年11月11日商家都会精心筹划造势,"双11"已被淘宝平台打造成一个中国特有的购物节日,此后,"双11"被电商广泛关注,许多电子商务平台甚至线下商家也纷纷借机开展各种促销打折活动,进而逐渐发展成为中国电商"疯狂"的大型购物促销狂欢日,从节日的发展演变上来看,"双11"是中国电商购物造节的典范。

二、"双11"是中国互联网经济发展浪潮中的必然产物

2008年底,时任淘宝CFO同时兼任淘宝商城的总经理张勇和他的团队组织了一场头脑风暴:为了做大淘宝商城的品牌,提出并策划一个嘉年华式的网上购物节。之所以选择11月11日"光棍节"这一天,是"光棍节"刚好处于传统零售业"十一黄金周"和"圣诞促销季"中间,正是一个销售低谷;虽然不是销售旺季,但由于天气变化,这时候正是人们要添置冬装的时候。于是,2009年11月11日,借着"光棍节没有约会还可以购物"的噱头,带着试一试的想法,看网上促销活动有没有可能成为一个对消费者有吸引力的窗口,阿里团队开始了他们的冒险行动,率先在淘宝商城举办首届"光棍节"低价促销活动。当时仅有27个品牌参加其中,多半都是抱着清理商品库存的心理,活动主打"全场五折"的促销口号,在广告媒体方面

[①] 光棍节"很忙"[EB/OL].(2012-11-21).http://culture.ifeng.com/gundong/detail_2012_11/21/19361531_0.shtml.
[②] 光棍节的由来[EB/OL].[2022-10-22].https://www.hjenglish.com/guanggun/ggjyl/.

也未做大肆宣传,仅在淘宝网和淘宝商城官网页面进行传播。然而出乎意料的是,这个初衷只是想做一个专属淘宝商城的节日,以及让人们能够记住淘宝商城的点子有了新的发展走向,"双 11"已不再是"光棍们"的无奈之选,而是演变成了一场全民网络购物的狂欢盛宴,成为电商消费节的代名词,甚至对非网购人群、线下商城也产生了一定影响力。"双 11"取代了单纯意义上的网购狂欢、"光棍节",成了人们享受购物欢乐的消费符号。

对于建立于 2008 年 4 月的淘宝商城[①]来讲,这个点子的形成及其所获得的巨大的成功是当时各种社会经济文化之间的碰撞所擦出的时代火花。

三、"双 11"是中国互联网经济浪潮中的一朵浪花

在中国互联网和电子商务引起的经济浪潮中,阿里巴巴集团由曾担任英语教师的马云与其他来自不同背景的伙伴共 18 人于 1999 年在杭州创立。从一开始,所有创始人就深信互联网能够创造公平的竞争环境,"让天下没有难做的生意",让小企业通过创新与科技扩展业务,并在参与国内或全球市场竞争时处于更有利的位置。自推出让中国中小企业可以接触全球买家的首个网站以来,阿里巴巴集团不断成长,成为一个涵盖商业、云计算、数字媒体及娱乐以及创新业务的数字生态[②]。

2003 年 5 月阿里巴巴创办淘宝网(https://www.taobao.com/),目前已是中国领先的社交电商购物平台,在大数据分析和技术的优化下,为来自大城市和欠发达地区的消费者提供高度互动的个性化购物体验。在淘宝上,消费者既能够获取高度相关的内容,又能收到商家实时提供的最新信息,从而获悉较为全面的产品信息并感知新潮流。消费者还能够通过淘宝网提供的包括直播、短视频在内的丰富的互动功能,与其他消费者以及消费者所喜爱的商家和 KOL 们互动。

淘宝网在成立初期,距离 1994 年我国接入互联网不过 10 年,此时的电子商务的发展也处于萌芽期,网络购物对于中国消费者而言还是一个新鲜事物,淘宝网抓住整体电子商务市场尚不成熟的时机,推出一系列免费服务业务吸引了大量的个人商家入驻,并率先推出第三方在线支付工具支付宝以及网络购物聊天工具淘宝旺旺等,凭借阿里集团的强力支持,迅速提高了市场知名度和占有率。伴随我国电子商务发展的高速增长,到 2006 年,淘宝网占据了中国 C2C 市场的七成,成为亚洲最大的购物网站。基于电子商务市场的不断成熟和深入发展以及消费者购物体验的提升,2008 年 4 月,淘宝网细分成两个平台,分别是 B2C 领域的淘宝商城和 C2C 领域的淘宝。此后淘宝网面对网购市场日益白热化的竞争和不断细分的市场环境,不断通过新产品、新业务、新活动加强消费体验升级和开拓新的消费领域,引领中国的消费市场[③][④]。

2009 年,"双 11"诞生,这是淘宝商城为吸引消费者而举办的节日促销活动之一,它将中国传统节日促销的理念延伸到了网络空间,打造了网络购物狂欢,显示出我国强烈的网上消费意愿和极高的消费能力。截至 2009 年 12 月 31 日,中国互联网络信息中心(CNNIC)的相

---

① 2007 年,淘宝网将整个网站运营分为三个业务部门:二手、集市和商城。
② 阿里巴巴集团介绍,https://www.alibabagroup.com/cn/about/history。
③ 程凡可.浅析淘宝网发展现状及未来发展趋势[J].经贸实践, 2016(7): 130.
④ 王韶华, 夏敏敏, 马文芳.淘宝网与中国的电子商务[J].时代金融, 2014(2): 141.

关统计数据显示,中国网民规模达到3.84亿人,互联网普及率达到28.9%。网络购物用户规模达1.08亿人,网络购物市场交易规模达到2500亿元①。"双11"与后来出现的"双12""618"等淘宝专属的购物节活动一起成为淘宝品牌特有的节日系列符号,不仅达到了其创办之初的仅仅是"让人们能够记住淘宝商城"的目的,而且激起了千层浪,引领着全球消费热潮。

四、"双11"是人们网络购物这种习惯性社会生活方式和消费方式的代表

从20世纪90年代起,我国发达城市与部分沿海地区开始走向消费社会。关于消费社会,西方于20世纪以后便进入了这样的社会形态,社会生产由既往的以生产为导向转变为以消费为导向,进而引发了一系列社会变革,触动社会结构。20世纪60年代,西方社会再次出现"高生产—高消费"的福特主义生产方式,其暴露出了大规模生产难以适应市场需求的弊端,于是又产生了"弹性劳动"的后福特主义生产方式,由被动适应消费转向主动制造、引领消费,来适应后工业社会的转变。法国社会学家、哲学家鲍德里亚1970年在《消费社会》一书中这样描述消费社会:"今天,在我们的周围,存在着一种由不断增长的物、服务和物质财富所构成的惊人的消费和丰盛现象。它构成人类自然环境的一种根本变化。恰当地说,富裕的人们不再像过去那样受到人的包围,而是受到物的包围"。

通俗地讲,消费社会具备这样的特征:第一,消费的中心性,即在经济持续增长、物质极大丰富的情况下,大多数人的基本生活水平得以保障,以往的奢侈品正在向生活必需品转化。被制造的社会需求是社会发展的重要途径。第二,消费的符号化,即商品作为物质与文化的综合体成为生活质量的标志,消费者将注意力集中于商品所代表的符号意义,而非对需求的满足。第三,"物"影响了社会结构,即消费不再是单纯的经济行为,"更是一种社会行为和文化形态"。人们的社会关系与地位,权力的生产与划分,都在"物"的影响下发生最为激烈的变革。第四,消费文化成为意识形态,即因消费所生产的消费文化成为社会的意识形态,内化于人们的生活方式和认知理念之中。人们的生活和环境都留有消费文化的印记②。

2009年,我国大众早已成为消费品的最大需求方,伴随消费者收入水平的不断提高,其消费偏好也逐渐由"生活必需品需求"向"改善性需求"转变,消费者在购买商品时更加注重商品的质量、品牌以及个性化。此外,从众心理也影响着消费者的需求及消费行为。伴随互联网和电子商务的不断发展,中国零售业市场已进入网络购物的成熟阶段③,网络消费逐渐成为主流,网络消费交易额快速增长。各大电商利用"大数据"和网络技术跟踪消费者的浏览足迹,发现不同消费者的消费偏好,把握消费者的从众心理,从而加大宣传力度,推送消费者可能喜欢的商品,提高其购物舒适度。同时,中国的物流业也得到快速发展,为网络购物提供了一定的支撑,能够缩短消费者的等待时间,进而提高了消费者效用,为商家降低了成本,提高了效率④。

---

① 中国互联网络信息中心.2009年中国互联网发展大事记[EB/OL].(2010-03-10).https://www.cnnic.cn/n4/2022/0401/c87-834.html.
② 于婷婷,晋艺函,刘一帆.消费文化视阈下的电商购物节现象解读[M]// 钟瑛.中国新媒体社会责任研究报告(2016).北京:社会科学文献出版社,2016.
③ 中国新零售行业商业模式研究报告[EB/OL].[2019-11-14].https://www.doc88.com/p-7788724970544.html?r=1.
④ 宋纤.淘宝商城"双十一"购物节的经济学分析[J].经济研究导刊.2019(9):156,181.

由此可见,在互联网和电子商务发展的背景下,网络购物由于其价格低、便于操作及产品服务多样,已逐步升级一种极为普遍的生活方式和重要的消费方式。淘宝平台的迅速壮大发展,让人们意识到了网络购物在现代人心中的重要性。初期的网络购物主流群体是"80后""90后",他们缺乏物质匮乏的体验,用消费来证明自身存在的价值。同时,伴随着经济发展和社会分层,炫耀性消费或者比较性消费开始出现,区别于上一代重视储蓄、抑制消费的倾向。当拥有强大的忠实购物群体以及广泛的目标消费群体的淘宝平台在推出"双11"打折促销活动时,各种手段的促销宣传和口碑营销也潜移默化地影响着消费者的从众心理、刺激着消费者的购物欲望,从而影响着消费者的消费行为和决策。因此,在购物时间方面,消费者自然不会将关注的焦点放在这个购物节具体是"11月11日"或是后来出现的"12月12日",即"双12",也不会其太在意距离"国庆节"或是其他节日有多近或多远,而是记住了"双11"或"双12"这个符号、这个购物仪式、这个节日庆典,在这场疯狂的购物盛宴中,表达出"清空我的购物车""剁手"等购物意愿。

五、"双11"等网络购物节事是经济困境下拉动内需、促进经济发展的有效途径

2008年,美国金融危机爆发席卷全球,2009年初,世界市场萎缩、中国出口下滑、经济增长放慢,世界经济和中国经济跌入经济危机谷底[①],我国外贸经济受到了严重影响,外贸企业的生存面临困境。在外贸市场低迷的状态下,网络购物电商渠道成为外贸企业摆脱困境的希望。网络消费能够带动原材料供应、企业生产、金融物流服务业、网络零售市场的发展,提供数以万计的就业机会,从而拉动了内需,推动了我国经济的复苏。而"双11"的推出更是为外贸企业在国内推广品牌、打开销路提供了良好时机。尽管在2009年首届"双11"仅有李宁、联想等27个商户参加,但平台交易额达5200万元,是当时日常平台交易额的10倍左右。再加上2009年10月1日《中华人民共和国邮政法》(修订)颁布实施,确立了民营快递企业的合法化,民营快递业从此开始走向了正轨,高歌猛进,从此电商和物流两大行业相辅相成,共同为促进消费和拉动经济贡献力量。经济增长的目的是消费,"双11"的消费能力证明,其对促进我国经济发展起到了积极作用。

六、"双11"特色活动及创意引领消费潮流

(一)"双11"购物优惠

天猫"双11"的购物优惠活动包括:超级红包、跨店满减、店铺满减、"双11"优惠专场及预售定金优惠等。通过各种优惠进行开头促销,通过"抢红包"让话题升温。如2018年"双11"起,天猫首创"组队"PK获取购物优惠的游戏方式,从组队"盖楼"发展到组队"养猫",完成任务或在PK中赢得胜利即可分得红包。游戏不仅给消费者带来优惠、拉动商品销量,还起到一定宣传作用,吸引更多人参与天猫"双11"。这种以游戏活动来获得优惠红包的方式更是将购物与娱乐融为一体,"寓购于乐"。此外,天猫商家与KOL博主联合,为消费者带来博主专属的"双11"优惠链接和优惠券。通过多种优惠方式的组合,消费者甚至可以获得全年最低的商品价格,而"双11"也因此成了消费者的购物盛宴。

---

① 2009—2010年(CEAOR 2010)——后危机时代中国绿色经济结构增长[J].中国对外贸易,2010(3):18-37.

1. 首创定金预售模式

每年10月底,天猫会开启"双11"的预售活动。以2021年"双11"为例,活动时间分为两波预售期(第一波预售自10月20日20点起;第二波预售自11月4日20点起)和两个售卖期(11月1日至3日和11月11日),为这场全民消费盛宴形成更好的分流,缓解抢购的网络压力,而热门商品的售卖更是如火如荼,需要消费者利用"手速"与"网速"来进行抢购。预售期也可以说是为"双11"和相关商家带来热度的引流,延长了销售时间,创造更多的消费需求。

在预售期支付定金,消费者不仅可以率先抢下商品,还能够享受大额优惠。以美妆商品为例,支付定金后,每样商品可在补尾款期抵扣10—40元优惠金额不等。

相比早年的零点抢定金,自2020年起(包括2021年)"双11"改成20:00抢定金,避免了消费者熬夜蹲零点的现象,阿里巴巴更加人性化了,利用合理的时间点,结合消费者的痛点,吸引更多消费者参与"双11"。

此外,正是因为"预售期+尾款期"模式的确立,延长了"双11"的时间界限。从2009年的"双11"起,整个周期延长为预售期当日至11月11日,甚至有的商品于11月11日前就能完成补尾款,缩短了消费者的等待周期。

2. 通过社交营销助力购物盛典

新零售模式下,人们购物的目的除满足生理需求外,还追求更高的精神需求,要求在购物中能够展现自己的价值取向和文化追求。随着互联网和移动自媒体的发展,社交营销在新零售行业逐渐出现。社交营销,也称社交化营销,其本质是以社交群体为基础,利用社交群体关系进行营销,在一组社交群体关系中,一方以信任为纽带,管理另一方的需求,以利他的形式满足其期待,最终也达成自身的目的。开展社交营销的土壤是粉丝经济的出现,粉丝经济指的是通过对用户黏度进行提升,以此来对口碑营销实效进行优化,进而获得相应的经济利益和社会效益。"种草"是社交营销的一种模式,是指通过分享使用某物的真实体验,发现其优秀的地方,并把它推荐给更多的人购买使用;"种草"也可以是以社交为手段的消费模式,主要的方式包括KOL示范、社群联结和熟人推荐三种。社交营销过程的几个关键人群为KOL、KOC和KOS,都是互联网和自媒体时代营销学领域出现的新名词。

KOL(Key Opinion Leader),即关键意见领袖,指在特定社交群体中具有较大影响力和话语权的人,有着关于某类产品的丰富的信息来源、知识、见解或经验,同时也常具有极强的社交能力和人际沟通技巧,因此深受广大消费者追捧和信任[①]。与KOL含义相近的网络俗称还有"网红""网络大V"。他们最开始的卖力吆喝,而后凭借个人长相以及其他方面的特质,直接切入电商直播等领域,通过对各类商品的推荐,从而实现"带货"营销。相比于普通消费者,KOL往往掌握了更多的产品信息,具有较强内容制作能力、传播能力和影响力,且深受消费者信任。有学者认为,KOL在价值转化的过程中具有角色的多样性,带有不同的价值倾向,并且利用这种价值倾向影响着消费者不同阶段的消费意愿和决策[②]。

KOC(Key Opinion Consumer),即关键意见消费者,指能影响自己的朋友、粉丝,产生消费行为的消费者。当前自媒体的KOC包括微信个人号、微信朋友圈、群聊等。KOC基于其

---

① 李立.红人经济中的消费者信任研究[J].商业经济研究,2022(6):95-98.
② 吴晨茜.KOL电商直播商业现象解析[J].现代商业,2021(11):34-36.

消费群体的身份表达真实感受,分享生活经验,与其他消费者相互交流[①]。最主要的特点是真实和信任,他们可能是隐藏在消费者中间的人,对某一产品或某一服务做出了自己的判断和评价,得到了共鸣和认可,把关于产品的信息和使用体验真实地传递给更多的消费者,从而达到了带货的目的。相较而言,KOL更接近广告代言,KOC主要是信任推荐。

KOS(Key Opinion Sale),即关键意见销售或关键意见传播者(Key Opinion Spreader),特指具备专业销售能力及大量垂直行业、品牌知识储备的强内容创作者。KOS概念被首次提及是在2021年3月26日,抖音联合雅诗兰黛集团旗下知名彩妆品牌MAC,发起了"'KOS 101',柜哥柜姐来出道"活动。从普通线下柜员到KOS的角色转换,为行业找到从内容到流量再到销量的突破性新链路,是一种积极的革新。KOS是人设IP、品牌和供应链的高度融合,破解了过往人设IP与品牌利益完全脱节的状况,同时KOS增加了品牌与消费者的黏性增长。KOS大大弱化了朋友式的营销,也没有KOL所拥有的大范围流量加持,但是更专业、更精准、更垂直,某种程度上综合了KOL的专家性和KOC的亲民性。对于电商平台来说,KOS是具备更低风险、更高能力的优质"种草官",是优质IP内容的长效输送者。KOS营销将是直播电商的发展必然趋势。

2020年以来,在受疫情影响的大环境下,我国直播电商迅猛发展,直播也成为为"双11"引流的重头戏。在"双11"期间,除了天猫商家自发进行的店铺直播,更不乏众多的职业KOL和KOS主播进行的直播。主播往往搭档品牌代言人、推广大使或是流量明星进行带货,由此带来比往日成倍增长的商品销量,主播间的竞争也不断将直播行业推向更加专业、更加创新的发展道路。

(二)天猫"双11"狂欢夜

自2015年天猫"双11"购物狂欢节起,阿里巴巴集团于每年11月10日举办天猫"双11"狂欢夜这一综合性文艺晚会,简称"猫晚"。晚会历时4小时以上,陪伴观众跨过零点,旨在打造属于全球消费者的"'双11'春晚",开创了中国电视史上首次互联网晚会,还曾获得2017中国综艺峰会匠心盛典"年度匠心品牌营销(节目)"称号。

"猫晚"将"双11"从一个购物狂欢节升级为一场消费者盛宴。该晚会运用真人三维建模和动作捕捉技术,融合AR技术与VR全景技术,使用4K高清转播车进行信号传输、线上多屏互动,给观众带来了更酷炫的视听体验。嘉宾阵容更是中外明星云集,给观众带来了丰富的文化娱乐内容的同时,也达到了为即将到来的"双11"进行整晚冲刺预热的目的。在"猫晚"的狂欢中,"双11"揭开了帷幕,是现代会展节事中将艺术与商业有机融合的典型。

七、"双11"节事影响力深远

(一)推动经济发展与消费升级

投资、出口、消费是拉动经济增长的三驾马车,目前消费已成为我国经济增长的中流砥柱。从某种意义上看,"双11"就是体现中国经济活力的"晴雨表"。"双11"也间接促成了一场全面深刻的消费升级,推动中国经济切实迈向高质量发展。

在历年的"双11"电商促销活动中,有这样一个对比:2009年,极受消费者欢迎的家用电

---
① 王芝文,朱洙,郭朝玲,等.自媒体KOL、KOC对消费者影响的实证研究[J].现代商业,2021(4):22-24.

器是电热水壶和电热毯;到了2020年,消费者极为喜欢的家用电器变成了净水器和扫地机器人。从传统消费转向新兴消费,从商品消费转向服务消费,消费需求逐步由模仿型、同质化、单一化向差异化、个性化、多元化升级。消费结构升级,为中国经济转向高质量发展提供了动力支撑①。消费者理念的巨大转变,也正在成为加快国内企业创新步伐、促进产业转型升级的重要推动力。

(二) 推动数字商业升级

在传统商业转向数字商业之初,主要是通过互联网销售商品,在同等价格下,免去了大笔的店铺租金,减少了人力成本。而"双11"的出现引发了数字商业的升级,商家为了吸引顾客,不仅在促销手段上大胆创新,更是结合了当今极为流行的直播方式,对商品进行全面的推广,使得发展形式更加多元化。图2-1展示了经过数字商业升级后,2020年天猫"双11"全球狂欢季的成交额。

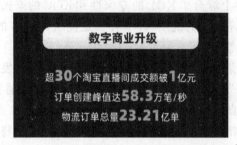

图2-1　2020年天猫"双11"全球狂欢季成交额②

《中共中央关于制定国民经济和社会发展第十四个五年规划和二〇三五年远景目标的建议》中明确指出:要发展数字经济,推进数字产业化和产业数字化,推动数字技术和实体经济深度融合,打造具有国际竞争力的数字产业集群。已经创立10余年的"双11",无论是成交额的突破,还是消费者数量的增加,不断刷新的数字不仅显示出"剁手党"以及整个中国市场消费力的"爆炸式"增长,也见证了中国互联网经济的飞速发展。《中华人民共和国国民经济和社会发展十四个五年规划和2035年远景目标纲要》中指出:加快数字化发展,建设数字中国。

(三) 助力脱贫攻坚新模式

阿里巴巴于2014年10月15日在杭州桐庐投入试点,推出农村淘宝业务,发行配套App,并于2015年将其纳入"双11"购物节活动。2016年11月,国务院扶贫开发领导小组办公室与15个国家部委联合印发了《关于促进电商精准扶贫的指导意见》。2017年,我国扶贫工作的焦点在于推动电商扶贫,实行网络扶贫行动方案。在政策指引下,2017年"双11"期间,阿里巴巴农村淘宝上架了58款农产品,其中有20个贫困县参加了活动,农村淘宝总共收到2000万笔订单,实现了约32亿元的交易额③。2019年,随着我国脱贫攻坚战进入决战决胜的关键阶段,"扶贫"不约而同成为该年度"双11"各大电商的关键词。阿里巴巴为推动全

---

① 王珂.消费升级,以蓬勃内需推动长期增长[N].人民日报,2019-02-25(5).
② 天猫,https://www.tmall.com/。
③ 沈佳.从天猫双十一农村淘宝数据看农村电商发展前景[J].电子商务.2018(2): 58-59.

民参与决战决胜脱贫攻坚,在阿里全平台推出了海量的脱贫产品,其中入驻阿里兴农脱贫项目的优质农货是来自全国707个县提供的4548款产品。2019年,天猫"双11"狂欢夜把最重要的开场交给了兴农脱贫,41位明星艺人共同助力公益脱贫,部分明星还和网红主播一起推介贫困县特产,仅4个小时便带火了21个贫困县特产,如安徽砀山的梨膏、甘肃礼县的苹果、河南民权的花生、内蒙古扎赉特大米等,一时间都成了网红产品。

2020年,《政府工作报告》中指出应"支持电商、快递进农村,拓展农村消费",彰显了国家对农村接轨互联网、打通农村消费、支持农村电商的决心[1]。在2020年的"双11"期间,阿里发出10亿元助农消费补贴,并为52个尚未摘帽、最后攻坚的国家级贫困县打造线上消费扶贫专区和扶贫馆。阿里的相关统计数据显示,2020年的"双11"期间,52个尚未摘帽的国家级贫困县通过阿里平台实现了电商销售同比增长107%;有38万家贫困县域商家参加了"双11";10万"村播"和其他淘宝主播"双11"期间共进行了110万场助农直播。阿里平台不仅对宜君县、普安县、礼县、巨鹿县等县的农产品进行了品牌包装和推广,为23个贫困县的助农商家培训电商运营能力。2019年起,阿里巴巴陆续派出11位资深员工作为脱贫特派员驻扎贫困县域,他们助推落地的项目也成为天猫"双11"助推脱贫的重要抓手。在2020年的"猫晚"现场(见图2-2),脱贫特派员将数字化助农脱贫看作"诗和远方"。阿里巴巴创新引领的以商业生态大协同为核心的互联网脱贫模式,已经成为脱贫攻坚最后冲刺的重要助推,而天猫"双11"已不单纯是消费者与电商的狂欢,也成为带动贫困农民增收致富的新机会,再一次成为脱贫攻坚"希望的田野"。

图2-2 2020年天猫"双11"全球狂欢季上阿里脱贫特派员做演说[2]

（四）提高中国的国际影响力

如今,中国的"双11"在全世界范围内同样具有相当大的影响力。早在2017年,全球就共有225个国家和地区加入天猫"双11"全球狂欢节。2020年,在疫情大背景下,天猫"双11"为中国消费者购买进口好货提供了渠道:共有来自84个国家的26000多个进口品牌共同参加了天猫国际平台"双11"活动,天猫国际平台成为海外品牌触达中国消费者的重要平台;共有216个国家和地区的7675万海外华人参与购物消费,全球速卖通(AliExpress)商家数量同比增长超过30%,商品数量同比增长超过60%,国内备货仓的出单量同比增长上百倍。全

---

[1]《中国信用》杂志编辑部电子商务领域信用建设研究课题组.电子商务领域"双十一"信用环境评价和提示(2020年度)[J].中国信用,2020(11):22-33.
[2] 天猫,https://www.tmall.com/.

球速卖通联合菜鸟紧急准备300架包机,共配备了15条航线,保障国内优选仓的商品实现"10日达",把中国好货更早送到海外消费者手中。此外,在"中国消费者买全球、中国国货卖全球"之外,越来越多的海外品牌也参与到天猫"双11"中。2020年,通过全球速卖通参加天猫"双11"全球狂欢季的海外商家数量相比2019年增加3倍以上;淘宝直播也成为全球"买买买"的"新姿势",全球速卖通携手西班牙、法国、俄罗斯等国家和地区的超过300位达人主播进行了1万场直播。全球速卖通首次全面上线直播间实时翻译功能,中国商家只需用中文直播就会自动翻译成英语、西班牙语、俄语等别国语言字幕,覆盖逾10亿消费者,让全球用户跨越语言障碍,深度参与直播互动,天猫"双11"成为一场真正的全球狂欢①。

2019年美国项目管理协会(PMI)评选并公布了过去50年内最具影响力的50个项目,中国阿里巴巴的"双11"位列其中,外媒在评选中指出:"它根本地改变了人们的购物方式,打通了购物和娱乐之间的界限。"②

以内需拉动全球贸易运转,助力国内国际双循环,中国"双11"购物节让全世界动了起来。"双11"期间越来越多面向全球的中国"购物车",向世界展示了中国扩大对外开放的决心,"双11"再次证明,中国市场正在成为启动国际生产引擎、带动全球经济共振的世界市场。2020年"双11"创纪录的销售数字,是中国消费强大潜力的有力证明,更是中国"世界市场"地位的充分表现③。

综上可见,伴随着"双11"的开创及发展,许多新技术、新场景、新思维、新品牌、新制造、新生态应运而生。这一消费者的狂欢,让市场悄然无声地发生着人类史上的各种转型,如应用场景的更新迭代,推动供应链转型升级、营销方式转变等。"双11"从简单的节日营销、价格营销,到线下线上O2O模式、到造势营销,再到KOL直播带货,这都是节日形成的产业衍生,是新零售产业链的创新模式。"双11"间接促成了一场全面深刻的消费升级,推动中国经济切实迈向高质量发展。同时,"双11"也是中国消费强大潜力的有力证明,是中国"世界市场"地位的充分表现。从助力脱贫攻坚新模式、启动国际生产引擎到带动全球经济共振的"世界市场",无不证明"双11"紧跟国家战略步伐,利用自身的优势并结合国家战略打造了一个与国民同在的"世界市场",真正做到"取之于民,用之于民,帮扶于民",是一个有温度的购物节日。

第四节 "双11"购物节案例启示

中国互联网经济发展下诞生的"双11"购物节,不仅是对会展节事理论与实践的有益补充,而且为中国会展节事的创新发展提供了无限想象空间。

---

① 杨旭峰.是中国的也是世界的[EB/OL].(2020-11-11),https://www.ennews.com/article-16806-1.html.
② PMI协会公布近五十年最具影响力的50个项目评选结果[EB/OL].(2019-10-12).https://zhuanlan.zhihu.com/p/86248638.
③ 乔继红."双十一"带动全球经济共振[N].新华每日电讯,2020-11-13(7).

一、"双11"是现代会展节事在网络空间的延展

依据会展节事的定义和起源,会展节事具有时空集聚性的特征。这一点在上文中已经做了诠释。古代集市在"城市"这一固定空间中发生发展,人们将手里多余的农产品、畜产品等在"市"中进行交换,并逐渐固定下来,聚集的人多了,逐渐建起了城,同时随着社会生产力的不断发展,城市逐渐成为人们的聚集中心和贸易中心。集市贸易是中国古代商业经济的先驱,也是近现代经济的重要组成部分。伴随社会经济贸易的不断发展,城市功能被进行功能划分,出现了住宅区、工业区、商贸区等单一用途的功能地区。20世纪初期,随着城市化的发展,城市人口日益密集,市区内特别是市中心的地价逐日攀升,此外,交通状况较差、环境污染情况较为严重,使得人们开始从城市中心向城郊地区移居。与此同时,零售商开始向城郊地区渗透,最初以杂货店的形式来满足人们"一次性购足"的愿望。后来,随着经济的发展和人们消费水平的提高,这种杂货店不断扩大其营业规模、扩充其营业范围,进而使得顾客在店中购物停留时间不断增加。因此,为顾客提供休息和饮食的场所就成为必需,电影院、餐饮店、娱乐厅等公共服务设施相继配备起来,最后发展成为现在这种集百货商店、专卖店、电影院、餐饮店、娱乐厅等公共服务设施于一身的,集购物、休闲于一体的多功能的商业形态,如购物中心、商城等。购物中心、商城在当今社会中扮演着尤为重要的角色,是人们进行休闲、娱乐的中心,是人们社交的场所①,是古代集市在现代城市空间的集中演变。除了固定的商业购物场所之外,在规定时间和一定地域空间,由专门的人组织起来的为了达到一定目的会展节事活动成为人们聚集的另外一种经济、社会和文化现象,是社会生产和生活不可或缺的元素。人们在这种固定的场馆空间里依据规定的时间和要求展示产品、洽谈交易、参加庆典仪式,并获得物质和精神上的愉悦及其他多重体验,这被称为古代集市的最"原汁原味"的演变。到了21世纪,人们进入信息化时代,依托互联网、电子商务等技术,"集市"又被带入了网络空间,通过多种媒介,人们可以在网上商城、虚拟空间购物。广义的电子商务是指在全球广泛的商业贸易活动中,在开放的因特网的网络环境下,提供服务器或者浏览器应用方式,买卖双方互不见面地进行一系列商贸活动,实现消费者的网上购物、商户之间的网上交易和在线电子支付以及各种商务活动、交易活动、金融活动和与此相关的各种综合服务活动的一种新型的商业模式②。在电子商务环境下,真实空间的"集市"延展到了虚拟空间的"电子商务平台",在这个开放、共享的"集市"里,人们可以随时随地逛街、购物和消遣。更有意思的是这个"集市"的商家会时而不时地举办各种各样的网络购物节事,吸引人们纷纷前来享受前所未有的购物狂欢。电子商务对我们现代社会的经济和生活产生了巨大的影响,逐渐成为一种主流的购物方式,成为一种大众化的消费趋势。"双11"购物节就是零售业在电子商务影响下的产物。

由上可见,会展节事在时空形态上经历了从古代集市—展贸购物中心—网络购物平台的演变过程,在功能与内容上似乎仍然延续着集市的古老传统,即人们在此聚集、进行商品交换、开展仪式庆典等。

---

① 赵贤哲.集市—购物中心——"集"市新型购物[J].科协论坛,2011(10):185-187.
② 罗芳,刘宇辰.中美网络购物节消费的比较研究[J].电子商务,2019(9):9-11.

二、"双11"电商购物造节丰富了现代会展节事的内涵与类别

现代会展节事是一定时空范围的人群与商品的集聚,是各种会议、展览、节日、庆典、赛事等形式的融合体验。购物节多是商家为促进人们购物消费而开展的促销活动,一般被称为"人造节日",虽不是传统意义上的会展节事,却极为符合会展节事的内涵、特征,甚至给社会带来了巨大的影响效应。网络购物指发生在互联网中企业之间(Business to Business,简称B2B)、企业和消费者之间(Business to Consumer,简称B2C)、个人之间(Consumer to Consumer,简称C2C)、政府和企业之间(Government to Business,简称G2B)的,通过网络通信手段缔结的商品和服务交易[①]。狭义上的网络购物仅指B2C。网络购物节顾名思义就是电商企业基于消费者网络购物行为而开展的电商平台的集会、节日,是一种电商事件营销的手段。在中国"双11"出现之前,购物节在其他国家已经存在,如"黑色星期五"(Black Friday)和"网络星期一"(Cyber Monday)是美国一年当中极为火爆的两大购物节。其中"网络星期一"是美国创立于2000年的24小时网上购物活动,是美国最大的网络购物节。2011年11月28日,"网络星期一"在其开展的第11个年头创造了销售历史:一天的交易额是12.5亿美元,约合78亿元人民币。2009年中国"双11"购物节的诞生,可以说是我国近代以来商业史上极为成功的"人造购物节"。正所谓"有人开创历史,就会有人超越历史",2012年"双11"期间,中国各大电商销售额共约人民币300亿元,其中天猫和淘宝销售额高达人民币191亿元,远超美国"网络星期一"创下的19.8亿美元的销售新高。"双11"这个曾经的"光棍节"在中国掀起了网络购物世界的巨大浪潮,对中国的社会和经济发展起到了积极的影响作用,是电商购物造节的典范。

三、"双11"购物节是对中国古代集市的"穿越式"的演绎和诠释

古代也有购物节,现代"双11"购物节似乎就是古代节事从现实固定"市井"到虚拟网络"集市"的穿越。

(一) 古代也有"剁手族"

"年年此日此样景,今年此景更不同,'剁手一族'更壮大,家家享乐淘宝中。"有人这样形象地描绘了每年的淘宝"双11"购物节,"剁手"形容购买,"剁手族"指网络购物者,大概意思是"再网购就'剁手',但即使'剁手'也得接着网购",这个流行至今的网络词汇夸张式地表达出了"双11"购物节拥有的大量"剁手族"在这一天控制不住消费狂欢的场面。事实上,古代也有购物节,也有"剁手一族"。

"剁手族"现象在中国古代早已有之,这一点可以从汉字"买"的演变过程发现端倪。"买"字经过从金文到大篆再到小篆的演变之后,其字形从"网"从"贝"(见图2-3、图2-4),古字"网"意指"收进",而"贝"指的是"财货",合起来就表示把财货购进来,通俗一点讲是指用钱换东西。这就不得不让人钦佩和惊叹古人造字时的聪明智慧。小篆是我国秦朝时期的文字,也叫秦篆,是秦始皇统一天下后对文字进行统一的产物。同时,在秦始皇统一货币之后,

---

① CNNIC发布《2009年中国网络购物市场研究报告》[EB/OL].(2019-12-03).https://www.cnnic.cn/n4/2022/0401/c148-4545.html.

秦币"两半钱"(见图2-5)成了全国通用的货币。这种方孔圆钱易于人们携带,此外,可以用绳索穿过方孔将数枚钱币穿成一串,方孔还可以预防钱币旋转,方便人们日常生活使用。从而可以得出:小篆"买"字表明了古代集市贸易中人们用钱币购买和交换货物的真实场景至少在我国秦朝时期就已经普遍存在了,持有钱币去购买和交换货物的人即现在的"剁手族"。

图2-3 "买"字的金文字体　　　图2-4 "买"字的小篆字体　　　图2-5 秦币"两半钱"

（二）古代的"双11"多在"重日"

自古以来,节日的缘起、创造与发展都有固定的时间,被称为特殊的日子。以中国民俗类节日为例,如"正月十五元宵节""五月初五端午节""七月初七七夕节""八月十五中秋节""九月初九重阳节"……这些以特殊日期固定下来的节日是中国优秀历史和文化的象征,是对先人优秀文明的继承和发扬,节日的庆典和仪式富含中国人的优良传统,因此被称为中国的传统节日。春节、清明节、端午节等传统民俗节日于2006年被列入第一批国家级非物质文化遗产名录。

古代中国人在集市、商贸中的买卖活动就是基于传统民俗节日开展起来的,就像"双11"购物节的举办日期一样,朗朗爽口,让人难以忘记。这些节日在先秦时期就已存在,被称为"集期",人们在这些日子中去购物,即"赶集"。这些购物节在举办日期上大多体现出数字上的重复,因此又被统称为"重日节",如正月初一的元旦、二月二的春耕、三月三的上巳、四月四的夏凤、五月五的端午、七月七的七夕、九月九的重阳……

除了基于"重日节"开展的集市活动,古代还有一些专门的集市,如灯饰、花市、药市等,相关商品集中于某一领域,使得交易更准确、更专业。

（三）古代购物节"集期"也具备现代"双11"的流程与特征

第一,广告促销。古代商家在进行促销时也会使用浮夸的广告,通过"吟叫",或者是敲锣打鼓式的叫卖,相当于我们现今极为流行的直播购物,来吸引路人围观购买。宋代高承在《事物纪原·博弈嬉戏》中有过相关记载:"京师凡卖一物,必有声韵,其吟哦俱不同,故市人采其声调,闲以词章,以为戏乐也。今盛行于世,又谓之吟叫也。"从中可以得知,古代集市商人尤其是宋代商人,对于"吟叫"非常在行。

第二,打折促销。广告再浮夸,没有价格优势也是万万不行的——中国人自古就懂得这一经商道理。《史记·货殖列传》中记载,秦汉商人已意识到"贪贾三之,廉贾五之"的经商之道,大概意思是指作为商家要大气,贪图厚利的人只能赚取30%的利润,而薄利多销却能赚取50%,所以很早之前就有了"削价",又名"降价"。

第三,活动促销。古代商家也有自己的营销目标与任务,除了广告促销、打折促销,古代商家还通过活动促销的营销手段招徕新顾客。商家要发展不能单靠老客户,还需要有持续不断的新顾客。现代互联网电商平台有个术语叫"拉新",即用各种满减优惠券或者礼物吸引新顾客,并且年年都会有新的游戏设计。相对于现代形形色色的购物优惠券,古代有"红

票",也会设计游戏,最有名的叫"关扑"。关扑相当于我们现在的抽签、幸运大转盘、抽奖等,用预售商品作为彩头,按照约定的方式,如转转盘、抛铜钱、套圈等,只要投中了就可以免费或低价得到商品。古代商人的这些销售手段和方式一方面恰好抓住了大众的购买心理,但另一方面也对社会造成了一定的负面危害,有些人会对此上瘾,沉迷于此。于是宋代政府对此进行了限制,只允许商人在"元旦""寒食""冬至"3天玩关扑,其余时间一律视作非法赌博。古代对某些商业行为进行制度和法律的约束,与当前我们国家为保证市场的有序、公平和稳定而采取的保障手段的性质是相似的。

第四,支付方式促销。为了促进销售,古代商家也会用到类似"双11"支持"信用卡""花呗"等的付款方式,即"赊账"。古代的赊账一样需要通过考核个人的资产收入等情况,决定赊账的额度与期限。古代很多富人出门就没有付钱的习惯,因为这些人是大户人家,商家会为他们提供上门收款服务,所以他们平时消费只挂账,到了月底,商家会整理好相应的账单。所以于富人而言,赊账又叫月结。若是在购物节,遇到买家不够给力,古代商家还有一个服务叫"撤暂",不管买家需不需要,一律免费试吃、试用,相当于我们现在熟悉的"七天无条件退换"。因为成本等原因,所以撤暂这样的服务多用于食品类。

第五,送货上门。既然购物车加满了,促销的红票拿到了,没钱结账的尴尬也解决了,剩下来的就是送货问题。在古代购物节"买买买"以后,一般商家都会有免费送货上门的服务,在古代又被称为"送力"。

第六,抵制假货。我国战国末期著名思想家、法家代表人物韩非子在其《韩非子·难一》中写道,楚人有鬻盾与矛者,誉之曰:"吾盾之坚,物莫能陷也。"又誉其矛曰:"吾矛之利,于物无不陷也。"或曰:"以子之矛,陷子之盾,何如?"其人弗能应也。夫不可陷之盾与无不陷之矛,不可同世而立。正如在面对"双11"购物狂欢所产生的负面问题时,国家以及淘宝等电商平台会通过各种政策和手段来"抵制假货"来维护"剁手族"的权益一样,两千多年的古人就懂得用"自相矛盾"的故事来告诫集市商人在贩卖商品时要遵循实事求是、诚实守信[①]。

综上可见,古人购物节日与现代人的"双11"有着一致性,从本质上"双11"是人类经济和社会发展的必然产物,体现了会展节事发展进程中的时代特征。会展节事起源于古代集市,集市是人类极为古老的商品买卖和贸易交往的场所。"双11"产生于电子商务时代,是人们集聚于虚拟空间进行网络购物的节日,因此,这种"买买买"的购物节事是古代集市在网络虚拟空间的"穿越式"的演绎和诠释。

"双11"购物节的演变

---

① 古代也有购物节[EB/OL].(2019-11-04). https://epaper.gmw.cn/wzb/html/2019-11/09/nw.D110000wzb_20191109_3-02.htm.

拓展学习

学习《中华艺术中的传统节日与赶集购物印记》,思考并回答以下问题。

1.你是否了解其他关于中国传统节日的文学艺术作品?请与大家分享。

2.结合以下材料,请你分析为什么说"中国古代集市与现代会展节事的发生、发展具有一致性",会展节事具有怎样的特征和属性?

中华艺术中的传统节日与赶集购物印记

第三章

中国会展节事的文化属性
——中华优秀传统文化的载体

学习目标

通过典型案例中国(曲阜)国际孔子文化节及其祭孔大典,进一步理解和掌握会展节事的文化属性,深刻认识大型会展节事是中华优秀传统文化的重要载体。

素质目标

大型会展节事的文化属性决定了承载某一文化内涵的会展节事在举办过程中能够将这一文化代代相传,使其生生不息。中国当代大型会展节事所蕴含的中华优秀传统文化具有深厚的民族底蕴,对于凝聚华夏儿女、开创美好未来起着积极作用,是中国进入新时代后提升国家文化软实力、实现国家2035年远景目标以及第二个百年奋斗目标、凝聚和团结全国人民共同奋进的有效路径。

第一节 会展节事的文化内涵与底蕴

会展节事的文化表达与展示是通过文化系统来展开:在时间维度上,会展节事注重传统文化、现代文化乃至后现代文化的一脉相承;在结构维度上,会展节事注重物质文化、行为文化和精神文化层面的表里合一,并结合CI(corporate identity)策划技术,构建会展节事的理念识别系统(mind identity, MI)、行为识别系统(behavior identity, BI)与视觉识别系统(visual identity, VI),形成文化体验场景或氛围;在类型维度上,会展节事注重生态文化、经济文化、政治文化、社会文化、历史文化、民俗生活文化类型的多方面展示;在空间维度上,会展节事将地域和族群文化纳入其中,形成"一体多元"的中华文化、民族文化等[1]。

根据党的第十九届五中全会精神,我国自2021年起进入了全面建设社会主义现代化国家、迈向第二个百年奋斗目标的发展阶段。到2035年,我国发展的总体目标是经济实力、科技实力、综合国力大幅跃升,建成文化强国,国家文化软实力显著增强[2]。由此可见,提升国家文化软实力是实现国家2035年远景目标中十分重要的一环,同时也是全面建成社会主义现代化强国中不容忽视的一环。

中国会展节事融丰富的文化元素于一体,是体现着中华优秀传统文化的大舞台。中华优秀传统文化,积淀着中华民族最深层的精神追求,代表着中华民族独特的精神标识,形成了中国人的思维方式和行为方式,支撑着中华民族历经五千余年,代代相传、傲然屹立。中华文明源远流长,孕育了中华民族的宝贵精神品格,培育了中国人民的崇高价值追求。自强不息、厚德载物的思想,支撑着中华民族生生不息、薪火相传,今天依然是我们推进改革开放和社会主义现代化建设的强大精神力量。中华优秀传统文化是中华民族的精神命脉,是涵养社会主义核心价值观的重要源泉,在实现中华民族伟大复兴的征程中,中华优秀传统文化是我们最深厚的文化软实力,为我们在世界文化激荡中站稳脚跟筑牢坚实根基。

在提升国家文化软实力,实现国家2035年远景目标以及第二个百年奋斗目标的道路上,举办蕴含中华优秀传统文化的大型会展节事是凝聚和团结全国人民共同奋进的有效路径。

第二节 中国(曲阜)国际孔子文化节及其祭孔大典案例概况

一、中国(曲阜)国际孔子文化节概况

诞生于1989年9月的中国(曲阜)国际孔子文化节,其前身是孔子诞辰故里游。1984年的农历八月二十七日,即孔子诞辰第2535周年,曲阜作为孔子的故乡举办了第一届"孔子诞辰故里游"活动,是中国改革开放以后第一批文旅节事活动。此后,其规模不断扩大,活动内容更是逐步丰富,结合了观光旅游、经济合作以及文化交流等。后在1989年,即孔子诞辰第2540周年,经过中共山东省委以及山东省政府批准,首届"中国国际孔子文化节"以"纪念先哲、交流文化、发展旅游、扩大开放、繁荣经济、增进友谊"为宗旨举行了盛大开幕式,并确定以后的每年9月26日至10月10日,中国国际孔子文化节固定在曲阜举办,以更好地纪念孔子对人类文化做出的杰出贡献,从而弘扬中华优秀传统文化,增进中外合作和友谊,增强中华民族的文化认同感和凝聚力。

2009年,即孔子诞辰第2560周年,中国(曲阜)国际孔子文化节转变模式为"集中办会,常年办节",策划出了一系列的活动以吸引广大群众参与,如设立"孔子文化奖"这一奖项,使

---

[1] 刘少和,李秀斌.大型节事的文化展示与文化传播[J].旅游学刊,2009,24(3):6-7.
[2] 王登华,特古斯,刘婧,等.中共中央关于制定国民经济和社会发展第十四个五年规划和二〇三五年远景目标的建议[J].中国民政,2020(21):14.

得钻研于儒家文化和孔子文化的专家、学者们有一个交流平台,加强了儒家文化在世界文化中的交流和传播,进一步扩大了其影响力的范围。表2-1为2010—2020年中国(曲阜)国际孔子文化节的活动主题。

表2-1 2010—2020年中国(曲阜)国际孔子文化节的活动主题

时间	活动主题
2010年	游孔子故里、品孔府家宴、观儒乡风情、学圣人智慧
2011年	儒济天下,和宁四方
2012年	文化圣地,共有家园
2013年	文化凝聚正能量,同心共筑中国梦
2014年	弘扬优秀传统文化、共建文明首善之区
2015年	弘扬优秀传统文化、共建文明首善之区
2016年	弘扬优秀传统文化、共建文明首善之区
2017年	用儒家文化讲好中国故事
2018年	用儒家文化讲好中国故事
2019年	用儒家文化讲好中国故事
2020年	文明照鉴未来

2019年,即孔子诞辰第2579周年,孔子博物馆开馆仪式与中国(曲阜)国际孔子文化节的开幕式同期举行,弘扬了我国优秀的传统文化——儒家文化,整场活动深刻贯彻习近平新时代中国特色社会主义思想以及党的十九大精神。

30余年的不断进步与演变使得有着深厚历史文化底蕴的中国(曲阜)国际孔子文化节在传统文化节事活动中走出了一条属于自己的道路,并取得了一定成就,这些成就使得我国优秀的传统儒家文化走向世界,也让国际孔子文化节的举办地、孔子的故里——曲阜走进世界人民的视野中。

二、中国(曲阜)国际孔子文化节之祭孔大典概况

祭孔大典是在孔子故里山东曲阜孔庙举办的专门祭祀孔子的大型庙堂乐舞活动,亦称"丁祭乐舞"或"大成乐舞",是集乐、歌、舞、礼于一体的综合性艺术表演形式,于每年农历八月二十七日孔子诞辰时举行。现在的祭孔大典从9月26日持续到10月10日,是一年一度的大型文化节日——中国(曲阜)国际孔子文化节中的一项核心活动。

祭孔活动可追溯到公元前478年,孔子卒后第二年,鲁哀公将孔子故宅辟为寿堂祭祀孔子。汉高祖刘邦过鲁,以"太牢"祭祀孔子,开历代帝王祭孔之先河。随着历代帝王的褒赠加封,祭典仪式日臻隆重恢宏,礼器、乐器、乐章、舞谱等也多由皇帝钦定。历代帝王或亲临主

祭,或遣官代祭,或便道拜谒,总计达196次①。清朝仅乾隆皇帝一人就先后8次亲临曲阜拜谒孔子。民国时期政府明令全国祭孔,其程序和礼仪做了较大变动,献爵改为献花圈,古典祭服改为长袍马褂,跪拜礼改为鞠躬礼。1986年,沉寂了半个世纪的祭孔大典经曲阜市文化部门整理,在当年的"孔子故里游"开幕式上得以重现。

祭孔大典主要包括乐、歌、舞、礼四种形式,乐、歌、舞都是紧紧围绕礼仪而进行的,所有礼仪要求"必丰、必洁、必诚、必敬"。大典用音乐、舞蹈等集中表现了儒家思想文化,体现了艺术形式与政治内容的高度统一,形象地阐释了孔子学说中"礼"的含义,表达了"仁者爱人""以礼立人"的思想,具有较强的思想亲和力、精神凝聚力和艺术感染力,对于弘扬中华优秀传统文化、营造和乐氛围、构建和谐社会、凝聚民族精神具有不可替代的社会作用②。

祭孔,是华夏民族为了尊崇与怀念至圣先师孔子,在孔(文)庙举行的隆重祀典,是世界祭祀史上、人类文化节史上的一个奇迹③。

第三节 中国(曲阜)国际孔子文化节及其祭孔大典案例分析

一、中国(曲阜)国际孔子文化节是传承我国千年儒家文化的载体

截至2021年,中国(曲阜)国际孔子文化节已顺利举办38届,其举办过程分为以下三个阶段。

第一阶段,1984—1988年。此阶段中国(曲阜)国际孔子文化节还未正式建立,其名称为"孔子故里游",也没有明确主题,目的是纪念孔子并宣传儒家文化,其主要活动是祭拜孔子。该节事举办之后一度成为推动曲阜当地经济、文化和社会发展的代表性活动。

第二阶段,1989—2006年。这一阶段是中国(曲阜)国际孔子文化节正式成立的起始阶段,1989年"孔子故里游"活动正式更名为"中国(曲阜)国际孔子文化节",通过政府进行系统化运作,成立了在编机构,负责相关活动的工作以确保节事活动的有效开展。

第三阶段,2007年至今。此阶段是孔子文化节举办的成熟期。经历了多年的发展与积累,国家的重视让这个节事活动由省市主办升级为国家主办,政府的积极引导与管理对于我国文化节事的举办有重大且深远的意义,推动和促进了孔子文化节成为向世界传递中华优秀传统文化的一张重要名片。

中国(曲阜)国际孔子文化节如今作为享誉世界的"中国旅游节庆精选"之一,它的举办正在不断地增强城市影响力,营造曲阜市优质文化形象,并直接推动曲阜市经济正向增长,吸引游客,带动曲阜周边区域发展和弘扬中华优秀传统文化。中国(曲阜)国际孔子文化节的每一次成功举办对曲阜市的经济发展以及我国的经济文化发展都产生了巨大的正向作

---

①百度百科,https://baike.baidu.com/item/%E7%A5%AD%E5%AD%94%E5%A4%A7%E5%85%B8/1855844?fr=aladdin。

②中国非物质文化遗产网,https://www.ihchina.cn/project_details/14982/。

③杨义堂.祭孔大典[M].济南:山东友谊出版社,2013.

用,在旅游业为代表的第三产业中,直接促进了产业经济的增长[①]。每一年中国(曲阜)国际孔子文化节举办期间,其举办地曲阜市及周边地区都会迎来大量的游客。因此,中国(曲阜)国际孔子文化节举办期间就是周边区域的旅游旺季。中国(曲阜)国际孔子文化节做到了对千年儒家文化的传承,并进行了一定程度的创新,通过举办相关的节事活动,充分发挥文化的经济功能,带动了曲阜市及周边城市的发展,弘扬了我国优秀的传统儒家文化,使世界人民了解中国文化以及中国人民的文化形象。

二、中国(曲阜)国际孔子文化节的举办具备时代要求与条件

(一) 文化强国的政策支持支撑文化节事的发展

自2011年,"文化强国"成为国家深化改革的长远战略,由此我国文化建设的核心政策支撑转变为"文化强国"这一战略。《国家"十二五"时期文化改革发展规划纲要》明确指出,应"加快构建公共文化服务体系。按照公益性、基本性、均等性、便利性的要求,以公共财政为支撑,以公益性文化单位为骨干,以全体人民为服务对象""完善覆盖城乡、结构合理、功能健全、实用高效的公共文化服务体系"。因此,应该进一步完善支持公共文化服务的相关经济政策,吸引和鼓励社会量化投资、兴办公共文化实体,建设公共文化设施、提供公共文化服务,形成以政府投入为主、社会力量积极参与的稳定的公共文化服务投入机制。

我国的文化产业在多个方面都受到政府政策支持,例如,产业规划、财税缴纳、文化治理等方面都享受着不同程度的便利。政府通过支持文化产业的发展、提供金融税收优惠等方法,以及吸引非公有资本进入文化领域等方式促进产业市场化发展,使其发展环境得到进一步优化治理。此外,政府还出台了许多有关特色文化产业、知识产业保护、产业融合等方面的政府文件,促进了文化产业间的融合。自此,"文化强国"战略在我国全面实施,为文化产业在我国的迅猛发展进行了铺垫,也为我国传统文化节事活动的品牌化提供了优质的市场环境。

(二) 礼乐教化的文化底蕴助力文化节事的创办

作为一个以文化为核心的活动,文化节事在树立个性化的品牌形象时的重要依托是本土文化,因此,文化在文化节事活动品牌塑造中占据着重要的地位,其也是品牌生命力的重要体现。作为一个有着几千年文化底蕴、文化历史不断传承发展的国家,我国在为文化节事活动提供文化资源方面具有天然优势,并且更容易与文化节事活动品牌产生精神上的文化共鸣。

我国属于四大文明古国之一,有着悠久的历史文化基础,因而中国传统文化节事活动品牌在文化节事活动品牌的竞争中从根本上就具备了强大的竞争力。中华优秀传统文化为文化节事活动的品牌效应提供了核心价值内容,使得品牌效应并不局限于社会经济层面,同时还具备了文化传承方面的意义。习近平总书记强调"要让更多文物和文化遗产活起来",换句话说,当代年轻人应该深入研究中华优秀传统文化,并在此基础上做到创新创造,从而展现中华优秀传统文化的独特魅力。

[①] 张健.用儒家文化讲好中国故事 2018中国(曲阜)国际孔子文化节暨第五届尼山世界文明论坛落幕[J].山东画报,2018(10):4.

中国悠久的文化积累形成了庞杂的传统文化体系,在全球文化环境中独具魅力,因此,中国传统文化节事活动具备独一无二的品牌价值。作为以礼乐教化为文化底蕴的中国,流传千年的儒家文化提供了文化节事的品牌基础,而人们对于中华优秀传统文化的传承更是支撑了中国(曲阜)国际孔子文化节的品牌效应的发展。人们的高参与度和集体文化行为都为中国(曲阜)国际孔子文化节的品牌效应的发挥提供了优质的沃土。

(三)"互联网+"推进文化节事的推广与传播

伴随"互联网+"行动计划的不断推进,作为文化节事的重要传播渠道,新媒体的作用逐渐凸显,并且已经深入文化节事活动品牌的生命,成为整体文化节事活动品牌传播的核心部分。"互联网+"与新媒体的结合,使文化节事活动的展示方式变得更加多样化,"云上"办节以及包括多种媒体的传播形式可以将祭孔大典等活动及时传播给受众,通过对受众进行精准画像,大面积传播文化节事活动品牌信息,从而积极发挥文化节事活动的作用和价值。

三、中国(曲阜)国际孔子文化节具有深远的文化传播效应及影响力

中国(曲阜)国际孔子文化节的品牌文化效应体现在直接促进了曲阜市的精神文明建设。每一个文化节事活动的成功举办都会展现当地的灿烂文化、悠久的历史和独特的城市风格。因此,每当某个文化节事活动成功举办时,在活动的举办地都会对此进行大量的报道,从而促进当地精神文明建设。文化节事活动的成功举办可以鼓励更多的民众参与该节事活动的各种群众性活动。除此之外,随着大众娱乐活动的繁荣发展,社会新文化形态也开始逐渐形成,不仅带动了文化交流与合作,各种志愿活动也开始被人们所重视。

文化与科技的融合及创新的主题具有时代感、历史感、文化感,既有国际视野,又事关地方经济社会发展。我国传统文化源远流长,儒家文化是我国传统文化的内核,如何实现传统的儒家文化与现代文明的接轨与转化?如何实现中华民族的伟大复兴?这关系到我们的文化自信,要求我们根据实际情况做到创新性发展和创造性转化,而不是文化守旧。

以"中华老字号 孔府文化行"为主题的系列活动于2019年中国(曲阜)国际孔子文化节举办期间推出,是我国文创企业和老字号企业针对文化以及产业发展需求所做出的一次创新。来自北京、天津、山西、黑龙江等多个省(自治区、直辖市)的50多家老字号企业展示了超过600种极具地方特色的非物质文化遗产的相关产品。另外,有不少商品还被作为文化礼品参与了海外交流[①]。具有传统特色元素的文化产品,如曲阜孔府拓片、周村烧饼、淄博陶瓷等,都备受人们欢迎和喜爱。曲阜孔府拓片的相关负责人表示,通过此次活动,民众了解了神秘的曲阜碑帖、拓片制作技艺,中国的传统文化和工艺也得到了宣传,继而进入世界人民的视野,让世界人民都能见证中华优秀传统文化的魅力,进一步宣传儒家文化以及其他中华优秀传统文化,促进世界的文化深度交流以及共同繁荣。现场有非遗传承师进行制作、展卖手工艺产品,吸引了众多游客驻足,还促成一些游客与商家的商谈合作,展会现场氛围奇佳,展览与经济活动二合一,充分体现了传统手工艺创新性传承的成果和中国传统文化的独特魅力。

---

① 汪慧.我国国际化节事活动中的媒体对外传播策略研究——以中国(曲阜)国际孔子文化节为例[D].武汉:华中科技大学,2016.

四、祭孔大典是传承孔子伟大思想的有效路径

"祭孔"即"继孔",是对孔子伟大思想的继承与发扬。孔子名丘,字仲尼,春秋末期鲁国陬邑昌平乡(今山东曲阜东南)人,是中国历史上影响最大的思想家、教育家和儒家学派的创始人,是中华民族的"先哲圣贤"。孔子不仅对中国文化的发展产生了深远影响,也对世界文明的发展做出了卓越贡献,联合国教科文组织将孔子列为世界十大历史名人之一。

孔子是一位大教育家。孔子"十五而有志于学",即孔子自15岁起开始明确了自己学习的目的和方向,系统地从事礼、乐、射、御、书、数"六艺"的学习。他学无常师,相传曾问礼于老聃,学乐于苌弘,学琴于师襄,好学而不厌,乡人都赞其博学。孔子"三十而立",即孔子自30岁开始独立地参加社会政治生活,并且创办了私学,收徒讲学。颜渊、子路、冉伯牛、子贡、冉有等就是孔子较早的一批弟子,孔子成为中国历史上第一个大规模招收学生的教育家。私学的创设,打破了西周以来"学在官府"的传统。私学提倡"有教无类""因材施教""实事求是""学思结合""坚持真理",促进了当时学术文化的下移,有利于文化的传播和教育的发展。

孔子是一位大思想家。作为古老中国的精神领袖和思想圣人,他所创立的儒家文化被视为中国传统文化的支柱与血脉,孔子思想已沉淀为中国人的一种深层文化心理。他创立了以"仁者爱人""克己复礼""和为贵"及"和而不同"为核心的思想体系,这些思想体系是整个儒家思想的理论基础。孔子晚年潜心整理文化典籍,删《诗》《书》,定《礼》《乐》,赞《易象》,修《春秋》,整理而成的"六经"为儒家思想的经典,他的言行由弟子及其再传弟子记录编纂成《论语》,是孔子思想研究的可靠依据。此外,孔子的思想还有"忠恕""孝悌""天命"等,两千多年来,孔子曾被追谥为"文圣尼父""邹国公""先师尼父""大成至圣文宣王""至圣先师""大成至圣文宣先师""万世师表"等。

孔子思想不仅成为历代统治者安邦治国的正统思想,对中国的哲学、伦理学、政治学、教育学、历史学、礼仪风俗、音乐及艺术等都产生了极其深远的影响,对中国文化的形成与发展做出了巨大的贡献,在世界文化史上也有着深远的影响和重要地位,对于构建当今的世界和平与和谐的社会等都起到了重要的作用。孔子的思想不仅属于中国,也属于世界;不仅属于过去,而且属于现在,并且指向未来。孔子提出的"己所不欲,勿施于人"的名言镌刻于联合国总部大厅,被誉为处理国家间关系的"黄金法则"①。

第四节 中国(曲阜)国际孔子文化节及其祭孔大典案例启示

一、开展祭孔大典是宣传与推广中华文化的重要方式

杨义堂在2013年出版的《祭孔大典》一书中高度概括和总结了举办祭孔大典的价值及意义,他指出:祭祀孔子是高擎中华文化相传的薪火、是聆听圣哲先贤训导的殿堂、是翻阅中

---

① 杨义堂.祭孔大典[M].济南:山东友谊出版社,2013.

华民族形成的史册、是重塑民族精神气节的血脉、是促进人类和谐相处的盛典。这些重要的结论在当代举办的祭孔大典中仍然作为宣传与推广的标语使用。

二、祭孔大典是中华文化的重要载体

（一）祭祀孔子是高擎中华文化相传的薪火

祭孔大典成为传承中华文化的象征性仪式，古时历朝历代在开国之初，大多要先祷告天地，祭拜孔子。孔子的香火不灭，中华文明的根系不断。祭孔乐舞则起源于更早的舜帝时期，是尽善尽美的韶乐子遗，是东亚各国传统雅乐的源头，是世界上极为古老的大型交响乐，比世界交响乐之父——奥地利作曲家海顿的诞生早了3800多年，在世界音乐史上堪称奇迹。祭孔大典的每一个舞蹈动作，都是一个个进退谦让的礼仪规范，将中国音乐舞蹈的礼乐教化功能发挥到极致，是中国礼乐文化的代表作。

中华文化非常重视礼乐，视其为天地和谐的象征。礼乐是中华文化的重要内容，孔子是周代礼乐的集成者和忠实的弘扬者，有着极高的礼仪修养和音乐素养，其不仅在理论上诠释着礼乐文化，而且用自己的生命践行了礼乐的精神。尽管中国已经步入新时代，作为传统文化重要组成部分的礼乐文化所蕴含的礼敬、和谐、秩序、修德的精神内涵仍具有强大生命力，对于建设当代社会主义精神文明仍具有现实的意义。因此，我们应该在积极传承礼乐文化的前提下，与时俱进、汲取精华、创新形式，做好礼乐文化的创造性转化与创新性发展。

（二）祭祀孔子是聆听圣哲先贤训导的殿堂

孔庙又称"文庙"，是中国文化先贤祠，代表着文脉的延续，体现着中华文化的一脉相传、生生不息。孔庙祭祀的对象不仅仅是孔夫子一人，还有四配、十二哲、七十八位先贤、六十八位先儒。这些圣哲先贤，每个人的生平都可以称作一部精美的教科书，微言大义的四书五经和浩如烟海的传记、注解，是振聋发聩、响彻千年的黄钟大吕，他们的治家格言如《颜氏家训》《朱子家训》《曾国藩家书》等，又像长者絮叨而殷切的叮咛，让你明白做人处世的道理，少走许多人生的弯路。这对于中国青少年一代而言，无疑是极具典型的思想与文化教育的殿堂。

经典诵读是现代祭孔大典的活动之一，活动当天，中国的青少年一代会心怀敬意站在丹墀上、杏坛前、古树下、神道旁，高声诵读《论语》，诵读声此起彼伏，不绝于耳，仿佛是圣哲先贤的一声声亲切而又威严的教导从历史的深处传来，穿透我们的心扉。这样庄重的祭祀活动，是极具影响力的落实了立德树人要求的思想与文化教育形式。

（三）祭祀孔子是翻阅中华民族形成的史册

中华民族的融合发展史，其实是中原族群与边疆少数民族的互动史，南北朝时期、五代十国时期、宋金辽对峙时期，以及元朝至清代，都是民族大融合的关键时期，每一个少数民族取得政权，立足未稳，首要大事便是设立孔庙，祭拜孔子，识汉家文字，认中华文化为正宗。在各地的孔庙中，我们都能辨认出金代的廊柱、元朝的碑文、清帝的诗章，是孔子把中华民族紧紧团结在一起。

（四）祭祀孔子是重塑民族精神气节的血脉

胡适认为，儒字即"懦"，儒者是西周统治下的殷商旧邦知识分子唯唯诺诺、苟且偷生的写照。然而自孔子之后,儒家不再是懦弱的代名词,而是积极入世、自强不息的一族。孔子从《易经》中汲取儒者阳刚的一面,"天行健,君子以自强不息,地势坤,君子以厚德载物";以天下为己任,弦而歌之,"大道之行也,天下为公"。孟子继往开来,养浩然正气,"富贵不能淫,贫贱不能移,威武不能屈"。曾子一日三省其身,"格物、致知、诚意、正心、修身、齐家、治国、平天下"。张载怀抱理想,"为天地立心,为生民立命,为往圣继绝学,为万世开太平"。范仲淹"先天下之忧而忧,后天下之乐而乐"的宏伟抱负,更是为后世效法。

在孔庙奉祀的并不全是儒学之士,还有李纲、文天祥、陆秀夫、史可法、许谦等各个时代的民族英雄。这些民族英雄不畏强权,刚正不阿,舍生取义,杀身成仁,"浑身碎骨浑不怕""留取丹心照汗青"。虽然顾炎武反对宋明理学,一生坚持抗清,但他的"天下兴亡,匹夫有责"的责任感和践行"行万里路,读万卷书"的求实精神,使其在清光绪三十四年(1908年)被列为先儒。历代圣哲先贤、仁人志士的精神气节名载孔庙,彪炳千秋。在祭孔大典的氤氲烟雾中,圣贤云集,栩栩如生,怎能不让人心生崇拜,感慨系之!

(五)祭祀孔子是促进人类和谐相处的盛典

孔子"己所不欲,勿施于人"的语录,被誉为处理国家间关系的"黄金法则",镌刻于联合国总部大厅。1988年,在巴黎召开的诺贝尔获奖者大会的闭幕式上,诺贝尔物理学获奖者汉尼斯·阿尔文博士说道:"人类要在21世纪生存下去,必须回首2500年,从孔子那里汲取智慧。"在2005年中国(曲阜)国际孔子文化节开幕式上,联合国教科文组织代表青岛泰之发表致辞:"孔子以教育来促进世界和平的思想与联合国教科文组织的宗旨不谋而合。"孔子属于中国、属于东方、属于世界,是人类共同的宝贵文化遗产。

把《论语》与佛经、《圣经》《古兰经》等放在一起读一读,你会发现,这些著作的许多观点是相通的,大都是劝人自律、向善、敬天、爱人,是放之四海而皆准、跨越时空而不变的,是人类共同的伦理、共有的价值观,只不过因为不同的文化背景和语言环境,所以用不同的表达方式呈现出来。这也是儒家道德规范能为东亚一些国家所奉行,孔子思想能给予法国等国的西方资产阶级革命以启蒙,以及《论语》语录能够走进联合国总部大厅的关键所在。孔子思想告诉国人要踏踏实实地过好今生,要做君子,要修身齐家、自强不息、厚德载物。

我们以传统的礼仪揖拜先师,表达对本国历史和文化的敬意,也会赢得世界各国的人们尊重和敬仰。祭孔活动在世界各国推广孔子的思想,扩大了中华文化的影响,促进了世界的和谐发展,是民族盛典,功莫大焉。

三、祭孔大典在中华民族未来发展新征程中起着积极作用

孔子思想在中华文化中极具代表性,祭孔是国家祭祀的重要组成部分。当代祭孔就是要体现当代中国人对中华优秀传统文化的继承和弘扬,通过祭祀这样一种东方特色仪式,来表达对在中华文脉中有着承上启下作用的集大成者的敬意,发挥教化功能,让民众更加亲近和热爱中华优秀传统文化。从整个社会层面来看,通过祭祀礼仪,表达对孔子等圣人先哲的缅怀之情,可以唤起人们内心深处的仁爱之心。祭祀对整个社会的良风、美俗的形成都有深远的影响,是培固人性、维护亲情、培育社会道德风尚、激发爱国之情的有效途径。从个人层面来看,通过祭孔可以进一步了解孔子伟岸的人格和高尚的情操,并将其作为自己人生的榜样,有助于塑造优秀自我。2021年5月9日,习近平总书记在给《文史哲》编辑部全体编辑人

员的回信中强调,要增强做中国人的骨气和底气,让世界更好认识中国、了解中国,需要深入理解中华文明,从历史和现实、理论和实践相结合的角度深入阐释如何更好坚持中国道路、弘扬中国精神、凝聚中国力量。推动中华优秀传统文化的创造性转化与创新性发展,是时代赋予我们的历史使命。在中华民族未来发展的新征程中,开展祭孔大典是加大对中国形象、中华优秀传统文化正面宣传力度的有效途径,具有重要而深远的意义。

拓展学习

阅读《2021辛丑年公祭孔子大典——全球云祭孔》一文,并思考以下问题。

1.通过研读和查阅资料,分析在当前时代背景下举办祭孔大典的重要价值和意义。

2.观看2021辛丑年公祭孔子大典的直播回放视频,查阅并研读相关资料,了解并掌握祭孔大典的仪式流程;分析和研究孔子儒学思想精髓,讨论并创意设计祭孔大典仪式流程与相关元素;思考如何更好地传承与发扬中华优秀传统文化,做到既不丢失原貌,又具有时代创新特色。

2021辛丑年公祭孔子大典——全球云祭孔

第四章

中国会展节事文化传承与传播
——增强文化自信

学习目标

通过极具中华民族特色的传统节日——春节这一典型案例,进一步理解中国会展节事是中华优秀传统文化的重要载体,熟悉和掌握中国会展节事的文化内涵,以及中国会展节事在传承与传播中华优秀传统文化方面的特点及意义。

素质目标

1. 中国四大传统节日是我国国家级非物质文化遗产的典型代表,其内容精彩纷呈,反映了中华优秀传统文化深厚的人文历史底蕴,是中华优秀传统文化的重要组成部分,是中华各民族团结互助、共同奋进的纽带。

2. 中国大型会展节事的举办是传承与传播中华优秀传统文化的重要方式,是增强文化自信的重要途径。

第一节 会展节事有利于文化的传承与传播

文化既是凝聚人民力量的纽带,又是繁荣精神文明的源泉。党的十八大报告中明确指出:"增强文化整体实力和竞争力。文化实力和竞争力是国家富强、民族振兴的重要标志。"习近平总书记曾在全国宣传思想工作会议上提出要求:"讲清楚中华优秀传统文化是中华民族的突出优势,是我们最深厚的文化软实力。"[①]提升国家文化软实力,离不开对中华优秀传

---

① 习近平出席全国宣传思想工作会议并发表重要讲话[EB/OL].(2018-08-22).http://www.gov.cn/xinwen/2018-08/22/content_5315723.htm.

统文化的传承和发扬。

在中华民族悠久的历史长河中,我们的祖先创造了许多大型民俗节日,形成了极为丰富多彩的中国传统民俗节日文化。民俗节日文化作为中华优秀传统文化的重要组成部分,几千年来,对我国民族精神的塑造、民族心理性格的形成、民族审美情趣的陶冶和民族行为的导引等,都持续产生着重大的影响[1]。在灿若星辰的中国民俗节日文化宝库中,春节、清明节、端午节和中秋节是我国四大传统节日,也是我国国家级非物质文化遗产的典型代表,其内容精彩纷呈,反映了中华优秀传统文化深厚的人文历史底蕴,是中华优秀传统文化的重要组成部分。

在当今这个融媒体迅速发展的时代,春节等极具中华民俗特色的传统节日能够通过多种渠道得以传播,产生了广泛的影响力,是中华各民族团结互助、共同奋进的纽带。

第二节 极具中华民族特色的传统节日(春节)案例概况

春节(the Spring Festival,Chinese Lunar New Year)即中国农历新年,俗称新年、大年、新岁,口头上又称为度岁、庆新岁、过年。春节是中国民间传统节日,一般指农历腊月除夕和正月初一。古时春节曾专指我国二十四节气中的立春,被视为一年的开始,后来将农历正月初一改为新年。传统意义上的春节是始于腊月初八的腊祭或是腊月二十三或二十四的祭灶,止于正月十五元宵节,民俗活动要持续一个月之久,其中以除夕和正月初一为高潮。

春节历史悠久,起源于上古时期年头岁尾的祭神活动,经过几千年漫长的历史积淀,春节已发展成一个集多种民俗文化于一体的综合性节日,其中包括仪式、节日装饰、饮食和其他相关的各种娱乐活动。春节期间的主要活动有腊月初八喝腊八粥;腊月二十三日祭灶,吃关东糖、喝糖粥等;除夕夜以家庭为单位包饺子、包汤圆、做年糕,吃团圆饭守岁,另外还有贴春联、贴年画、剪纸和放爆竹;正月初一拜年;正月初五开小市;正月十五日元宵节,开大市、吃元宵、游灯会、猜灯谜、耍龙灯、舞狮子、踩高跷、跑旱船、扭秧歌等。燃放鞭炮也是春节期间辞旧迎新的一项民俗活动[2]。

春节是极具中华民族特色的节日,是中华民族一年中最为隆重的节日,是人们生活中不可或缺的一部分。在春节期间,我国的汉族、满族、蒙古族、壮族、白族、达斡尔族、侗族、布依族、朝鲜族、高山族等几十个民族都要举行各种活动以示庆祝,活动丰富多彩,以除旧布新、迎新接福、祈求丰年为主,并带有浓郁的民族特色,是我国各个民族共同的节日。

春节活动展现了和谐亲情与和睦人际关系,其内容丰富多彩,具有重要的历史、艺术和文化价值。过好春节是提升亲情关系、增强社会凝聚力、构建和谐社会的重要途径之一,对文化产业的发展也有积极的促进作用。

---

[1]李英儒.春节文化[M].太原:山西古籍出版社,2003.
[2]中国非物质文化遗产网,https://www.ihchina.cn/project_details/14904/.

第三节　极具中华民族特色的传统节日(春节)案例分析

一、春节文化根基悠久,起源于上古时代的祭祀活动

春节是一个极其古老的节日。春节是"年"的别称,是"年"的节日,它的出现早于人类对"年"的时间概念的意识形成。考古资料显示,我国七八千年前已经出现发达的农业生产,出于生产需要,先民们根据农作物的生长周期发现了春、夏、秋、冬四季交替的规律,由此有了"一岁""一年"的概念。对于"年"的本义,《说文解字》(中华书局,2018)中将其释意为"五谷成熟曰年",由此可知年是根据上古时期农业生产周期而逐渐确立的,谷物成熟一次就是一年。《尔雅》记载,尧舜时称年为"载",夏代称年为"岁",商代称年为"祀",直到周代才称为"年"。有"年"自然就有过年的习俗,西周初年已有一年一度在新旧岁交替之际庆祝丰收和祭祀祖先的风俗活动,可认为是"年"的雏形。

《中国民间信仰风俗辞典》(中国文联出版公司,1992)在"春节"这一词条中指出:"关于春节的由来,或起源于上古社会的蜡祭,蜡即岁终祭众神之名,因而春节乃由一年农事后的报答神的恩赐而来。"《中国古代的狂欢节——春节蜡祭与傩》一文中指出:"春节是中国最大的一个节日,已有四五千年的历史,一般认为其源为上古的蜡祭。"[①]这表明,在上古时期人们庆祝辞旧迎新的日子不是在岁首,而是在蜡日,蜡日最重要的庆祝活动是举行蜡祭,尽管有研究表明"腊祭"在秦汉以后逐渐名存实亡[②],但普遍被认为是中国春节的前身。

"蜡祭"是起源于先秦的中国古代年终祭百神、庆丰收的重要祭祀仪式。《礼记·郊特牲》中对此有着相关记载,"天子大蜡八,伊耆氏始为蜡。蜡也者,索也。岁十二月,合聚万物而索飨之也。蜡之祭也,主先啬而祭司啬也。祭百种以报啬也。飨农及邮表畷、禽兽,仁之至、义之尽也。古之君子,使之必报之。迎猫,为其食田鼠也。迎虎,为其食田豕也。迎而祭之也。祭坊与水庸,事也。曰:'土返其宅,水归其壑,昆虫毋作,草木归其泽。'皮弁素服而祭,素服,以送终也;葛带榛杖,丧杀也。蜡之祭,仁之至义之尽也。黄衣黄冠而祭,息田夫也。野夫黄冠,黄冠,草服也。大罗氏,天子掌鸟兽也,诸侯贡属焉。草笠而至,尊野服也。罗氏致鹿与女,而诏客告也,以戒诸侯曰:'好田好女者亡其国,天子树瓜华,不敛藏之种也。'八蜡以记四方,四方年不顺成,八蜡不通,以谨民财也。顺成之方,其蜡乃通,以移民也。既蜡而收,民息已。故既蜡,君子不兴功"[③]。 这样的记载,涵盖了蜡祭的施事者、参与者、时间、对象、仪式过程和目的等基本内容,说明了蜡祭在我国古代是一件关于农事的年终祭祀大典,充满对农神的崇拜,蜡祭仪式也十分隆重,是具有全民参与性质的祭祀形式,是以庆祝丰收等为目的祭祀活动。这种祭祀活动一是感谢一年来"诸神"的赐福降祥,因为有了"天地万物之神"的保佑,才风调雨顺,五谷丰登;二是祈祷"众神"来年能继续降福赐瑞。

[①] 段宝林.中国古代的狂欢节——春节、蜡祭与傩[J].中国文化研究,1996(2):2.
[②] 李慧玲.试说中国古代的狂欢节——蜡祭[J].河南师范大学学报(哲学社会科学版),2011(3):205-208.
[③] 刘振华.《礼记》所载蜡祭仪式的演变及其戏剧性考论[J].戏剧文学,2017(10):100-104.

"蜡祭"被称为先秦时期中华民族的狂欢节[①],《礼记·杂记下》这样记载:"子贡观于蜡。孔子曰:'赐也,乐乎?'对曰:'一国之人皆若狂,赐未知其乐也。'子曰:'百日之蜡,一日之泽,非尔所知也。张而不弛,文武弗能也;弛而不张,文武弗为也。一张一弛,文武之道也。'"[②]子贡由于所言不知"一国之人皆若狂"之乐,而引起孔子的不满,并引出了其"一张一弛"的治国思想。这段记载表明,蜡祭是人们在丰收之后借祭祀机会彻底放松、自我犒劳的活动,即孔子所谓"百日之蜡,一日之泽";蜡祭时既有化装表演,又有不醉不休的宴饮,其狂欢的场面被孔子的弟子子贡称为"一国之人皆若狂"。孔子的"乐"与子贡的"狂"结合起来岂不就是"狂欢"二字?形象地道出了观看整个蜡祭过程的感受,说明狂欢的气氛贯穿了蜡祭的始终。再结合《礼记·郊特牲》中关于祭神仪式中装扮"演戏"的描述,苏轼称其为"三代之戏礼",是中国将蜡祭与戏剧联系起来的第一人,认为蜡祭具备戏剧性特征,是中国古代早期戏剧形态的基本特征。

二、春节是中国传统历法基础上的约定俗成

"阴历"(俗称农历)是我国的传统历法,源于夏代的"夏历",它的制订兼顾太阳和月亮的运行情况,因此也是一种阴阳合历。夏历以月亮圆缺1次的周期为1个月,大月30天,小月29天,平年12个月,为354或355天,比太阳历(即阳历,国际通用的公历)大约少了11天。其特点就是通过加闰月和二十四节气等计时办法,借以调整四季,使得平均每年的天数跟阳历全年的天数基本接近。阴历采用"十九年七闰"的置闰规则和二十四节气,把公历年和农历年很好地协调起来。每19个回归年设置7个闰月,平均2—3年1闰,有闰月的年份称为闰年,闰年13个月,为383天或384天。阴历闰哪个月份取决于二十四节气,在春秋战国时期,我们的祖先就有了"日南至"的概念,人们依据月初、月中的日月运行位置和天气及植物生长状况等自然现象之间的关系,把1年分为24等份,取名为"气",每个月里第1个"气"为"节气",第2个"气"为"中气",这样每个月里有2个节气,因此阴历二十四节气分为12个节气和12个中气,如表4-1所示。《汉书·律历表》记载,"朔不得中,谓之闰月",即没有中气的月份便是闰月。通过平年与闰年的搭配,以及二十节气的调和,阴历与阳历最终能保持一致。由于需要同时考虑太阳与月亮各自的运行情况,这也是阴历新年日期不能固定的原因[③][④]。

表4-1 夏历二十四节气

	正月	二月	三月	四月	五月	六月	七月	八月	九月	十月	十一月	十二月
节气	立春	惊蛰	清明	立夏	芒种	小暑	立秋	白露	寒露	立冬	大雪	小寒
中气	雨水	春分	谷雨	小满	夏至	大暑	处暑	秋分	霜降	小雪	冬至	大寒

在有关春节的传说中,年兽传说、熬年传说和万年创建历法说等极具代表性。实际上,我国春节是在古人确立了历法时间的基础上起源与发展的。距今约两千年前,汉武帝进行

[①] 李慧玲.试说中国古代的狂欢节——蜡祭[J].河南师范大学学报(哲学社会科学版),2011(3):205-208.
[②] 高承.事物纪原(卷八)[M].北京:中华书局,1989.
[③] 周二军.中华传统节日:春节[M].长春:东北师范大学出版社,2011.
[④] 李英儒.春节文化[M].太原:山西古籍出版社,2003.

了一系列在今天看来具有超前意识的改革,其中也包括对后世影响深远的历法改革,创立和使用"太初历"(农历),以夏历的孟春之月(农历正月)为岁首,明确了新年的开端即正月初一,一直沿用至清末。我国多部历史著作中对此有所体现,如在《史记》《汉书》中,将正月初一的内涵表达为"四始"和"三朝",即岁始、时始、日始、月始以及岁朝、月朝、日朝。彼时的人们在这个日子举办各种娱乐欢庆活动,"迎神祭祖"、占卜气候、祈求五谷丰登,后来逐渐形成内容丰富的新春佳节。年节,也就是将春节视为中华民族最为隆重的节日,通过固定的日子将其沿袭下来。

自汉武帝改用农历以来,中国历代都将二十四节气中的"立春"日视为春节,农历正月初一为新年。到南北朝时,"春节"则泛指整个春季。"春节"正式冠名是在辛亥革命以后,1914年袁世凯对春节的时间点重新做出了规定:春节即农历正月初一。1949年9月27日,中国人民政治协商会议第一届全体会议决定在建立中华人民共和国的同时,采用世界通用的公元纪年,同时将阳历一月一日称为元旦,将农历正月初一称为春节,春节的时间由此固定下来。此后每年的农历正月初一便是春节,成为华夏儿女约定俗成的节日。

三、春节的多样民俗活动代代相传并不断创新

(一) 祭祀仪式寓意人与自然和谐统一

古代春节传统的祭祀仪式演变至今按祭祀对象可大致分为"天神"祭祀、先祖祭祀两种。

在"天神"祭祀中,"祭天"即祈求老天保佑来年风调雨顺、和风细雨,保证农作物有收成;"祭神"即延续古代"五祀",祭祀家中各种"神灵"。门、灶等家庭场所对人们来说有着特殊的意义,因此生发出了相关的祭祀仪式。例如,门是人们每天出入的必经场所,因此人们会在春节期间祭祀"门神",祈求保佑家人出入平安。

先祖祭祀,是对跟自身血脉有渊源的祖先的尊崇,更是对祖先"灵魂永生"的信仰[1]。过年的时候,人们通常会固定一个时间,将准备好的最丰盛、最宝贵的饭菜端到祖先的灵牌或者墓地之前,请祖辈们"享用",并祈求祖先保佑子孙鸿运当头、逢凶化吉。祭祀祖先的仪式既是人们向祖先们祈求好运和庇佑的一种心理满足,同时也是提醒自己不要忘本、对祖辈们表示感恩的一种方式。

(二) 美好祈福从腊月初八到正月十五

1. 腊八节

农历腊月初八,民间俗称"腊八",这一天叫作"腊日",我国民间相沿成俗过"腊日节"。相关文献记载,汉代以前,腊、蜡两祭虽在农历腊月里,但具体的日期都不固定,有时在月初,有时在月底。汉代以后到南北朝时期,蜡、腊两祭合二为一,统称为腊祭,祭祀内容均为祭祀先祖与"神灵",并固定在腊月初八这一天。

通过前文可知春节的前身是上古时代的"蜡祭",这里的"腊八节"与之有所区别但又有一定的联系。其一是祭祀的对象不同。《汉语大词典》(汉语大词典出版社,1992)中对"腊"字进行了解释,"古代称祭神为'蜡',祭祖先为'腊'"。这说明两者都是古代祭祀仪式,但祭祀的对象不同,前者祭祀的对象是与农业有关的"农神",后者祭祀的对象则是与家庭有关的

---

[1] 高文超.《礼记》丧祭礼的哲学意蕴[D].天津:天津大学,2015.

"祖神"。其二是祭祀的目的不同。唐朝杜佑纂《通典》,在卷四十四《大雩》中指出蜡祭"是报田之祭",在《礼记·郊特牲》记载的基础上进一步说明蜡祭的目的主要在于报答"诸神"对农业的恩赐,为万物"送终"。腊祭的目的是"腊先祖五祀谓之息民之祭",五祀是"门、户、中溜、灶、行""五神",腊祭的目的主要在于祈求家庭的团聚和娱乐,让百姓得以休养生息。其三是祭祀的时间不同。两者虽同在一个月里,但具体日期有先有后,蜡祭在先,腊祭在后。其四是祭祀的形式与祭品有所区别。《礼记·郊特牲》中记载,蜡祭时要头戴皮弁,身穿素服,腰系葛带,手持棒杖,注重戏剧性的化装和扮演;而腊祭讲究用打猎所获制作"腊味"祭品,如我们的先人发明了制作腊肉的方法,即把野禽洗净后用盐腌制并风干,便于储藏,用这种方法腌制后的肉类即"腊味",这种冬季制作和食用腊味的习俗以及"喝腊八粥""吃腊八蒜"等食俗在我国多地依然流行。

2. 腊月二十三——祭灶节

每年的农历腊月二十三为祭灶节,又称灶王节、灶神节,简称灶节,民间也将其俗称为"小年",所以过灶节又称为"过小年"。"灶神",俗称灶君、灶王、灶王爷、东厨司命、司命主等。

关于"灶神",民间有一种说法是"灶神"为民间信仰的"火神",传说是一家之主,是掌握全家炊事的"神祇",是由火的发明者、管理者和炊事者演变而成的。祭灶的习俗起源于中华民族先民对火的崇拜,火的发明极大地推动了人类文明的进步和发展。那时,人们对于火的发明者、提取火种的管理者和保存者,以及用火做饭的人(掌管炊事者)都十分尊敬,久而久之,便把这些人尊称为"灶神"。史料记载,如西汉刘安《淮南子·氾论训》中写道:"故炎帝于火,而死为灶。"高诱注:"炎帝神农,以火德王天下。死托祀于灶神。"这说明,古人祭祀的"灶神"即"火神",指的就是传说中神农氏炎帝。

祭灶是我国民间影响很大、流传极广的风俗习惯。旧时,差不多家家灶间都设有"灶王爷"神位,而发展到今天,我国大多数人家已不再祭灶,但民谣中"二十三,糖瓜粘"这种祭灶、吃糖瓜的习俗仍在一些地区流行。

年三十是除夕,正月初一是大年,因此腊月二十三"小年"被认为是准备欢度新年的开始,使人们从此日起,按部就班地走向新年,既可以做好充分的准备,又营造了隆重的节日气氛。从腊月二十三开始至除夕,延续的风俗习惯有祭灶、除尘、赶大集、贴春联、挂年画、贴倒福、包饺子、吃年夜饭等。更加传统的习俗可以在民间传颂的谚语中略见一斑:"二十三,糖瓜粘;二十四,扫房子;二十五,磨豆腐;二十六,去买肉;二十七,宰公鸡;二十八,把面发。二十九,蒸馒头;三十晚上熬一宿,初一初二满街走。"[①]

3. 腊月二十四——扫除

从腊月二十三起到除夕夜,民间把这段时间叫作"迎春日",俗称"扫除日",即过年前的一次年终大扫除。人们通常都会停下手里的一切事务,开始专注于一项事情——打扫屋子。一家老少齐出动,将卧室、灶台、庭院,从里到外,从家具到门墙,进行一次彻彻底底的卫生大扫除。虽然在名称上叫法不同,如北方叫"扫房",南方叫"掸尘",但相同的是到处洋溢着欢欢喜喜搞卫生、干干净净迎新春的气氛。因"尘"与"陈"谐音,新春扫尘这一习俗有"除陈布新"的含义,寄托了人们破旧立新的愿望和辞旧迎新的祈求,打扫屋子的传统在唐代尤为

---

① 李英儒.春节文化[M].太原:山西古籍出版社,2003.

盛行。到如今,人们在小年过后也保留除尘的习惯,寓意将一切"晦气""坏运"统统扫除,同时"重整旗鼓""整顿乾坤",让屋子看起来井然有序、一丝不乱,达到给人带来一个好心情的效果,反映了人们勃然奋发、昂首阔步、奋勇向前的勤劳和乐观。"扫除日"反映了我国劳动人民爱清洁、讲卫生的优良传统。

4. 春节民艺——迎新年

春节民艺即春节民间的手工艺术,是在春节漫长的发展过程中不断积淀下来的文化遗产,是春节重要的文化符号。常见的春节民艺包括但不限于贴春联、剪纸、挂年画、挂灯笼、舞龙舞狮、皮影戏、踩高跷、扭秧歌、跑旱船、走马灯等。其中贴春联、剪纸、挂年画、挂灯笼是春节前的民俗习惯,用以"张灯结彩""辞旧迎新";而舞龙舞狮、皮影戏等是正月初一至正月十五元宵节期间不同地区的娱乐或庆祝节目,用于烘托春节集会欢庆、热闹的气氛。图4-1为央视公益广告中展示的走马灯。

图4-1 央视公益广告中展示的走马灯①

春联是最典型也是传播度最广的一个春节民艺。在春节之前,做完家庭大扫除后,人们会用自己的巧手和几样简单的工具制作春联,从而对屋子进行一番增添喜庆氛围的装饰。春联是由古代桃符发展而来的,桃符即镌刻着文字或图画的桃木板,到五代时,桃符上开始以联语代替画像,春联成了"贴在门上的吉祥联语"。后蜀国君孟昶的"新年纳余庆,嘉节号长春"被认为是我国最早的一副春联。到了宋代,春联的材料已由桃木板改为纸张,春节贴春联已成为民间的一种习俗,王安石的"千门万户曈曈日,总把新桃换旧符"说明贴春联在当时已具有广泛的社会性。到了明代,明太祖朱元璋提倡春节贴春联,《簪云楼杂记》中对此有着相关记载:"春联之设,自明太祖始。帝都金陵,除夕传旨:公卿士庶家,门上须加春联一副。"

春联是我国特有的集书法、诗歌等艺术于一体的文学形式,已成为春节辞旧迎新的标志,表达了人们对新年美好愿景的寄语。贴春联作为春节的传统习俗之一,是我国民众十分喜爱的活动,也是我国独有的富有文学色彩的娱乐活动。新年新气象,家家户户贴上红底黑字或红底金字的春联,似金龙出海,狂凤起舞,处处洋溢着中华民族特有的春节气息。

除了贴春联之外,人们还会在门窗上贴年画、剪纸等以迎接春节的到来。这些通过人们精巧的手艺裁剪、书写、描绘出来的艺术品,大多采用红色为其主体颜色,以精巧和喜庆为特

---

① 截自央视公益广告《包住》中的画面。

点,用以装饰自家门庭,寓意吉祥。剪纸、窗花、春联、年画等民俗技艺在我国都有着悠久的历史,不仅属于民俗,还发展成为贸易手工艺品。例如,剪纸发展到今天,不仅成为一种特有的手工艺品,广泛分布于全国各地,还作为贸易手工艺品远销到其他国家,深受中华剪纸文化爱好者的喜爱。

自2006年起,我国春节以及与之相关的年画、剪纸、皮影戏、舞狮等民俗技艺和活动逐渐被列为国家级非物质文化遗产。

5. 除夕——跨年夜,过新年

在"除夕"二字中,"除"字本义为"去",引申为"易",即交换;"夕"字本义是"日暮",引申为"夜晚",表示"旧岁而除,新岁已临"。除夕是指当年腊月的最后一天夜晚,即正月初一的前一夜晚,是"一夜连双岁,五更分二年"的重要时刻,俗称"大年夜""大年三十"。除夕的主要传统习俗有吃年夜饭、守岁、包水饺和燃放鞭炮等。

年夜饭,也可以叫作团圆饭,是除夕夜里与全家人围桌享用盛餐的习俗,其核心意义是大团圆。在这一年一次的家庭聚餐上,人们齐聚一堂,在享用美食的同时加深彼此之间的沟通交流,甚至连家里的宠物也能分到一年中最好的食物,可谓一室生春、其乐融融。在年夜饭上,人们会准备好家里能拿得出手的最丰盛的晚餐,并且会在动筷前先祭拜祖先,等祭拜完祖先了,才开始动筷。

在年夜饭种类繁多且各具特色的菜品中,最重要的当属"饺子"了。饺子在我国是一道具有悠久历史的传统美食,古书记载,三国时已有形如月牙的食品,和现在的饺子形状基本类似。从名称上来看,因饺子有两个夹角,宋代称其为"角儿",明代称其为"饺儿",还有一些地方称其为"扁食"。又因饺子形状像元宝,象征着生活富裕,因此其被作为贺岁食品,历来受到人们的喜爱。在古代,饺子的制作,包括从馅料的调配到包法、从水煮到装盘摆放都十分讲究,人们也乐在其中。逢年过节,包饺子成了人们的一种庆祝仪式,流传甚广。

丰盛的年夜饭不仅能够给人带来味觉上的快感,而且使人获得精神上的满足与享受。此外,与年夜饭相关的用餐礼仪,也体现了中华民族家庭成员尊老爱幼、互敬互爱的优良传统。共同进食是一项十分亲密、可以拉进人和人之间距离的仪式。一家人围坐一桌,享用一顿丰盛的饭菜,"欢歌笑语、言笑晏晏",成为一幅中国家庭延续了千年的美丽图景。

吃完年夜饭、收拾完碗筷后,人们便会开始另一项重要活动——守岁。守岁的习俗同样由来已久,已知的有关春节守岁活动的最早记录,当属晋人周处所著的《风土记》中关于蜀地人民春节习俗的描述,其中提到了除夕之夜彻夜不寐,谓之"守岁"。守岁也叫"熬年",它的内容基本就是通宵不眠、秉烛待旦,人们会围坐一团,促膝而谈,家庭成员之间的情感联系在这一刻达到高峰。除了与家人畅聊,人们还给守岁赋予了一些其他的意义。人们认为,除夕夜睡得越晚,来年运气越好、越有福,因此守岁也叫"熬福"。此外,在除夕夜里,人们还有岁火不灭、通宵点灯的习惯,认为这样可以"驱邪避灾",跟放鞭炮的寓意相似。

除夕当晚至大年初一,通常还有围炉守岁、踩岁、放鞭炮,以及发压岁钱、拜年等习俗,这些习俗与其美好的寓意相关,至今仍在我国的一些城镇盛行。例如,"守岁"俗称"熬年",是团聚的家庭在既温馨又喜庆的氛围下共同辞旧迎新。"踩岁",是指全家人用脚将"聚宝盆"踩碎。将黄纸卷成元宝形,并攒成一捆,形成所谓"聚宝盆"。"碎"与"岁"谐音,从而寓意家庭吉祥、家道兴旺,表达了对新的一年的祝福与祈盼。"压岁钱",俗称"压祟钱",也就是现在所说

的"红包"。"岁"与"祟"谐音,寓意要将"邪祟事物"压下去。长辈给晚辈压岁钱,并带上一句祝福语,寄托着家庭中长辈对晚辈的深情关爱和殷切希望,希望能"祛邪免灾",保佑孩子平安健康。而作为晚辈来讲,收下这份红包,在大年初一给长辈拜年,并送上对长辈的祝福语,便是一种回馈,这集中体现了中华民族尊老爱幼、感恩父母的优良传统。最后,在爆竹声中迎来新的一年。爆竹是我国四大发明中的火药在民间习俗中的创造性应用。史料记载,最早的爆竹是用竹竿之类的易燃品制成的火炬。因为我国南方盛产竹子,所以这个习俗最先是从南方流行起来的。当竹子燃烧时,竹节里空气膨胀,引起竹腔爆裂,发出噼里啪啦的响声,爆竹的名称也由此得来。大约到了唐代,人们会把火药装在竹筒里点燃。在宋代,人们已经普遍使用内装火药的纸卷代替竹筒,也就是现在的鞭炮了①。

值得一提的是,爆竹是中国特有的。现代节事庆典往往会使用烟花秀,五彩缤纷的烟花带有浓厚的中华文化色彩和时代特色,把节日装点得更加绚丽多彩。但伴随低碳、环保、绿色理念的提出以及在可持续发展成为时代的呼唤下,我国逐渐制定了禁止在新年燃放爆竹的条例和取消节事庆典燃放烟花的做法,取而代之的是通过运用科技如以数字烟花的形式制造节日氛围和烘托节事盛况,这再次体现了中华民族对优良传统的时代创新,是顺应时代要求下的伟大创造。

四、春节丰富的文化内涵

春节具有多样的习俗、仪式,承载着丰富的文化内涵,不仅是中华价值理念的象征,同时也是中国人民的民族情感的体现。春节的文化内涵可以概括为以下几个方面。

(一) 天人和谐的发展理念

正如老子所云,"人法地,地法天,天法道,道法自然"②。中国古代哲学家崇尚人应当要与自然保持良好的关系,体现为"天人合一",这也是老子主张的观点,即不应该过分干预自然,因为道生于自然并孕育万物,强调人们应该顺应自然。在弘扬中华民族精神文化时,可以传统节日作为载体,从而彰显人与自然和谐相处的理念。

春节是一种年岁节日仪式,诞生于古早时期的祭祀活动,春节的诞生过程以及它后来的发展都体现了人们对人与天地关系的看法。旧时,农业是社会发展的根本事业,人们的生存需要充分利用大自然,不能违背自然规律。在春节期间,古人的祭祀活动是为了向上天表达一种正面的情感,即对大自然所赠予的一切的感激之情。中国人崇尚务实,所以对于视农为本的中国人来说,信仰大自然,无疑是最务实的,毕竟农业的收成绝大部分取决于自然条件的好坏。在古老时期的春节祭祀仪式活动之中,大部分为人们所供奉、崇拜的"神灵",都是与农作物生产以及日常生活相关的"神灵",人们供奉这些"神灵",以祈求它们的庇护和保佑③。

这种对大自然的供奉与崇拜,无疑体现了古人对生态的敬畏和重视,以及天人和谐的先进的、可持续性的发展理念,这不仅适应了过去时代社会发展的需求,对于当今社会甚至是

---

① 周二军.中华传统节日春节[M].长春:东北师范大学出版社,2011.
② 陈鼓应.老子今注今译[M].北京:商务印书馆,2003.
③ 张宪荣."蜡祭"考索[J].唐山师范学院学报,2013,35(6):33-37.

未来社会的发展而言,这种理念也并不会过时。

(二)追求生命的延续

人类从诞生开始,就从未停止过对生命意义的思考,而在中国传统文化中,重视家族延续、血脉传承的生命意识被反复强调。

春节期间,延续了数千年的祭祀祖先的习俗,体现了中国人对血缘关系的重视。人似乎一出生就背负着繁衍下一代的使命,上一辈人勤勤恳恳、埋头苦干是为了给下一代创造更好的条件,这些表达了对生命延续的追求。

追求生命延续的文化内涵在很多春节民间技艺中得到了体现。在一些民间艺术中,养生、健康甚至"永生"经常成为艺术表达的主题。以剪纸为例,其形象通常以生机勃勃的自然物或者寓意吉祥的动物为创作对象,如若木和扶桑象征永恒的太阳,而水仙花、鱼、盘子、罐子和老鼠则是婚姻、生育的象征。人们将永恒、生育的寓意赋予这些具体形象,体现的是一种原始的崇拜,体现出"生命永存、生生不息"的中国哲学概念[①]。

(三)辞旧迎新、继往开来的奋斗精神

春节代表的是辞旧迎新、吉祥如意、团圆平安、兴旺发达等美好祝愿。春节不仅是从旧年切换到新年的时间节点,更是人们从精神上告别旧的一年、迎接新的一年的精神节点,对每个人来说都是意义非凡的精神洗礼。国内民俗学者萧放在《岁时——中国传统民众的时间生活》中,系统地论述了春节文化中蕴藏着的人们的时间观念,他认为告别旧的一年、喜迎新的一年是春节永久不变的主题,而正月初一则是辞旧迎新的分割线[②]。春节让人们放下过去的生活和羁绊,重新收拾精神面貌,向新的一年出发。

辞别完过去,接下来便是迎接未来了。仅仅告别过去的旧年并不是目的,迎接未来才是真正的意义所在。春节正是这样一个告别过去,以全新的精神面貌迎接未来的精神节点。与过去的不好断舍离,从中总结经验和教训,同时带着这些经验开拓未来,这就是继往开来的含义。通过各种各样的习俗仪式,人们实现了"继往"和"开来",这个过程增强了人们的自信以及人与人之间的凝聚力,使人们以饱满的精神面貌去迎接新的挑战。中国从古至今取得的各种伟大成就,就是基于这种继往开来的精神之上的。

(四)家和万事兴的大团圆观念

春节不仅仅是一个节日,同时也是中国人表达和释放情感、心理诉求得以满足的重要载体,是中华民族一年一度的狂欢节和的精神支撑。交通运输部的相关统计数据显示,2022年春运总体运行平稳有序,全国发送旅客达10.5亿人次,比2021年同比增长20.7%。春节返乡热潮不减,并且还有所增加,这反映了中国人对家人团圆的执念。

自古以来,中国人就重视家庭关系,沿袭着"家文化"的传统。这种传统的家族团圆观念又被封建社会中持续数千年的宗法制度加以巩固,同时融入传统节日文化,成为春节文化中至关重要的文化内涵之一。而在人们逐渐摆脱封建思想的今天,与家人团圆已经成为人们过春节最主要的理由了。正如歌曲《有钱没钱回家过年》中所唱,"有钱没钱,回家过年",不管一年的收获如何,回家过年、与家人团聚才是最重要的事情,这也反映春节给现代过度紧

---

① 靳之林.生命之树[M].广西:广西师范大学出版社,1994.
② 萧放.岁时——中国传统民众的时间生活[M].北京:中华书局,2002.

张、忙碌的公众提供了一个回归的契机和理由。

现代生活节奏较快,过度繁忙的工作让他们很少有时间与远方的家人团圆。春节满足了人们内心的期望,让人们能够与家人团聚,感受家庭的温暖。"一年不赶,赶年三十晚",春节的前一晚,也就是腊月三十除夕夜,是大团圆的日子。在大年三十夜晚,没有任何理由能阻止一家人坐在饭桌前一起吃年夜饭,无论人们有多忙、回家路途有多遥远。一家人齐聚一张大桌子前吃年夜饭,是大多数人脑海中关于过年最为深刻、美好的画面。

除了吃年夜饭的习俗能反映春节家和万事兴的大团圆观念外,餐桌上丰盛的美食也被人们赋予了团圆的美好寓意,如在春节饭桌上,饺子(汤圆)作为压轴菜,象征着中国人对未来的期望,寓意着"团团圆圆"。此外,也有部分地区在称呼除夕夜时,以"团圆夜"来进行表述,而年夜饭也带有团圆的含义,充分地展现出了中国人对于团圆的向往,也反映了团圆理念之于春节文化的重要意义。

五、春节文化的传承与传播价值深远

春节是中国传统节日之一,承载了丰厚的历史文化底蕴,是中华文化的载体,蕴含着中华精神与中华思想。它以广大的群众基础、稳定的发展周期,滋养着无数中华儿女的精神世界,为中华儿女开拓进取、砥砺前行提供了绵绵不绝的精神养料。继承传统是为了更好地开拓未来,在全面建设社会主义现代化国家新征程上继续传承和发扬春节文化,具有十分重要的意义。

(一) 中华优秀传统文化的重要组成部分

春节是中华优秀传统文化的重要载体,凝聚着华夏人民的生命追求和情感寄托。在《原始文化》一书中,爱德华·泰勒在对文化进行研究时,提出了文化的含义包含多种方面,如宗教、道德、习俗等[①]。中华传统文化,是指在语言、诗词、曲赋、戏剧、书法、字画、节日、习俗等领域经过漫长的历史发展创造并传承下来的物质文明、精神文明,是中华民族、也是全人类的伟大财富,这其中当然也包括春节文化。在春节期间,人们内心充满了喜迎新春的愉悦之情,必须要通过春节仪式进行抒发。因此可以看出,春节文化,包括春节仪式,承载着传统文化中历久弥新的价值理念、品德精神,是中华文化的载体。

(二) 增强文化自信的有效途径

要想增强文化自信,我们需要传承好春节文化。习近平总书记曾多次强调提高文化自信的重要性:"文化兴国运兴,文化强民族强。没有高度的文化自信,没有文化的繁荣兴盛,就没有中华民族伟大复兴"[②]"坚定文化自信,是事关国运兴衰、事关文化安全、事关民族精神独立性的大问题"[③]。当下国家之间的竞争日益加剧,不但有军力、经济、科技上的比拼,文化竞争也越来越激烈,在面对外来文化的不断冲击时,增强文化自信是国家和人民的迫切需求。因此任何能够帮助增强文化自信的途径都不能忽视,传承、发扬春节文化便是增强文化

---

① 爱德华·泰勒.原始文化[M].连树声,译.上海:上海文艺出版社,1989.
② 习近平.决胜全面建成小康社会 夺取新时代中国特色社会主义伟大胜利——在中国共产党第十九次全国代表大会上的报告[J].政策,2017(11):2,4-23.
③ 习近平.习近平谈治国理政[M].北京:外文出版社,2017.

自信的途径之一。

增强文化自信,首先要重视本身独有的、区别于世界上其他文化的且能够经受住时间考验和蕴藏深厚文化价值的本土文化,而春节文化毫无疑问完美地契合了这些要求。春节自两千多年前诞生以来,一直是中国人维持和谐人际关系的重要节日,是中华民族的优良传统,其内容博大精深,具有独特的历史、艺术、文化价值,是中华优秀传统文化的一面活的镜子。从古至今,开展春节庆祝活动都是加强家庭关系、增强社会整体的凝聚力、提高社会和谐度的重要途径。因此,传承并发扬春节文化,可以有效增强文化自信,为社会发展增添动力。

(三) 强化民族凝聚力和向心力

对于广大中华儿女而言,春节期间的各项民俗活动是维系同胞情感的重要纽带,这条纽带能让人们在关键时刻迸发出强劲的民族向心力。

"社会的通常逻辑是,个体之间的差异越大,就越需要安排一些特殊的机会,让大家寻求一些共同的东西,形成某种共同的感觉。"[①]这种共同的感觉就是凝聚力。小到一个家庭,大到一个民族、一个国家,凝聚力都是至关重要、不可或缺的。春节期间,全国各地各族人民一同参与各种民俗庆典,在相同的时间里做着相同的事,感受相同的喜庆与温暖,享受这种共同的愉悦氛围,这无疑在无形之中团结了各族人民、强化了中华民族的认同感和归属感。图4-2为新疆维吾尔族的春节庆典盛况。

图4-2 新疆维吾尔族的春节庆典[②]

家庭和睦、民族和谐是国家富强的根基,而春节这一节日正好在恰当的时间将各族人民集聚起来,民族情感在人们心间涌动,成为一股强大的民族凝聚力和向心力。

---

① 周建国.春节的文化意义与社会功能[J].社会,2002(2): 19-21.
② 搜狐网,https://www.sohu.com/。

第四节 极具中华民族特色的传统节日（春节）案例启示

中国会展节事在发展进程中,形成了多样化的类型,其中传统文化节事活动是指以弘扬中华优秀传统文化为目的的会展节事活动,包括两个方面:一是源于中国古代人民生产和生活需要而形成的一种传统习俗文化节日在现代会展节事中的传承,如春节、中秋节、清明节及端午节等;二是基于中华民族悠久历史进程中值得传承与发扬的历史人物、节事等在现代会展节事中的创新与发展。

传统文化节事具有悠久的历史积淀,是中华优秀传统文化的重要组成部分,对其进行传承和发扬具有十分重要的意义。在中华优秀传统文化的基础上发展起来的会展节事,追其发展根源,在于人类社会对物质与精神文明的追求,其在当代历史背景下的传承与创新,在特定时空的举办,仍然对人们的日常生活、生产产生了积极影响,是人们寄托情感和精神信仰的重要载体。中华民族在创造中华优秀传统文化的过程中,也创造了富含自信、自强、爱国主义等伟大的民族精神,是中华民族赖以生存和发展的精神支柱。在新的时代背景和发展愿景下,在创新中继续传承中华优秀传统文化节事,发扬和振兴中华优秀传统文化对提升我国的文化软实力、培养文化自信,增强民族凝聚力、激发爱国热情和强国信念具有重要的推动作用。

1.请阅读资料一,并登录非物质文化遗产网官方网站,了解并掌握中国传统文化节事的"非遗"保护现状。

资料一：中国非物质文化遗产及其保护

2.请阅读资料二,并思考以下问题。
(1)收集并整理资料,分析中秋节关于"嫦娥奔月"的美丽传说,思考其寓意。
(2)中国古代著名诗人为我们留下了许多关于中秋节的伟大诗篇,请你选择一首进行赏析,思考其中寓意。并分析在当代背景下应如何传承和发扬中秋节及其承载的文化内涵。
(3)梳理中国航天事业的发展脉络,谈谈你是如何理解"航天精神"的,在当代为实现"中国梦"我们应该做些什么?

资料二:中秋节与中国的航天事业

3.请阅读资料三,并思考以下问题。

(1)了解并掌握与中国二十四节气相关的内容,如诗歌、民谣以及民俗,传承中华优秀传统文化。

(2)观看北京2022年冬奥会开幕式倒计时宣传片,说一说在中国大型会展节事中应如何灵活运用中华优秀传统文化。

资料三:北京2022年冬奥会开幕式倒计时宣传片《二十四节气》惊艳世界

第五章

中国会展节事创意策划
——追求卓越,不断创新

学习目标

通过北京2022冬奥会这一典型案例,学习中国大型会展节事的创意与创新特点,进一步理解和掌握举办中国会展节事的创意策划、形象树立与设计技巧。

素质目标

北京这座"双奥之城",在疫情的影响下,制定了一系列闭环管理的有效举措,从前期组织规划到开幕式的服务接待,都为世界呈现出新时代中国的新形象、新梦想,传递出新时代中国为办好北京冬奥会,圆冬奥之梦,实现"带动三亿人参与冰雪运动"的目标,圆体育强国之梦,推动世界冰雪运动发展,为国际奥林匹克运动做出新贡献的不懈努力和美好的追求。北京2022年冬奥会的每一位参与者,在冬奥会申办、承办及举办的过程中共同创造了"胸怀大局、自信开放、迎难而上、追求卓越、共创未来"的冬奥精神。

第一节 会展节事策划与创意

一、会展节事策划概念与理论

"运筹于帷幄之中,决胜于千里之外",会展节事的成功举办、优势发展和吸引力的提升离不开创意策划。"策划"的含义包括"谋划""筹划""计划""企划"等。会展节事策划涉及一定的理论知识,即与会展节事策划相关的理念、原则、原理、方法、步骤等。一般而言,会展节事创意策划主要运用的理论模型为策划与整合理论模型,包括点子(idea)策划、创意(creativity)策划、系统(system)策划、整合(integrate)策划,简称ICSI理论,见图5-1,据此构建的会展节事策划模型称为会展节事策划与整合理论模型。其中,点子策划主要是"点"式策划,是策划理念的高度总结,策划内容比较抽象;创意策划主要是"线"式策划,是把点子图像化,是点子从抽象到形象的过程;系统策划主要是"面"式策划,是把点子、创意条理化、文案化,策划内容更加具象;整合策划主要是"体"式策划,是点子、创意、系统方案的复合化,内容包罗万象。会展节事策划涉及点、线、面、体,从抽象到形象到具象再到万象,不断具体、深化,是一个通过概括会展节事理念、描绘图像、编写文案、整合资源,从而进行方案选优、科学决策,最后组织实施的过程[①]。

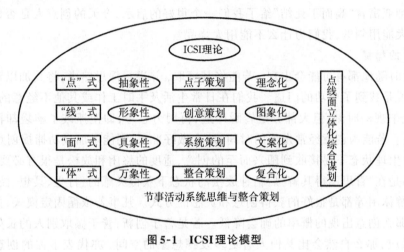

图5-1　ICSI理论模型

二、会展节事策划整合理论主要内容

（一）点子策划

点子是智慧的高度浓缩。点子策划就是把策划的要义通过抽象和提炼集中在某一点上,抓住事物的本质和关键,点子是策划人思想的火花和思维的结晶。

点子是知识与智慧的结晶。我们把对某事物进行改造或实施的各种计谋、策略、方法、经验、创意、特殊信息等称为"点子"。现实生活中许多人常常灵机一动就会产生许多点子。我们所说的"点子",就是指经过思维产生的解决问题的主意和办法。会展节事项目需要点子策划,点子准,就有吸引力、卖点和市场。会展节事策划就需要在一定的团队基础上,群策群力提出有利于提升吸引力、增强品牌卖点和扩大目标市场的点子。

（二）创意策划

创意策划就是把点子连贯起来的思索,把各种好点子、金点子、"歪"点子进行联想、丰富创意,把各种"点子"串联成"线",通过形象思维,尽量把各种点子想象成不同的画面,并结合创作设计等辅助手段将创意图像化,以便让人有一个完美的观感和准确的判断。

[①] 张婷,李琼.新化渠江源景区节事活动策划研究[J].旅游纵览(下半月),2020(6):141-143.

1. 创意的含义

创意就是指具有新颖性和创造性的想法,是在传统思维和常规思考基础上的奇思与妙想、创新与发展,属于智能的拓展和潜能的超水平发挥。对会展节事策划而言,创意主要是对会展节事主题本质属性的把握和升华。好的创意是思想库、智囊团的巨大能量释放,是对事物的感性认识和理性思考,并结合社会现实得出的结果。创意策划是立足现实、影响未来的创造性、创新性系统工程。

2. 创意的产生

创意不是一般意义上的模仿、重复,大多数人都能想到的创意绝不是好的创意,甚至根本谈不上创意。好的创意必是新奇的、惊人的、震撼的、实效的。俗话说得好,"物以稀为贵"。古亚细亚寓言"高而丁死结"给了我们一个很好的启示,今天的创意人是否也应大胆思考,亚历山大能用剑劈,我们为什么不能用火烧呢?

3. 创意的捕捉

创意随时随地都有可能会出现,若能将其撷取,并进行深思熟虑,将其加以延伸、拓展、细化,可以说是找到了成功的门道。我们在日常生活及平时工作或其他不经意的事情中,突然会有灵光乍现的时刻,但大部分是转瞬即逝,再用力思考,即使抓破了脑袋却再也想不出刚才的念头。若能为创意经常发生的时间、地点做好准备,则能增加成功捕捉创意的概率。

紧绷的生理状态不易接收到随兴而至的创意,适度的悠闲和放松是很有必要的,许多发明创造者都是在"百思不得其解"后精神放松的状态下获得灵感的,打坐、冥想、极目远眺、运动健身、旅游休闲等都是很好的获得创意和灵感的方式。凡事若依循固定模式,预先设定立场与做法,那么创意出现的概率的确会降低。若是善于创新,善于撷取别人的长处来刺激自己的心灵感应,那么自然会比其他人有更多发挥想象的空间,亦代表了你的创意比别人有更多获得成功的机会。

(三) 系统策划

系统策划(全局策划),即把决策的事物作为一个系统来研究,把会展节事活动项目作为一个整体,并把这个整体分解为若干子系统,在揭示影响子系统的环境、社会、经济、文化等各项因素及相互关系并对获取的信息进行综合整理、分析、判断和加工的基础上,选出最优方案的策划方法。这种策划方法又叫作系统分析策划法,主要特征就是从整体的角度揭示出各局部所产生的影响和相互关系,从而找出系统整体的运动规律,并分析达到目的的途径。它是通过明确一切与问题有关的要素(目的、方案、模型、费用、效果、标准)同实现目标之间的关系,提供完整的信息和资料,以便决策者选择最为合理的解决方法。

(四) 整合策划

整合策划就是从资源整合的高度,将会展节事的点子、创意、系统;主题、内容、形式;人、财、物、信息;主办方、承办方、协办方、支持方;组织者、赞助商、广告商、媒体传播等进行全方位、立体化思考,从会展节事活动的点、线、面策划,上升到立体、多维的复合策划,事无巨细、面面俱到。点是想法,创意是思路,系统是全局,整合主要是对社会资源的综合运用,即通过社会资源的最后整合,形成会展节事活动方案。整合策划的标志性成果,就是形成详尽的策划方案。

总之,点子策划是"点"式策划,是策划人思想的火花,也是思维的高度抽象化;创意策划则是"线"式策划,是点子的具体化、形象化,只有可以具体化、形象化的点子才可以叫作创意;系统策划是"面"式策划,是对事物的总体把握,也是对点子策划和创意策划的条理化思考;整合策划是"体"式策划,是对事物的综合、立体、复合思考,更是对系统思维的全面提升和概括。会展节事策划光有点子还不够,还要有基本的创意和周密、细致的系统思维,并将点子策划、创意策划、系统策划连贯起来的思索,最后根据会展节事策划与整合理论模型形成可以执行的策划方案并组织实施[①]。

第二节 "双奥之城"北京2022年冬奥会案例概况

2015年07月31日17时57分,国际奥委会第128次全会在吉隆坡举行,北京以44票比40票的优势击败对手阿拉木图,赢得2022年第24届冬季奥林匹克运动会的举办权。2015年12月15日,北京2022年冬奥会和冬残奥会组织委员会成立,为独立事业法人,为承办冬奥会和冬残奥会的组织机构,负责组织、协调冬奥会和冬残奥会全部筹备和举办工作,共设包括秘书行政部、总体策划部、对外联络部、体育部在内的28个部门。经过6年的策划、设计与筹备,2022年2月4日(中国农历正月初四)北京2022年冬奥会在北京国家体育场(鸟巢)开幕并于2月20日闭幕,在历时16天的赛程中,来自91个国家和地区的近3000名运动员分别于北京、延庆和张家口3个赛区,共12个竞赛场馆顺利完成了2022年北京冬奥会的7个大项(sports)、15个分项(disciplines)、109个小项(events)的比赛。运动员奋力拼搏、挑战极限、超越自我,刷新了2项世界纪录和17项冬奥会纪录,奏响"更快、更高、更强、更团结"的华彩乐章。中国代表团以9金4银2铜刷新了单届冬奥会获金牌数和奖牌数2项纪录,名列金牌榜第3位,创造了自1980年参加冬奥会以来的历史最好成绩。从2008年百年奥运梦圆,到2022年与奥林匹克运动再度携手,北京成为历史上首座"双奥之城"。在疫情的影响下,中国为举办一届绿色、安全、精彩的冬奥会付出巨大努力,从备受关注的"冰墩墩"的形象设计("一墩难求"),到一流的比赛场馆设施规划,再到出色的组织服务和闭环管理工作,各方面都赢得了奥林匹克大家庭和国际社会的广泛好评。

第三节 "双奥之城"北京2022年冬奥会案例分析

一、北京2022年冬奥会品牌形象设计与策划

北京2022年冬奥会形象设计包括主题口号、会徽、奖牌、体育图标、火炬、吉祥物等,是中国特色、中国风格、中国精神在大型体育赛事中的集中体现。北京作为奥运史上首个"双奥之城",创造了丰厚的冬奥遗产,为奥林匹克写就了新的传奇。

---

① 刘嘉龙.会展活动策划整合理论研究[J].中国城市经济,2011(29):260-264.

(一) 北京2022年冬奥会主题口号:"一起向未来"

北京2022年冬奥会主题口号是"一起向未来"(Together for a Shared Future)。在全球应对疫情的大背景下,北京冬奥会主题口号发出的声音是汇聚、是共享、是未来。"一起"(together)展现了人类在面对困境时的坚强姿态,指明了战胜困难、开创未来的成功之道。"向未来"(for a shared future)表达了人类对美好明天的憧憬,传递了信心和希望。"一起向未来"(Together for a Shared Future)是态度,是倡议,更是行动方案,倡导追求团结、和平、进步、包容的共同目标,是更快、更高、更强、更团结奥林匹克精神的中国宣扬,表达了世界需要携手走向美好未来的共同愿望[①]。

奥运会主题口号是一届奥运会的重要标志,也是一个来表达奥运会的理念诉求的重要方式。北京2022年冬奥会主题口号言简意赅、易读易记、号召性强,符合构建人类命运共同体的中国倡议,体现了"共享办奥""开放办奥"的理念,符合当前应对疫情背景下世界需要携手走向美好明天的共同诉求,符合奥林匹克运动、残疾人奥林匹克运动的核心价值和愿景,追求团结、和平、进步、包容的目标。北京2022年冬奥会主题口号向世界传递了多层含义:第一,全人类需要携手共创未来。当前,疫情凸显了全球面临的种种挑战,这些挑战是全球性的,谁也不能独善其身。唯有同舟共济、守望相助,携手构建人类命运共同体,方能共渡难关,共迎美好未来。希望能用"一起向未来"这个口号,反映在当前疫情挑战下,世界渴望携手走向美好明天的共同心声。第二,"一起向未来",与新加入的奥林匹克格言"更团结"高度契合,符合奥林匹克运动、残疾人奥林匹克运动的核心价值和愿景。"一起"展现了人类在面对困境时的坚强姿态,更指明了战胜困难、开创未来的成功之道。第三,北京将成为世界上首个既举办过夏奥会,又将举办冬奥会的城市。北京2008年奥运会的口号是"同一个世界,同一个梦想",这次的口号"一起向未来"与2008年的口号一脉相承,同时又体现出当前的时代特征,是北京作为"双奥之城",给奥林匹克精神和理念留下的又一中国印迹[②]。

(二) 北京2022年冬奥会会徽:"冬梦"

北京2022年冬季奥林匹克运动会会徽简称"北京2022年冬奥会会徽"或"会徽",主要是由会徽图形、文字标志、奥林匹克五环标志三个部分组成。会徽名为"冬梦",即以汉字"冬"为灵感来源,运用中国书法的艺术形态,将厚重的东方文化底蕴与国际化的现代风格融为一体,呈现出新时代的中国新形象、新梦想,传递出新时代中国为办好北京冬奥会,圆冬奥之梦,实现"带动三亿人参与冰雪运动"目标,圆体育强国之梦,推动世界冰雪运动发展,为国际奥林匹克运动做出新贡献的不懈努力和美好追求。

会徽图形上半部分展现滑冰运动员的造型,下半部分表现滑雪运动员的英姿。中间舞动的线条流畅且充满韵律,代表举办地起伏的山峦、赛场、冰雪滑道和节日飘舞的丝带,为会徽增添了节日喜庆的视觉感受,与北京冬奥会将在中国春节期间举行相呼应。会徽以蓝色为主色调,寓意梦想与未来,以及冰雪的明亮纯洁。红黄两色源自中国国旗,代表运动的激情、青春与活力。"BEIJING 2022"字体形态汲取了中国书法与剪纸的特点,增强了字体的文化内涵和表现力,也体现了与会徽图形的整体感和统一性,见图5-2。

---
① 国家体育总局官网,https://www.sport.gov.cn/n4/n23848493/index.html。
② 国家体育总局官网,https://www.sport.gov.cn/n4/n23848493/index.html。

图 5-2　北京 2022 年冬奥会会徽①

（三）北京 2022 年冬奥会奖牌

奖牌是冬奥会文化景观的重要元素之一，代表着对奥林匹克精神的礼赞，也是运动员的至高荣耀。北京 2022 年冬奥会奖牌同样具有东方文化底蕴及中国美学思想内涵：奖牌由圆环加圆心构成，形象来源于中国古代的同心圆纹玉璧，共设五环，五环同心，同心归圆，表达了"天地合，人心同"的中华文化内涵，见图 5-3、图 5-4、图 5-5。奖牌正面中心刻有奥林匹克五环标志，周围刻有北京 2022 年冬奥会英文全称。圆环设计体现了"中国式"工艺细节，运用了常见于中国古代青铜礼器跟玉的制作工艺做了打洼处理。此外，正面浅刻装饰"冰雪纹"和"祥云纹"纹样，均来自中国弦纹玉璧的传统，"冰雪纹"表现冬奥会的特征，"祥云纹"既是对 2008 年北京奥运会的延续，又传达了吉祥的寓意。奖牌背面圆环上刻有 24 个点及运动弧线，取意古代天文图，代表着浩瀚无垠的星空，既象征着人与自然的和谐，也象征着第 24 届冬奥会运动员驰骋赛场的激情，如群星璀璨，创造精彩。奖牌挂带取材中国传统真丝进行编织，并印有北京 2022 年冬奥会的五环等核心图形，选用红色为底色，与中国春节文化特色相结合，寓意对冬奥健儿奖牌获得者的美好祝福。

图 5-3　北京 2022 年冬奥会奖牌创意之源——同心圆纹玉璧（西汉）②

---

① 国家体育总局官网, https://www.sport.gov.cn/n4/n23848493/index.html。
② 冬奥奖牌上的"同心圆"，我们在广州找到了！[EB/OL].(2021-11-02).https://m.gmw.cn/baijia/2021-11/02/1302661478.html。

图 5-4 北京 2022 年冬奥会奖牌正面图案①

图 5-5 北京 2022 年冬奥会奖牌反面图案②

（四）北京 2022 年冬奥会体育图标

在奥运会体育项目图标的设计上，北京 2022 年冬奥会和 2008 年奥运会会徽"中国印"的设计理念遥相呼应。两者均为印章风格，都选择了篆刻形式，既代表了北京这座"双奥之城"留给世界的独特文化印记，也体现了奥林匹克运动的文化传承。不同的是，北京冬奥会体育图标更偏重"汉印"风格，并用篆刻章的形式呈现。透过刀锋所体现出的书法笔意与方寸间的高妙布白，将书法与镌刻相结合，传达跨越千年的悠久传统与生动神韵，"方寸之间，气象万千"，见图 5-6。北京 2022 年冬奥会体育图标的设计是借世界大型体育赛事让中国古汉字文化和现代艺术设计完美结合，让中国文化与世界时尚完美契合，让中国篆刻艺术跨越了东西方文化的界限，通过奥林匹克精神的高境界审美形式得以传承。

图 5-6 北京 2022 年冬奥会体育图标③

---

①北京冬奥会与冬残奥会奖牌发布[EB/OL].(2021-10-26).http://www.gov.cn/xinwen/2021-10/26/content_5645061.htm#1.

②北京冬奥会与冬残奥会奖牌发布[EB/OL].(2021-10-26).http://www.gov.cn/xinwen/2021-10/26/content_5645061.htm#1.

③国家体育总局官网，https://www.sport.gov.cn/n4/n23848493/index.html。

（五）北京2022年冬奥会火炬："飞扬"

北京2022年冬奥会火炬名为"飞扬"，为衬托北京成为奥运历史上首座"双奥之城"，其外观设计与北京2008年奥运会开幕式主火炬塔形态相呼应。火炬以祥云纹样打底，自下而上从祥云纹样逐渐过渡到剪纸风格的雪花图案，旋转上升，形同一个大卷轴，极具动感和活力，最后在顶端化身为飞扬的火焰，见图5-7。此外，"飞扬"的设计是受大自然的树叶的启发，一片落叶激发灵感，遵循"道法自然"的中国传统思想。红色和银色的外观，象征着冰与火的融合，寓意火炬照亮冰雪世界，带来温暖和光明。

图5-7　北京2022年冬奥会火炬"飞扬"①

除了寓意非凡的外观设计，"飞扬"还蕴含着"黑科技"：火炬的点火系统全部包在外壳里面，从外观上是看不到的；火炬内部采用氢作为燃料，可抗风10级，既保证了火炬可以在极寒天气中燃烧，又使火炬燃烧时的碳排放为零，体现了绿色环保的理念；火炬的外壳采用重量轻的耐高温碳纤维材料，火炬燃烧罐也以碳纤维材质为主，因碳纤维的质量只有钢的1/4左右，强度却是钢的7倍至9倍，因此手感非常轻盈。这种用碳纤维与树脂形成的复合材料来做奥运火炬的做法，是世界首创。在两支火炬交接传递时，火炬的顶部可以紧密相扣、完美结合，如两只手紧紧相握，代表不同文明交流互鉴、世界更加相知相融的冬奥会愿景，更好地呼应了友谊长久、团结一致的奥林匹克精神。

（六）北京2022年冬奥会吉祥物："冰墩墩"

北京2022年冬奥会吉祥物"冰墩墩"是以中国国宝大熊猫为原型进行设计创作的。设计者将熊猫形象与冰晶外壳相结合，体现了冬季冰雪运动和现代科技的融合特点以及冬奥运动员的拼搏精神。头部外壳造型受冬季冰糖葫芦外表的"冰壳"启发，并联想中国的宇宙航天事业，冰晶外壳作为科技象征，被赋予了宇航服的直观意象，并以北京冬奥会的国家速滑馆——"冰丝带"为创意设计灵感，打造了一个头戴冰雪运动头盔、装饰彩色光环、左手掌心呈心形图案、看上去酷似航天员的大熊猫形象，见图5-8。流动的明亮色彩线条象征着冰雪运动的赛道和5G高科技，掌心的心形图案代表着中国对全世界朋友的热情欢迎，体现着追求卓越、引领时代的追求，以及面向未来的无限可能②。北方冬天的冰糖葫芦又叫糖墩儿，"墩儿"呈现了冬天给人们带来的亲切之感，又展现了吉祥物健康、活泼、可爱的特质，积极向上，故而名为"冰墩墩"。

---

①孙晓晨.北京2022冬奥会火炬设计发布[N/OL].中国日报，(2021-02-04).https://baijiahao.baidu.com/s?id=1690770235054336660&wfr=spider&for=pc.
②鲁宁.南方的冰雪梦——探访"冰墩墩"[J].美术观察，2019(12)：5-8.

图5-8 北京2022年冬奥会吉祥物"冰墩墩"①

作为奥运会和冬奥会视觉形象系统与设计的重要元素,吉祥物是历届赛会备受关注的形象标识。吉祥物特许商品的开发和设计,在满足了消费者的需求的同时,能更好地传播奥运理念、奥运文化,传播主办城市特色,讲好中国故事,带动公众参与冬奥,真正让吉祥物和冬奥文化一起走进千家万户。

历届奥运会的举办都会为世人留下值得收藏的艺术设计遗产,包括主题口号、会徽、吉祥物等视觉形象系统与设计,是进行艺术创意产品设计的重要内容。一款款奥运经典产品的设计是保留全世界人民欢聚一堂、庆祝人类文明独特时空印记的重要载体,是彰显缔结友谊,培养尊重,凝聚全世界共同追求卓越的体育力量。

二、北京2022年冬奥会开幕式演绎文化经典

作为万众瞩目的焦点,开幕式(opening ceremony)历来是奥林匹克运动会的重头戏,开幕式的成功似乎就预示着一届奥运会成功了一半。从1924年首届至今,冬奥会历经近百年共计举办了24届,冬奥会开幕式从最初简朴的入场与宣誓仪式演变为当今的视觉盛宴,以不同的方式描绘着举办城市及其国家的悠久历史和现代文明。开幕式承载着时代变化的烙印,解读着奥林匹克精神的真谛,蕴含着人类对运动美、视觉美的无限想象与追求,成为诠释奥林匹克精神、展示东道国民族文化和国家形象的综合平台②。北京2022年冬奥会开幕式为提升我国国际传播能力建设提供了难得的历史机遇,通过举办冬奥会,可以向国际社会发出中国声音、讲好中国故事、做好文化交流、展示国家形象,从而塑造可信、可敬和可爱的中国形象。

(一)北京2022年冬奥会开幕式流程设计

北京2022年冬奥会开幕式于2022年2月4日(农历正月初四)在国家体育场"鸟巢"举行。北京2022年冬奥会开幕式流程既符合国际奥委会(International Olympic Committee,IOC)的标准和规范,又精于创意,彰显了以张艺谋为总导演的创作团队的整体水平和综合实力。

1. 国际奥委会的标准和规范

国际奥委会要求的奥运会开幕式流程中,有十个必备议程要素,具体为参与国运动员入场式;奥运会组委会主席演讲;国际奥委会主席演讲;唱奥林匹克运动会会歌、升奥林匹克运

---

①国家体育总局官网,https://www.sport.gov.cn/n4/n23848493/index.html。
②董宇.冬奥会开幕式探究[J].体育文化导刊,2015(8):95-100.

动会会旗;奥运会火炬传递的最后阶段及奥运会火炬的点燃;象征性地放飞和平鸽;运动员代表宣誓;裁判员、教练员宣誓;升主办国国旗、奏唱主办国国歌,文艺表演。这些要素无须遵循某一特定顺序,每个环节和内容的设计也都是严格保密的,直到开幕式当天才能公之于众。

2. 第24届冬奥会开幕式议程

第24届冬奥会开幕式将表演设计创意巧妙地贯穿于各个固定仪式,全流程连接紧凑、没有停顿、一气呵成,集中体现了"简约、安全、精彩"的仪式举办要求。开幕式共持续90分钟,基本流程如下。

(1)仪式前表演《一起向未来》;
(2)领导人入场;
(3)倒计时《立春》;
(4)升国旗、奏国歌;
(5)节目《冰雪五环》;
(6)运动员入场式;
(7)节目《构建一朵雪花》;
(8)短片《更强更团结》;
(9)奥组委致辞;
(10)宣布开幕;
(11)节目《致敬人民》;
(12)升奥林匹克会旗,唱奥林匹克歌;
(13)运动员、裁判员、教练员宣誓;
(14)短片《未来的冠军》;
(15)节目《雪花》;
(16)点燃奥林匹克主火炬。

(二) 北京2022年冬奥会开幕式创意特色

以张艺谋为总导演的主创团队以"构建人类命运共同体"为核心表达,以"简约、安全、精彩"为创作原则,立足于从全世界的角度展望美好未来,在同一个"鸟巢",向大家展现了一个别样的奥运会开幕式。其将春节文化、长城文化与奥林匹克运动文化相结合,将文艺表演与仪式环节融为一体,注重缩短时间,减少演员数量,通过融入科技创新、低碳环保和运动健康理念,努力呈现出了精彩的仪式效果,展现了自然之美、人文之美和运动之美,用中国人的文化自信向世界演绎了基于奥林匹克运动的浪漫。

1. 创意主题

2022年北京冬奥会开幕式呈现三大主题:展现中国对于世界和平的追求和向往;展现奥运会的理念和宗旨——更快、更高、更强和更团结;展现2022年北京冬奥会口号"一起向未来"的愿景和期待。

2. 创意目标

北京2022年冬奥会开幕式讲述了全人类共有的精神和理念——一起向未来,突出体现中国推动三亿人参与冰雪运动,以及全世界人民共享冬奥盛会的理念和文化。

3. 创意亮点

北京2022年冬奥会开幕式精彩纷呈，创意无限。例如，极具诗意和富含中国文化的倒计时设计、晶莹剔透的"冰雪五环"、浪漫唯美的雪花火炬台、璀璨夺目的数字光影、低碳环保的点火仪式等，为观众呈现了无比恢宏壮美的视觉盛宴。

其中，"点火方式和火炬台"的创意设计做出了奥运会史无前例的创新。火炬传递的最后一棒就是点火本身，奥运会点火仪式是开幕式中的最后一环，也是最受人瞩目的。基于"低碳、环保"的绿色奥运理念，北京冬奥会主火炬的点火仪式突破了历来点火仪式追求宏大的惯性思维，将熊熊燃烧的奥运之火，幻化成雪花般圣洁、灵动的小火苗，直接将传递的火炬插在由90多个参赛国家的小雪花组成的雪花火炬台中间，以"不点火"代替"点燃"，以"微火"取代熊熊燃烧的大火，这在百年奥运会历史上前所未有，实现了奥运会历史上的一次点火创新。张艺谋导演诠释"一个小小的手持火炬，一个小小的火苗，想到的是伟大的奥林匹克精神，是全人类的熊熊燃烧的激情和浪漫"正是中国"一叶知秋"的哲学思想和美学观念的集中体现，如图5-9所示。

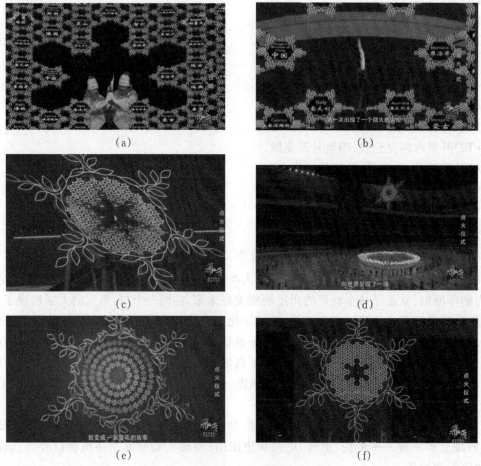

图5-9　北京2022年冬奥会点火仪式[①]

---

① 幕后——北京冬奥会开幕式揭秘《点火仪式》[EB/OL].(2022-04-08).https://tv.cctv.com/2022/04/08/VIDEmsr3vfnVQUrTI8v73GQn220408.shtml.

（三）北京 2022 年冬奥会开幕式的幕后

1. 创意设计征集

2018年10月15日至12月31日，北京2022年冬奥会组织委员会面向全球公开征集北京冬奥会开幕式创意文案。2019年8月23日，开幕式总导演张艺谋启动组织2022年北京冬奥会开幕式创意会，征求奥运会点火及奥运五环创意设计。

2. 创意设计执行

2021年1月，国家体育馆"鸟巢"舞台及地下空间改造正式开始施工。2021年3月，开幕式演出方案进入制作阶段，3月到10月主要进行灯光、音乐、舞美、服装等方面的设计制作，并进一步对创意方案进行细化落实；开幕式的18首乐曲进入录制阶段。2021年10月4日起，开幕式进入排练阶段，引导员开启全封闭式集训，训练11次，在国家体育场现场合练16次、联排5次，累计训练时长达400小时以上，涉及演员规模约3000人，志愿者共782名。

三、北京 2022 年冬奥会场馆设计及创新理念

北京2022年冬奥会场馆的规划与建设是北京2022年冬奥会可持续性工作计划中的一项重要内容。实践证明，北京2022年冬奥会场馆建设坚持了"可持续发展"观念，整体贯彻了"绿色、共享、开放、廉洁"的办奥理念，突出绿色、科技、智慧、可持续特色，注重运用先进科技手段，严格落实节能环保要求，保护生态环境和文物古迹，展示中国风格。建设了实用、绿色、可持续的冬奥场馆，树立了冬奥场馆建设的"中国标准"，努力实现"可持续、可利用、可收益"。

（一）冬奥场馆整体规划与建设

自2015年北京成功申办2022年冬奥会以来，北京冬奥会场馆及配套设施建设工作逐步展开。根据《北京市2022年冬奥会场馆及配套基础设施总体建设计划》可知，北京冬奥会场馆建设计划共列入52个项目，包括场馆项目18项，其中新建场馆8项、改造场馆8项、临建场馆2项；配套基础设施建设项目31项；其他配套项目3项。北京赛区的国家速滑馆（"冰丝带"）、首钢滑雪大跳台中心、冬运中心综合训练馆、延庆赛区的国家高山滑雪中心、国家雪车雪橇中心等新建竞赛场馆均于2020年6月前竣工；北京冬奥村、延庆奥运村、延庆山地媒体中心等新建非竞赛场馆均于2021年竣工；国家体育馆、五棵松体育中心、国家游泳中心等8个改造场馆于2020—2021年陆续竣工[①]。

北京2022年冬奥会在竞赛场馆的建设进行了一次大胆突破，即在北京冰上赛区基础上，设置张家口和延庆两个雪上赛区，形成一种前所未有的冬奥会三赛区体系。在北京、延庆、张家口3个赛区布局场馆25个，其中包括12个竞赛场馆和13个非竞赛场馆，承担北京冬奥会期间竞赛、颁奖、媒体宣传、日常生活等职能，为所有涉奥人员提供全面的服务。2022年北京冬奥会场馆建设类型及其赛事功能见表5-1。

---

① 于立霄.北京2022年冬奥会场馆及配套基础设施总体建设计划发布[N/OL].中国新闻网，2018-05-31.https://baijiahao.baidu.com/s?id=1601957228271935112&wfr=spider&for=pc.

表 5-1 2022年北京冬奥会场馆建设类型及其赛事功能

	赛区		场馆名称	赛事功能	类型
1	北京赛区	竞赛场馆	国家速滑馆("冰丝带")	承办赛事:速度滑冰	新建
2			首钢滑雪大跳台中心	承办赛事:自由式滑雪大跳台、单板滑雪大跳台	新建
3			首都体育馆	承办赛事:短道速滑、花样滑冰	改造
4			国家体育馆	承办赛事:冰球	改造
5			五棵松体育中心	承办赛事:冰球	改造
6			国家游泳中心	承办赛事:冰壶	改造
7			国家体育场("鸟巢")	冬奥会开幕式和闭幕式的举办场地	—
8		非竞赛场馆	北京冬奥村	接待北京冬奥会运动员及随队官员	新建
9			首都滑冰馆	训练场馆	改造
10			首体综合馆	训练场馆	改造
11			首体短道速滑馆	训练场馆	新建
12			国家会议中心	主新闻中心或国际广播中心	改造
13			北京赛区颁奖广场	颁奖、庆典	临时
14	延庆赛区	竞赛场馆	国家高山滑雪中心	承办赛事:高山滑雪	改造
15			国家雪车雪橇中心	承办赛事:雪车、雪橇和钢架雪车	改造
16		非竞赛场馆	延庆奥运村	接纳北京冬奥会运动员及随队官员	新建
17			延庆山地媒体中心	山地媒体中心	新建
18			延庆赛区颁奖广场	颁奖、庆典	临时
19	张家口赛区	竞赛场馆	国家冬季两项中心	承办比赛:冬季两项	新建
20			国家越野滑雪中心	承办赛事:越野滑雪、北欧两项(越野滑雪部分)	新建
21			国家跳台滑雪中心("雪如意")	承办赛事:跳台滑雪、北欧两项(跳台滑雪项目)	新建
22			云顶滑雪公园A、B	承办赛事:自由式滑雪,单板滑雪	改造
23		非竞赛场馆	张家口奥运村	接纳北京冬奥会运动员及随队官员	新建
24			张家口山地媒体中心	山地媒体中心	临时
25			张家口赛区颁奖广场	颁奖、庆典	临时

(二)冬奥会场馆的规划建设创意特点

1.建设绿色型的奥运场馆

北京2022年冬奥会的场馆从最开始的规划设计到建设施工都体现了绿色、科技、智慧、可持续的建设理念,所有新建室内场馆全部达到绿色建筑的三星标准。截至2021年6月,包括国家速滑馆在内的11个北京冬奥会场馆通过了绿色建筑认证。其中国家速滑馆、国家会议中心二期、五棵松冰上运动中心、北京冬奥村、延庆奥运村获得了绿色建筑三星级评价标识;国家高山滑雪中心、国家雪车雪橇中心、首钢滑雪大跳台中心获得了绿色雪上运动场馆三星级评价标识;国家游泳中心、国家体育馆、首都体育馆场馆群等获得了绿色建筑二星级评价标识。冬奥会场馆的建设,在清洁能源利用、智慧建造、生态环境保护三个方面,全面贯彻了"注重综合利用和低碳使用"的场馆建设要求,做到了绿色办奥。

(1)清洁能源利用。

北京市冬奥会场馆100%使用绿色电力,不仅从源头减少了场馆的碳排放,还积极开发、利用可再生能源。如延庆山地媒体中心建有光伏发电系统,实现了电力"自发自用、余电上网";延庆冬奥村采用高压电锅炉供暖,实现100%可再生能源供应热力。

以张家口赛区为例。该赛区的相关冬奥会场馆规划建设依据建筑特色应用多重绿色化技术,努力建成优质、高效、开放、绿色的新一代奥运会建筑,实现节能降耗。

又如作为张家口赛区规模最大的场馆项目,张家口奥运村地上采用钢结构预制构件拼装,造型简约、结构稳固,有效节约了建筑材料并加快了施工进度。主要功能房间采用高效新风系统,设置了空气净化装置,PM2.5净化效率不低于95%。所有组团的公寓外墙均采用两层装配式砌墙,通过选用高性能围护结构,实现传热系统优于节能标准10%以上。赛时100%采用绿色电力,可再生能源利用率达到100%。奥运村内外部整体环境舒适、宜居、健康,冬季人行区1.5米高度平均风速3.1米/秒,风速放大系数为1.65,过渡季及夏季场地内无涡旋、无无风区。此外,张家口赛区冬奥会场馆都对施工材料用量进行了优化设计,尽量减少不可循环材料如混凝土的使用,优先使用可再生、可循环利用的材料。

再如国家跳台滑雪中心顶部建筑采用钢筋混凝土框架剪力墙体系,顶层展厅及屋顶采用预应力钢桁架结构体系。场馆配套临时建筑也采用集装箱、棚房、轻钢活动板房等可循环利用的建筑形式。通过运用大数据技术、建设场馆能耗及碳排放总量监测平台,对场地运营阶段的环境、生态、能源资源消耗等进行优化,实现运行数据的公示和智能化管理,有效控制场馆碳排放。

(2)智慧建造。

冬奥会场馆在建设时,也一定程度应用了科技创新、智慧建造。

以"制冰技术"为例,北京冬奥会冰上场馆大规模采用二氧化碳环保制冷剂进行制冰,该制冷剂碳排放值趋近于零。五棵松冰上运动中心则在使用二氧化碳制冰的基础上,首次引进溶液除湿系统,与传统的除湿方式相比,该系统可以降低能耗约50%。制冰中产生的高品质余热可进行回收利用,较传统方式效能提升约30%。以国家速滑馆("冰丝带")为例,国家速滑馆采用马鞍形单层索网结构,屋顶重量仅为传统屋顶的四分之一,大幅减少场馆耗材并降低建设难度;国家速滑馆还专门建设了能源管理智能系统,将制冷产生的余热用于运动员生活热水、融冰池融冰、冰面维护浇冰等。在这种全冰面运营模式下,"冰丝带"一年可节省200万度电。在"智慧建造"方面,建造国家速滑馆可以像造汽车一样,所有"部件"都采用全数字仿真,工厂化预制,现场组装,建设速度、建设质量成倍提升。国家速滑馆"冰丝带"内景见图5-10。

图5-10　国家速滑馆"冰丝带"内景①

又如首钢滑雪大跳台,既是单板大跳台运动在全球的首座永久跳台,也是全球首个设立在城市工业遗址上的永久奥运会场馆。其剖面结构不仅满足大跳台比赛的要求,还可以通过临时附加正四面体结构在48小时内完成向空中技巧场地的转换,这样的变换技术亦是全球首例,如图5-11所示。

图5-11　单板大跳台运动员视野的角度转换②

利用现代科学技术,冬奥会场馆被打造成"智慧型"的现代化场馆。"水立方"引入智慧调控平台,将制冰系统、除湿系统、空调系统集成,通过可视化界面,对场馆所有设备系统进行智慧调控,保证在同一个比赛大厅内的冰面、冰面上空1.5米处、观众席3个区域的温度和湿度同时满足不同需求;首都体育馆引入4个全景球机,实现360度无死角覆盖,为场馆提供全方位全时监督,配备电子巡更系统,对园区内安保人员的巡更路线、时间进行实时查询监督,构建人防、技防互补的高效安全监督管理体系;场馆全部采用智能水表、电表监测系统,与楼宇监控系统智能联动,每年可节省水电费近百万元。此外,场馆内计算机系统采用双网双核设备,"双网双待"保证冬奥会期间网络不间断、安全稳定运行③。

---

①徐邦印."冰丝带"的后冬奥时代,中国冰雪运动发展的亮丽名片[N/OL].新京报,2022-06-26.https://baijiahao.baidu.com/s?id=1736676990826984741&wfr=spider&for=pc.

②2022北京冬奥的中国式设计美学[EB/OL].(2022-02-15).https://zhuanlan.zhihu.com/p/467563880.

③中建集团:高标准高质量推进冬奥场馆建设[EB/OL].(2021-05-29).https://www.thepaper.cn/newsDetail_forward_12908920.

(3)生态环境保护。

延庆赛区坚持"生态优先"建设原则,采用树木移植、表土剥离等方式,成功修复了185万平方米建设用地;赛区建设还注意将废弃的渣土、石块用于雪道填方和景观工程建造,有效减少了建设资源消耗。

为了建设高山雪道,延庆赛区移出来的1万多棵乔木,都在延庆冬奥森林公园找到了"新家"。在小海陀山脚下的张山营镇,有一片占地面积约300亩的保护林,这里的许多树上都挂着一张印有二维码的标牌,拿出手机一扫,就会显示出这棵树的电子档案。这是延庆赛区采取的迁地保护举措之一①。

2.建设可持续的奥运会场馆

建设高星级绿色场馆,是北京2022年冬奥会可持续性工作计划中的一项重要内容。冬奥会相关场馆的建设,充分践行可持续发展理念,努力实现"可持续、可利用、可收益",这既包括了实施"旧址新用"的改造方案,也包括了对于相关场馆在冬奥会落幕后何去何从的规划。北京2022年北京冬奥会场馆(部分)前身及赛后规划见表5-2。

表5-2 北京2022年冬奥会场馆(部分)前身及赛后规划

场馆名称	前身	赛后规划
冬奥村	—	赛后作为人才公租房
国家冬季两项中心	—	①滑雪初学者的培训与体验地; ②实现夏季转换,化身为轮滑赛道、山地自行车或徒步路径等; ③打造户外活动中心,增设山地自行车越野、飞包公园、长城脚下拓展训练基地等项目
国家跳台滑雪中心	—	①运动员训练场地; ②世界级体育赛事、大型文娱活动、会议论坛等活动举办地; ③旅游景点
国家体育中心	2008年北京奥运会开闭幕式及竞赛场馆	①举办大型赛事和演出活动; ②提供全民健身体验; ③提供旅游休闲服务
国家游泳中心	2008年北京奥运会竞赛场馆	①实现从"冰立方"到"水立方"的自由转换,冬季和夏季"水冰双驱"运营模式; ②奥林匹克中心区冰壶项目体验基地; ③普通大众的水上娱乐中心

① 张骁.北京市11个冬奥场馆通过绿色建筑认证[N/OL].新华社客户端,2021-06-01.https://baijiahao.baidu.com/s?id=1701354076186452206&wfr=spider&for=pc.

续表

场馆名称	前身	赛后规划
国家速滑馆	—	①举办速度滑冰、冰球、冰壶、花样滑冰等各类冰上赛事； ②广泛开展群众冰雪运动； ③集体育赛事、群众健身、文化休闲、展览展示、社会公益五位于一体的多功能冰上中心
云顶滑雪公园	商业性滑雪场	①恢复其原有的大众滑雪和旅游度假功能； ②保留冬奥会赛道，后续可供举办世界级赛事
五棵松体育中心	2008年北京奥运会篮球比赛场馆	①"6小时冰篮转换"，可供开展篮球与冰球活动； ②休闲娱乐的商业聚集地； ③大型演出、文娱活动场所

(1) 改造或新建后的奥运会场馆永久性可持续利用。

以北京市赛区极具代表性的首钢滑雪大跳台中心为例，它改变了以往奥运会落幕即拆除的滑雪大跳台的"国际惯例"，成为奥运会历史上首座被永久保留的滑雪大跳台。一方面，其选址首钢老工业园区北区，充分利用了周边的老厂房和工业构筑物，使其经过修缮改造后具备赛事配套服务功能。另一方面，在大跳台的斜台处有一个长约36米、宽约14米、最大高差约3.5米的区域，通过改变钢结构的搭建，改变起跳台的角度，就好像用大约1100个模块搭"积木"，使赛道曲面发生改变，实现单板滑雪大跳台与自由式滑雪空中技巧赛道的快速切换。根据转换需求，可反复多次搭建，既节约了成本，也践行了场馆可持续利用的理念。除此以外，首钢滑雪大跳台更将在冬奥会落幕后，化身为可供世界级赛事举办、专业运动员训练、商业活动开展、市民文化娱乐等多样化场景的活动地，使其在一年四季都将得到充分利用。

(2) "双奥"场馆多元化可持续利用。

以"双奥之城"北京赛区为例，国家速滑馆"冰丝带"和国家体育场"鸟巢"、国家游泳中心"水立方"赛后利用规划集中于体育赛事、文化创意、高端会展、奥运会旅游等，推动奥运会场馆的多元化持续利用。

国家体育场("鸟巢")作为北京夏奥会和北京冬奥会"双奥"的开闭幕式场馆，基于其一流的场馆设备设施和丰富的运营经验，将继续做好开展国际、国内大型节事活动的保障工作。同时，该场馆将围绕大型赛事和演出活动举办、全民健身体验、旅游休闲服务等开展长期运营，如开展"鸟巢"主题灯光音乐秀、"'鸟巢'欢乐冰雪季"等文化和冰雪体验项目、体育竞技培训及其他文体活动。

国家游泳中心将通过"水冰转换"技术实现从"水立方"到"冰立方"的华丽转身，开启"水冰双驱"运营模式。主场馆嬉水乐园已完成赛后复原，比赛大厅和热身池将恢复提供水上运动服务；主场馆南侧"冰立方"冰上运动中心将复刻冬奥会冰壶场地，开展群众冰上运动培训和体验活动。

(3) 推动冰雪运动发展。

国家速滑馆"冰丝带"将努力打造成集体育赛事、群众健身、文化休闲、展览展示、社会公益等多种功能于一体的冰雪运动中心，成为展示我国冰雪运动发展的亮丽名片。"冰丝带"拥有标准的400米速度滑冰赛道,场地中央还有两块标准冰场,可根据需要对每块冰面单独控温,开展短道速滑、冰球、花样滑冰、冰壶等冰上运动,同时容纳2000人左右上冰,满足不同冰上运动的需求;也可以助力专业运动员训练,举办各级别冰上赛事;还可以面向公众开放,成为全民健身、体育培训和娱乐休闲的配套设施,让更多的冰雪运动爱好者参与其中,成为促进中国冰雪运动发展的重要窗口。此外,"冰丝带"所在的北京奥林匹克公园园区还将打造"一湖一场一赛道"的冬奥会文化集群,如图5-12所示。"一湖"指的是"冰丝带"一侧的人工湖,冬季自然成冰后可以像什刹海一样变成户外冰场,满足户外滑冰需求。"一场"指"冰丝带"南侧人造草坪足球场,续写原址作为北京2008年残奥会盲人足球场地的光荣历史。"一赛道"是越野滑雪和冬季两项赛道,可以承办冬季雪上运动赛事[①]。冬奥场馆的运营团队积极推进全面开放工作,将坚持"以人民为中心"的理念,展示冬奥会场馆新形象、服务广大群众、助力冰雪运动发展,努力打造成冬奥会遗产可持续利用的典范。

图5-12 "冰丝带"周边"一湖一场一赛道"的后续利用规划实景[②]

3. 建设有文化的奥运会场馆

冬奥会场馆的建设,充满了中国式的浪漫,"飞天""如意""游龙""长城"等中国传统文化元素成为场馆外观设计的灵感之源,让场馆也成为向世界呈现中国文化、展示中华文明的一扇重要窗口。

(1)首钢滑雪大跳台的"飞天"设计。

首钢滑雪大跳台外形的设计灵感来源于古代敦煌壁画中的"飞天","飞天"的丝带在空中飞舞的形态与大跳台赛道曲线契合,寓意向空中腾跃、飞翔。滑雪大跳台这项运动在英文中称为"Big Air",表示这项运动最大限度地往空中腾跃,而中国的"飞天"也是在空中腾跃的。因此,敦煌"飞天"的飘带成为表达这项运动动感曲线最好的载体。首钢滑雪大跳台的相关图片如图5-13所示。

---

① 徐邦印."冰丝带"的后冬奥时代,中国冰雪运动发展的亮丽名片[N/OL].新京报,2022-06-26.https://baijiahao.baidu.com/s?id=1736676990826984741&wfr=spider&for=pc.

② 徐邦印."冰丝带"的后冬奥时代,中国冰雪运动发展的亮丽名片[N/OL].新京报,2022-06-26.https://baijiahao.baidu.com/s?id=1736676990826984741&wfr=spider&for=pc.

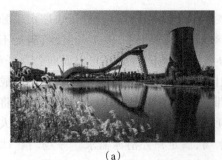

(a) （b）

图 5-13 首钢滑雪大跳台的日间与夜晚[①]

（2）国家跳台滑雪中心——"雪如意"。

国家跳台滑雪中心的设计融入了中国传统文化形象元素中的"如意"造型。跳台环形顶端、赛道剖面线形和底部看台，与中国传统吉祥物"如意"的 S 形曲线完美融合，因此被形象地称为"雪如意"。在中国的传统文化中，"如意"以其"事事称心如意"的美好寓意，得到人们的喜爱。将这一美好寓意用于奥运会场馆的规划设计正是传承了经典，寓意中国冰雪事业顺利发展、吉祥如意，相关图片如图 5-14、图 5-15 所示。

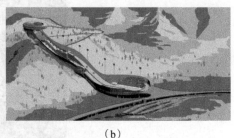

(a) （b）

图 5-14 "雪如意"的设计效果图[②]

图 5-15 "雪如意"竣工图，形似"如意"[③]

[①] 神设计！北京冬奥会大跳台令世界惊艳,世界首座永久保留使用[EB/OL].(2022-03-22).https://www.sohu.com/a/531913747_121348834.

[②] 北京冬奥场馆建设稳步推进 "雪如意"有望10月底亮相[EB/OL].(2019-04-23).https://www.sohu.com/a/309782869_120026904.

[③] 超多图！"雪如意""冰玉环"初露真容,本端带您先睹为快[EB/OL].(2020-12-10).https://baijiahao.baidu.com/s?id=16856611396350196878&wfr=spider&for=pc.

(3)国家雪车雪橇中心赛道——"雪游龙"。

国家雪车雪橇中心赛道建于延庆赛区海拔最高点为2198米的小海陀山上,全长1975米,垂直落差121米,由16个倾斜度和弯度各异的弯道组成,包括非常少见的360度回旋弯,宛如一条游龙飞腾于山脊之上,因此被形象地称为"雪游龙",见图5-16。目前是世界第17条、亚洲第3条、中国第1条雪车雪橇赛道,是北京冬奥会工程竞赛场馆中设计难度最大、施工难度最大的新建场馆。

图5-16 国家雪车雪橇中心效果图[①]

(4)坡面障碍技巧赛道——"雪长城"。

在张家口云顶滑雪公园海拔2042米的最高点,北京冬奥会坡面障碍技巧赛道起点处,一段冰雪长城绵延而下,尽显中国风,因此得名"雪长城"。"闪转腾挪,雪山云顶见",这条蕴含中国长城文化的独一无二的坡面赛道,让坡面障碍技巧成为冬奥会观赏性极强的项目之一。"雪长城"兼具美观和实用性,其在造型设计上能为飞檐走壁的运动员阻挡高海拔强风;跳台处的波浪线条能够配合运动员做动作,烽火台让选手在跳跃时有更多发挥的余地,见图5-17。在道具区和跳台区,长城城墙与屋檐颇有古意,选手在其间滑行腾空,颇有武林高手过招的风采,为运动员增添了不少比赛趣味,不少运动员选择在"雪长城"道具区完成炫目的高难度技巧展示,激励着他们发挥出更好的竞技水平。"雪长城"的设计结合了体育的功能性以及中国文化传统,在设计中融入了中国的万里长城的元素,是一个值得呈现给亿万观众的好故事。同时,这样的赛道也为爱好这类冰雪运动的健儿们提供了一个向世界讲述自己的故事的平台。

图5-17 坡面障碍技巧赛道的中国长城元素[②]

[①]国家雪车雪橇中心:从0到1的奇迹[EB/OL].(2022-02-20).https://www.ccdi.gov.cn/toutun/202202/t20220220_172865.html.

[②]耿辉."雪长城"亮相![EB/OL].河北新闻网,(2022-02-05).https://cn.chinadaily.com.cn/a/202202/05/WS61fdb060a3107be497a0527a.html.

4. 建设节约型的奥运场馆

国际奥委会的《奥林匹克2020议程》的核心概念之一是节俭办奥运会,北京2022年冬奥会的场馆投资与建设集中体现了这一理念。其中,国家体育场"鸟巢"是承担2022年冬奥会开幕式任务的标志性场馆,"水立方"承担冰壶赛事,五棵松体育中心和国家体育馆承担冰球赛事,雪上项目分别在北京的延庆和河北省张家口的崇礼举办。延庆发挥地理优势,提供高山滑雪雪场;崇礼赛场大部分比赛计划安排在云顶雪场。目前,崇礼的多数雪道已具备国际标准,并按照奥运会标准进行了一定改造。据了解,云顶雪场由温哥华冬奥会和索契冬奥会的规划设计团队进行规划设计,无论是已建好的雪场、酒店还是预留的区域,都按照世界一流水准来规划建设。因此,将现有的场馆经过改造后投入使用,使其成为冬奥会期间的赛事场馆,既节约投资又解决了赛后场馆利用难题。

北京2022年冬奥会场馆的建设注重采用PPP(Public-Private-Partnerships)模式,即政府、私人和组织融资模式进行全周期管理,社会资本方也参与到场馆后续开发和运营中。

PPP模式即政府和社会资本合作,是公共基础设施中的一种项目运作模式。PPP模式是以市场竞争的方式提供服务,主要集中在纯公共领域、准公共领域。该模式鼓励私营企业、民营资本与政府进行合作,参与公共基础设施的建设。PPP模式的优势在于使合作各方达到比单独行动的预期更为有利的结果:政府的财政支出更少,企业的投资风险更低[①]。

以国家速滑馆为例,作为北京2022年冬奥会标志性场馆,其是北京冬奥会首个采用PPP模式进行建设的场馆,不仅承担冬奥会期间速度滑冰项目的比赛和训练,赛后还将有效带动大众健身、促进中国冰雪产业发展。考虑到国家速滑馆PPP项目同时涉及建设和运营,最终中标的社会资本方既有擅长工程建设的首开集团与北京城建集团、北京住总集团,也有擅长运营的华体集团。其中,北京市国有资产经营有限责任公司持股49%,多个社会资本方合计持股51%;项目合作期为30年,建设期约3年,奥运会服务期约2年,赛后运营期约25年。选定了合作伙伴之后,一系列的合作路径也在双方的磨合之中逐渐完善起来[②]。

冬奥会赛事结束后,延庆赛区也会移交给社会资本组建的项目公司进行改造、运营。延庆赛区引入在滑雪度假产业运营方面积累了一定经验的万科集团,总体上来说,PPP模式引入了专业的社会资本,以市场化的方式开展赛后场馆运营工作,从经营角度发挥了社会资本的积极性,解决了体育场馆可持续经营问题。

5. 建造高标准的奥运会场馆

对一般建筑而言,由美国绿色建筑委员会建立并推行的LEED(Leadership in Energy and Environmental Design)标准是在绿色建筑、可持续性建筑评估领域极具影响力的评估标准之一。但雪上运动场馆的评估标准尚未制定,在国际上仍是一片空白。对此,北京冬奥会组委会决策向国际奥委会提议,由北京冬奥会组委会来主导编制绿色冰雪场馆标准,即《绿色雪上运动场馆评价标准》(DB11/T 1606—2018),用以指导冬奥会场馆的建设。该评价指标体系由生态环境、资源节约、健康与人文三类指标组成,并将管理和创新作为另一重要标

---

① 蔡今思.借鉴国际PPP运用经验支持公共基础设施建设[J].中国财政,2014(9): 17-19.
② 刘柏煊.PPP模式助力冬奥场馆后续运营[EB/OL].(2022-3-15)[2022.10.5].央广网.https://www.sohu.com/a/529828540_362042.

准,其中最为核心的标准就是资源节约①。

例如,国家高山滑雪中心、国家雪车雪橇中心、首钢滑雪大跳台中心3个新建雪上场馆绿色建材用量比例均达到100%,国家高山滑雪中心、首钢滑雪大跳台中心人工造雪采用非传统水源的比例为100%,非传统水源利用率达到100%。全部场馆在奥运会历史上首次实现了100%由绿色供电②。更值得一提的是,国家速滑馆1.2万平方米冰面制冰系统采用环保型二氧化碳跨临界直冷制冰系统,是世界上第一个采用二氧化碳制冰的冬奥会速度滑冰场,实现冰面温差控制在0.5摄氏度以内,打造出"最快的冰";设置冷凝热回收系统,对制冰过程产生的冷凝热进行回收利用,按年运营约能节约200万度电;碳排量接近于零③。

《绿色雪上运动场馆评价标准》(DB11/T 1606—2018)是国际上首个应用于雪上运动场馆的绿色评价标准,为推动雪上运动场馆高质量建设提供了技术保障。2021年11月9日,《绿色雪上运动场馆评价标准》(DB11/T 1606—2018)成为唯一荣获"标准科技创新奖"的地方标准,这也是全国范围内地方标准取得的历史最好成绩,见图5-18。

图5-18 《绿色雪上运动场馆评价标准》(DB11/T 1606—2018)荣获"标准科技创新奖"④

第四节 "双奥之城"北京2022年冬奥会案例启示

一、愿景与冬奥精神是创意策划的指导主线

(一) 北京2022年冬奥会愿景

"纯洁的冰雪,激情的约会",冰雪是纯洁的象征,冰雪运动是充满激情和活力的运动。

北京申办2022年冬奥会的愿景是通过举办冬奥会,打造纯洁的体育运动环境、自然生态环境和社会人文环境,推动冬季运动蓬勃发展;邀请全世界不同信仰、不同肤色、不同种族的人们欢聚一堂,共享奥林匹克带来的激情、欢乐与福祉。

北京2022年冬奥会举办愿景是中国秉持"绿色、共享、开放、廉洁"八字理念,同国际奥

---

①《绿色雪上运动场馆评价标准(DB11/T 1606—2018)》[EB/OL].(2018-12-17).http://ghzrzyw.beijing.gov.cn/biaozhunguanli/bz/jzsj/202002/t20200221_1665963.html.

②北京冬残奥会今晚开幕!"中国标准"保障场馆高质量建设[EB/OL].(2022-03-04).https://new.qq.com/rain/a/20220304A04PYZ00.

③冬奥会场馆:绿色、科技、智慧、可持续[J].施工企业管理,2022,(2):104-107.

④北京规划自然资源微信公众号。

委会密切合作，向世界呈现一场精彩、非凡、卓越的奥运盛会，推动奥林匹克运动和冰雪运动发展，充分发挥体育对维护世界和平、促进各国发展、增进人民友谊的积极作用。

坚持"绿色"办奥，即秉持生态优先、资源节约、环境友好的理念，制定实施低碳管理工作方案，冬奥会场馆全部使用绿色电力，力争实现碳排放全部中和。坚持"共享"办奥，即本着共同参与、共同尽力、共同享有的原则，积极调动社会力量参与筹办工作，加快冰雪运动的发展和普及。将坚持以人民为中心，让广大人民群众受益，让妇女、儿童、残疾人有更多机会参与到体育运动中来。坚持"开放"办奥，即通过北京冬奥会加强中外体育合作和人文交流，打造弘扬奥林匹克精神、推动文明交流互鉴的新窗口。坚持"廉洁"办奥，即加强反腐倡廉、强化过程监督，对兴奋剂问题零容忍，把北京2022年冬奥会办成一届像冰雪一样干净、纯洁的冬奥会。从而让奥林匹克点亮青年梦想，让冬季运动融入亿万民众，让奥运盛会惠及发展进步，让世界更加相知相融。

（二）北京2022年冬奥会冬奥精神

北京2022年冬奥会的每一位参与者，在冬奥会申办、承办及举办的过程中共同创造了北京冬奥精神，即胸怀大局、自信开放、迎难而上、追求卓越、共创未来。胸怀大局，就是心系祖国、志存高远，把筹办举办北京冬奥会、冬残奥会作为"国之大者"，以为国争光为己任，以为国建功为光荣，勇于承担使命责任，为了祖国和人民团结一心、奋力拼搏。自信开放，就是雍容大度、开放包容，坚持中国特色社会主义道路自信、理论自信、制度自信、文化自信，以创造性转化、创新性发展传递深厚文化底蕴，以大道至简彰显悠久文明理念，以热情好客展现中国人民的真诚友善，以文明交流促进世界各国人民相互理解和友谊。迎难而上，就是苦干实干、坚韧不拔，保持知重负重、直面挑战的昂扬斗志，百折不挠克服困难、战胜风险，为了胜利勇往直前。追求卓越，就是执着专注、一丝不苟，坚持最高标准、最严要求，精心规划设计，精心雕琢打磨、精心磨合演练，不断突破和创造奇迹。共创未来，就是协同联动、紧密携手，坚持"一起向未来"和"更团结"相互呼应，面朝中国发展未来，面向人类发展未来，向世界发出携手构建人类命运共同体的热情呼唤[①]。圆梦冬奥会，一起向未来。让我们大力弘扬北京冬奥精神，以更加坚定的自信、更加坚决的勇气，向着实现第二个百年奋斗目标奋勇前进，向着实现中华民族伟大复兴的中国梦奋勇前进。

二、创意策划围绕"首个'双奥之城'"的形象

若从1892年11月25日皮埃尔·德·顾拜旦在法国巴黎索邦大学发表《奥林匹克宣言》算起，截至2022年，现代国际奥林匹克运动的历史已经有130年了。在曲折艰辛而波澜壮阔的历程中，在国际奥林匹克运动在国际奥委会、国际单项体育联合会以及国家和地区奥委会这三大支柱的同舟共济中，成功举办了29届夏奥会、24届冬奥会、3届夏青奥会、3届冬青奥会。在总共59届国际奥委会主持的奥林匹克赛事中，分别产生了24个夏奥会和21个冬奥会主办城市，伦敦举办了3届奥运会，雅典、洛杉矶、巴黎、东京举办了2届奥运会，巴黎和洛杉矶还将分别于2024年、2028年第3次承办奥运会，而圣莫里茨、普莱西德湖、因斯布鲁克3座城市则各自举办了2届冬奥会，因斯布鲁克还承办过2012年第1届冬青奥会[②]。而北京分别于

[①] 习近平：在北京冬奥会、冬残奥会总结表彰大会上的讲话．[EB/OL]．(2022-04-11)．http://www.cppcc.gov.cn/zxww/2022/04/11/ARTI1649638996796118.shtml．

[②] 易剑东．"双奥之城"的历史意蕴、时代使命及未来愿景[J]．西安体育学院学报，2022, 39(3): 263-273．

2008年成功举办夏奥会以及2022年成功举办冬奥会,成为现代奥林匹克运动会历史上第一个"双奥之城"。

从2008年到2022年,从夏奥会到冬奥会,从"同一个世界,同一个梦想"到"一起向未来",正如运动员在赛场上一次次迎难而上、超越自我那般,北京作为全球首个"双奥之城",以积极的姿态,向世界展示着体育事业的发展、中国传统文化的魅力。同时,世界也透过北京这个窗口,看到了一个真实而又多彩的中国。体育强则中国强,国运兴则体育兴。俯瞰今日北京,千年古都与"双奥之城"的风韵交相辉映,让人们见证了中国进入新发展阶段所取得的成就。国际社会从"双奥之城"的发展历程中,看到了一个开放、自信、从容的中国,一个"言必信,行必果"的中国,一个"脚踏人间正道"的中国。北京2022年冬奥会的成功举办,把春的温暖传递给全世界,必将提振全世界应对挑战、迎接美好未来的信心。

作为全球首个"双奥之城",北京抓住了利用大型赛事对本土文化进行宣传的契机,从文化创意角度加强对赛事文化内涵的解读,将其打造成本土文化与艺术相结合的绝佳展示平台,深度挖掘文化创意的内容与表达形式,以文化创意为手段构建鲜明的中国形象,展示中国国家改革最新成果,深度挖掘中华冬季运动文化底蕴,加强中国与世界他国的文化交流,构筑中国特色赛事文化,提升中国文化软实力。同时强化中国在申办北京2022年冬奥会中的"以运动员为中心、可持续发展、节俭办赛"三大理念,在尊重奥林匹克运动精神实质的前提下,尊重节俭办赛的传统,避免对文化创意的过度开发,动员社会团体的集体智慧,规避以往奥运会文化创意中的失误与教训,吸收他国文化之所长,挖掘本国文化之精髓,将北京2022年冬奥会办成丰富、精彩的体育盛会。

北京作为历史上首个"双奥之城",以更加开放、自信的身姿,创造性地完成了其历史使命,为奥林匹克写就了新的传奇,成为彰显奥运会举办带动城市、区域、国家发展的积极效应的典范;为国际奥林匹克运动的健康发展贡献信心和经验;为中国更多城市提供国际大型赛事举办的样板;为奥运遗产的规划与传承树立卓越的标杆;是中国创立奥林匹克运动会与主办城市共赢发展的典范。

拓展学习

请阅读资料《吉祥物冰墩墩受世界追捧,"一墩难求"》,并思考以下问题。
1.依据资料,研究分析奥运会等大型体育赛事中,吉祥物的创意设计流程及意义。
2.基于北京2022年冬奥会吉祥物"冰墩墩"的设计及其周边产品的设计、开发与经营,讲一讲与北京2022年冬奥会设计与策划相关的故事。
3.依据阅读资料,并查阅相关资料,试分析导致冰墩墩"一墩难求"的因素有哪些?
4.请结合吉祥物"冰墩墩",思考北京2022年冬奥会的社会、经济及文化价值和意义。

吉祥物冰墩墩受世界追捧,"一墩难求"

第六章

会展节事与旅游融合发展
——助力区域经济发展

学习目标

通过中国·哈尔滨国际冰雪节这一典型案例,学习中国大型会展节事举办具有的产业融合发展属性,进一步理解和掌握会展节事与旅游融合发展对区域经济、目的地城市经济发展带来的积极作用。

素质目标

有着"世界四大冰雪节之一"美誉的中国·哈尔滨国际冰雪节是充分利用冰雪资源,让冰雪文化流芳溢彩的创意会展节事,其弘扬了中国"天人合一""贵和执中"的传统文化精神,有效推动"冰天雪地"成为"金山银山",扩大了哈尔滨的国际影响力和市场竞争力,促进了东北三省冰雪旅游品牌升级,推动了区域文旅产业的高质量发展。

第一节 会展节事与目的地旅游的相辅相成

产业融合最早出现于20世纪60年代,最初是由罗森伯格(Rosenberg)[1]在技术领域构想出来的,他将其定义为不同产业在生产过程中逐渐依赖同一生产技术,使以前相互独立的产业更加紧密地联系在一起。从经济领域看,格林斯坦(Greenstein)等认为产业融合是一种经济现象,其产生是为了适应产业增长,可分为替代性融合与互补性融合[2]。从产业融合的作

---

[1] Rosenberg N. Technological Change in the Machine Tool Industry: 1840-1910[J]. The Journal of Economic History, 1963, 23(2): 414-446.

[2] Yoffie D. Competing in the Age of Digital Convergence[C]. Boston: Perseus Distribution Services, 1997, 201-226.

用来看,王朝辉认为产业融合是一种促进新业态、优化产业结构、提升技术创新和制度创新效率的动态经济现象,为产业发展带来了新的经济增长点,推动了行业的融合发展①。

会展节事与旅游的融合发展首先推动着文化旅游产业的健康发展,实现了二者的互利共赢。一方面,会展节事的举办可以推动城市旅游业的发展。会展节事的举办有助于形成目的地旅游吸引物,吸引并提升游客以及媒体的关注度,通过媒体对会展节事的报道与传播,对会展节事举办地的旅游文化、旅游资源等产生"蝴蝶效应",从而对旅游目的地的城市形象的塑造产生积极的影响。另一方面,城市旅游产业的发展可以促进城市基础设施不断完善,旅游服务水平不断提升,城市综合服务功能不断升级,从而为城市举办大型会展节事提供便利,成为会展节事举办的有力保障。

会展节事和旅游的融合发展还能推动城市经济增长和产业升级。会展节事与旅游具有共同的产业属性,均属于我国国民经济第三产业的范畴,对于消费需求而言,目标群体参与会展节事与旅游的目的都包含对城市文化、娱乐、经济、社会等综合要素的体验感知。会展节事的集聚效应可以为城市带来旅游消费,促进旅游目的地经济的增长;会展节事的举办能够提升城市整体形象,促进城市形象传播;会展节事与旅游服务业的整体发展水平能推动城市经济增长和产业结构优化升级。

对于目的地而言,以城市传统的、原汁的、生态的、优势的旅游资源为载体开展特色会展节事不仅有利于保护城市旅游资源,更有利于促进城市旅游产业健康可持续发展。会展节事与目的地旅游的融合发展是牢固树立"绿水青山就是金山银山""冰天雪地也是金山银山"等理念的有力实践。

第二节　中国·哈尔滨国际冰雪节案例概况

中国·哈尔滨国际冰雪节(简称"冰雪节")是中国第一个以冰雪资源为载体、以冰雪活动为内容的国际性冰雪节事活动。其正式创立于1985年,是在哈尔滨传统冰灯游园会的基础上创办的,初始名称为"哈尔滨冰雪节",2001年与黑龙江国际滑雪节合并后,正式更名为"中国·哈尔滨国际冰雪节"。截至2021年,中国·哈尔滨国际冰雪节已举办了37届,每届规定持续时间为1个月,实际从前1年年底节庆活动便已开始,一直持续到第2年2月底冰雪活动结束为止,只设开幕式不设闭幕式,因此中国·哈尔滨国际冰雪节成为世界上举办时间最长的冰雪节。

1963年2月7日晚,在哈尔滨兆麟公园举办的第一届以冰灯艺术为主题的游园会成功拉开帷幕,一时间冰城万人空巷,冰灯、冰雕开始走进大众视野。1964年的第一届冰灯游园会正式出现冰雕作品,又营造出如梦幻般的冰雪世界。20世纪80年代,哈尔滨冰灯、冰雕已经名满天下,慕名欣赏者络绎不绝,中共哈尔滨市委宣传部建议在冰灯游园会基础上举办一年一度的冰雪节,并将每年的1月5日确定为"哈尔滨冰雪节"。1985年首届哈尔滨冰雪节在冰灯游园会所在地兆麟公园的南门外举行了隆重的开幕式,在国内外引起强烈反响,并在1个月的时间里,接待国内外游客200多万人次。首届冰雪节科技成果、产品交易会也吸引了全

---

① 王朝辉.产业融合拓展旅游发展空间的路径与策略[J].旅游学刊,2011,26(6):6-7.

国20多个省份近万人参观,成交项目160多项,交易额近200万元。国内外50多家新闻单位刊发反映冰雪节的新闻逾500条,大大提高了哈尔滨这座城市的知名度。

在中国·哈尔滨国际冰雪节期间,哈尔滨冰雪大世界和斯大林公园会展出大型冰雕群,太阳岛会举办雪雕游园会,兆麟公园会举办规模盛大的冰灯游园会。同时,还会举办冬泳比赛、冰球赛、雪地足球赛、高山滑雪邀请赛、冰雕比赛、冰上速滑赛、冰雪节诗会、冰雪摄影展、图书展、冰雪电影艺术节、冰上婚礼等各种冰雪活动。此外,伴随中国·哈尔滨国际冰雪节而生的中国·哈尔滨国际冰雪节经济贸易洽谈会在发展冰雪文化、促进冰雪旅游的同时,进行了经贸交流、技术合作,促进了区域经济蓬勃发展。

中国·哈尔滨国际冰雪节是我国地方性冰雪节事的典型代表。随着冰雪节事活动的认同度不断提高,中国各地纷纷涌现出一批具有代表性的冰雪节,如中国长春净月潭瓦萨国际滑雪节、中国·吉林国际雾凇冰雪节、中国沈阳国际冰雪节、鸟巢欢乐冰雪季以及北京欢乐水魔方暴雪狂欢节等。以创办时间和举办届数为依据,中国·哈尔滨国际冰雪节位居榜首,是中国首个具有代表性的国内冰雪节。中国主要冰雪节事创立时间及举办届数如表6-1所示。

表6-1 中国主要冰雪节事创立时间及举办届数(截至2021年)

排序	节事名称	创立年份	举办届数	举办频率
1	中国·哈尔滨国际冰雪节	1985年	37届	1年1届
2	中国·吉林国际雾凇冰雪节	1991年	27届	1年1届
3	中国长春净月潭瓦萨国际滑雪节	1998年	25届	1年1届
4	中国查干湖冰雪渔猎文化旅游节	2001年	20届	1年1届

中国·哈尔滨国际冰雪节是世界四大冰雪节事之一,其与日本的札幌冰雪节、加拿大的魁北克冬季狂欢节以及渥太华的冰雪狂欢节齐名,是世界上少数几个内容极为丰富、气氛极为热烈的冬令盛典。

第三节 中国·哈尔滨国际冰雪节案例分析

一、中国·哈尔滨国际冰雪节发展定位践行"冰天雪地也是金山银山"

经过近40年的发展,中国·哈尔滨国际冰雪节是中国黑龙江地区以冰雪文化为内涵的集冰雪艺术、冰雪赛事、冰雪旅游、冰雪体育、冰雪时尚、冰雪经贸于一体的著名节事的典型代表。其冰雪文化独具特色,冰雪活动丰富多彩,促进了哈尔滨冰雪旅游与其他产业融合的发展,是哈尔滨中外游客旅游观光的热点,也是国内外客商开展经贸合作、进行友好交往的桥梁和纽带。

(一)独具魅力的冰雪文化

《世界五千年冰雪文化大观》(王景富,2007)一书中对冰雪文化做出了定义,指出广义上的冰雪文化是指人类在冰天雪地的自然环境里从事社会实践的过程中所获得的物质、精神的生产能力和以冰雪为内容创造的物质财富与精神财富的总和,其中包括冰雪饮食、冰雪服饰、寒地建筑、冰雪交通、冬季渔猎、冰雪艺术、冰雪文学、冰雪体育、冰雪民俗、冰雪经贸、冰雪旅游等[①]。《冰雪文化》(王德伟,1996)一书中也对冰雪文化进行了诠释,指出"冰雪文化是冰雪自然环境中从事日常生活的人们,以冰雪生态环境为基础所采用的或所创造的具有冰雪符号的生活方式"。因此,冰雪文化具有自己独特的文化属性[②],是地域性较强的文化形式,形成的条件是寒冷的气候和丰富的冰雪资源。中国的冰雪文化的发源地是黑龙江乃至东北地区,当地人民在严寒的环境中生活发展,总结得出了一套立足于当地的生活方式和生产方式,形成了独具特色的民风民俗和历史文化。中国·哈尔滨国际冰雪节是以冰灯、冰雕、雪雕等冰雪景观为载体,以赛事、旅游、体育、经贸等活动为主题的具有高度参与性、体验性与娱乐性的独特冰雪文化,是哈尔滨独特气候条件、优越的冰雪自然环境以及热爱冰雪的人文环境共同作用的产物。

(二)丰富的"冰雪+"节事活动

中国·哈尔滨国际冰雪节的活动丰富多彩、优势突出,主要体现在以下几个方面:

第一,注重具有国际影响力的冰雪雕赛事的组织,全面提升赛事规模和层次,进一步树立哈尔滨在国际冰雪雕赛事中的"标杆"地位

第二,注重发挥"冰雪体育之城"的优势,举办国际冬泳公开赛、滑雪马拉松赛、冬季铁人三项赛等百余项体育赛事活动,展示全民运动的风采。

第三,通过组织丰富多彩的各类群众性文化活动,深入发掘城市时尚传统和文化特色,举办各类冰雪时尚活动,不断扩大哈尔滨"时尚之都"的知名度和影响力。

第四,推动旅游产业发展,打造江上公益冰场,举办"市民冰雪欢乐季",建设世界雪人大观,打造兆麟公园冰雪公益基地,推出景区冰雪惠民打折活动,让人民共享冰雪旅游发展成果。

第五,充分借助冰雪节平台,加强国内外贸易洽谈和招商引资项目考察推介,扩大对俄合作领域,举办好各类经贸、洽谈、展会、年会活动,扩大城市开放度。

中国·哈尔滨国际冰雪节通过组织经贸、文化、时尚、体育、教育、农业等各领域各行业的相关活动,促进冰雪旅游与各产业融合发展。

二、中国·哈尔滨国际冰雪节对旅游资源的整合

(一)中国·哈尔滨国际冰雪节的创意活动(部分)

1.首届(1985年)

首届哈尔滨冰雪节最大的亮点是对哈尔滨传统冰雪节事的高质量集锦。原有的冰雪节事活动项目如兆麟公园的冰灯游园会,群众冰雕比赛,国际冰雕表演,江上冰雪体育乐园的乘冰帆、打冰橇、坐爬犁和冬泳表演等在首届哈尔滨冰雪节的宣传和推广下都提高了水平。此外首届哈尔滨冰雪节增加了一些新的节事活动项目,如首届冰上集体婚礼,哈尔滨、牡丹

[①] 王景富.世界五千年冰雪文化大观[M].哈尔滨:黑龙江人民出版社,2007.
[②] 王义学,刘玉杰.论冰雪文化在汉语国际教育中的应用与传播[J].文化创新比较研究,2020(2):167-170.

江、佳木斯和开封四城市首届北国冬泳比赛,首届冰雪运动会,首届冰雪节科技成果、产品交易会等。

2. 第24届(2008年)

第24届中国·哈尔滨国际冰雪节借北京奥运会举办契机,突出奥运会创意色彩,以"冰雪奥运"为主题于2008年1月5日开幕,围绕冰雪艺术、冰雪体育、冰雪文化、冰雪经贸、冰雪旅游等举办了100多项活动。作为冰雪旅游名城,哈尔滨用神奇秀美的冰雪世界参与奥运、奉献奥运、祝福奥运,哈尔滨冰雪大世界、太阳岛国际雪雕艺术博览会、哈尔滨冰灯游园会等向世人展现了哈尔滨精妙绝伦的冰雪艺术。第9届哈尔滨冰雪大世界主景区以奥运会历史、文化,以及北京的代表性建筑"前门"(正阳门)、天安门、中华世纪坛、奥运会标志物为主,以冰景、雪塑等来表现奥运会主题。

3. 第26届(2010年)

第26届中国·哈尔滨国际冰雪节于2010年1月5日开幕,本届冰雪节以"冰雪庆盛世,和谐共分享"为主题,依托哈尔滨的城市特点和城市形象,推出冰雪艺术、冰雪文化、冰雪旅游、冰雪体育和冰雪经贸五大板块、上百项活动,突出了冰雪节的国际性、艺术性和参与性。

4. 第27届(2011年)

第27届中国·哈尔滨国际冰雪节是集国际交融性、文化艺术性和娱乐参与性于一体的国际盛会,倡导"满城冰雪景观、全民广泛参与"。本届冰雪节突出了三大特征:

一是彰显城市文化与冰雪文化的结合,把哈尔滨整座城市打造成一个大的冰雪景区,即在城市23个重要节点,如机场、火车站、各出城口建设大型冰雪景观;在市区8条重要街路及主要广场建设冰雪主题景观、小品;在主要街道、广场、沿江和楼体布置灯饰亮化景观。

二是突出艺术性,展示世界冰雪艺术中心城市魅力。主要景区注重明确主题,突出冰雪艺术性,增强景区的观赏性、艺术性和震撼力。

三是突出娱乐性,营造全民参与的欢乐氛围。推出松花江冰雪欢乐谷、冰雪主题演出、冰雪进社区、冰雪嘉年华、热气球飞越冰雪节、越野滑雪运动体验等群众参与性活动,使广大市民和游客体验冰雪带来的快乐。

5. 第29届(2013年)

第29届中国·哈尔滨国际冰雪节的主题是"满城冰雪,欢乐天地",旨在突出大美冰雪无处不在、欢乐城市魅力无限的理念,开展了冰雪文化、冰雪艺术、冰雪旅游、冰雪体育、冰雪经贸五大类共百余项活动,打造出了一届地方特色突出、文化品位突出、冰雪魅力突出,同时极具参与体验性、艺术观赏性、国际交融性的冰雪嘉年华、冬季狂欢节。

6. 第32届(2016年)

第32届中国·哈尔滨国际冰雪节于2016年1月5日开幕。本届冰雪节以"冰雪之冠上的明珠"为主题,将传统的五大板块活动进一步整合,开展了冰雪旅游、冰雪文化、冰雪时尚、冰雪经贸、冰雪体育五大类共百余项活动。第32届中国·哈尔滨国际冰雪节是集参与体验性、艺术观赏性、科技创新性、国际交融性于一体的世界著名品牌盛会,呈现出五大特点:

一是冰雪节影响力持续增强。将传统的冰雪艺术、冰雪文化、冰雪旅游、冰雪经贸、冰雪体育五大板块活动进一步整合,旅游资源整合效应不断彰显,冰雪节国际四大冬令盛典的地位得到社会各界认可。

二是冰雪旅游产业创新性不断提升。哈尔滨市的冰雪旅游体验在原有基础上全面升级,实现了艺术形式再创新,如哈尔滨冰雪大世界举办了首届采冰节,太阳岛国际雪雕艺术博览会首次采用冰晶亮化景观技术建造了世界上最高的雪建筑,首次昼夜开放并举行焰火表演等。

三是"旅游+"发展的趋势逐步形成。哈尔滨市逐步形成了以冰雪景观为主,以滑雪旅游、寒地温泉为辅,并以其他冰雪项目为补充的比较完整的冰雪旅游系列产品。

四是服务全省旅游的龙头作用日益凸显。哈尔滨市旅游局创新营销方式,深入实施"互联网+"行动计划,借力黑龙江省"冰雪之冠"冬季系列推介活动,全力打造"哈尔滨+",依托哈尔滨冰雪大世界等特色冰雪产品,把哈尔滨新音乐厅、哈尔滨大剧院、英杰温泉小镇、永泰世界主题乐园等新增项目和产品作为重点特色产品。

五是惠民措施力度继续加大。哈尔滨冰雪大世界、太阳岛国际雪雕艺术博览会、冰灯游园会和伏尔加庄园等景点针对市民和游客都推出了相应的优惠政策。

7. 第33届(2017年)

第33届中国·哈尔滨国际冰雪节于2017年1月4日华丽开幕,以"冰雪之冠上的明珠——哈尔滨"为主题,启动冰雪旅游、冰雪艺术、冰雪时尚、冰雪经贸、冰雪体育五大类活动。本届冰雪节以贯彻落实习近平总书记"冰天雪地也是金山银山"为主线,加快推动黑龙江冰雪经济和冰雪旅游发展。在历经33年打磨之后,三大核心冰雪景区活动模式凸显了冰雪节的传统与创新:第18届哈尔滨冰雪大世界以"冰雪欢乐颂"为主题,占地面积80万平方米;第29届太阳岛国际雪雕艺术博览会以"冬日·恋歌"为主题,规划了五大景区;第42届哈尔滨冰灯艺术游园会以"传承冰灯艺术·弘扬冰雪文化"为主题,景观设计融入雪雕和彩灯元素。第33届中国·哈尔滨国际冰雪节期间除举办了第2届中国(国际)冰雪旅游峰会之外,还召开了由哈尔滨市政府发起的世界城市冰雪旅游合作组织筹建大会,得到了加拿大埃德蒙顿市、南非艾古莱尼市、德国马格德堡市、丹麦奥胡斯市等34个城市和民间组织的响应。中国·哈尔滨国际冰雪节的国际影响力不断提升,成为世界四大冬季冰雪盛典之一。

8. 第34届(2018年)

第34届中国·哈尔滨国际冰雪节暨2018"东亚文化之都"中国哈尔滨活动年于2017年1月5日开幕,本届冰雪节仍以"冰雪之冠上的明珠——哈尔滨"为主题,打造了100多项冰雪主题活动,继续助推哈尔滨成为国际化冰雪旅游目的地,更好地将冰天雪地变成金山银山。本届冰雪节突出亮点体现在:作为冰雪节的代表活动之一,世界上最大的冰雪主题乐园——第19届哈尔滨冰雪大世界用冰雪作载体还原了丝路文明,"东亚之光"景点展现了2018年有着"东亚文化之都"的美誉的三大城市的标志性景观——中国哈尔滨的防洪纪念塔、韩国釜山的龙宫寺和日本的金泽城,展现了中国"一带一路"倡议与东亚区域合作的全面对接。世界上最大的雪雕艺术群——太阳岛国际雪雕艺术博览会以"雪博盛典30年"为主题,展现了哈尔滨雪雕艺术的厚重积淀。中国冰雪艺术发源地——哈尔滨冰灯艺术游园会则突出冰雪公益服务作用,组织了"赏冰乐雪"系列主题公益惠民活动。2017年8月,哈尔滨荣膺2018"东亚文化之都",设立了"冰雪之约、夏都之旅、音乐之城"三大板块,并依托冰雪节舞台以"冰雪之约"先行,在2018年1月至3月之间展现了哈尔滨得天独厚的冰雪旅游资源,精心打造的冬季旅游品牌,以极具优势的第一印象树立了较为领先的国际形象。

9. 第37届（2021年）

以2022年北京冬奥会的召开为契机，即使受到疫情的影响，"冰城"哈尔滨凭借得天独厚的冰雪文化旅游资源和便利的交通优势，把"冷资源"打造为"热产业"。2021年1月5日正值北京冬奥会、冬残奥会倒计时一周年之际，第37届中国·哈尔滨国际冰雪节开幕。"一次冰雪之行，体验多种风情"，它的开幕把"2020—2021哈尔滨冰雪季"推向高潮。"2020—2021哈尔滨冰雪季"推出了5个月的超长冰雪季，共设立冰雪旅游、冰雪文化、冰雪艺术、冰雪时尚、冰雪体育、冰雪经贸六大板块，400余项活动，百项重点活动。相关资料显示，第37届中国·哈尔滨国际冰雪节汇集了一系列活动，包括14个节日、13个竞赛项目和4场特色表演，预期线上线下参与人数达到3亿人次，线下有百万人次参加。作为中国·哈尔滨国际冰雪节的重头戏，世界快乐城冰雕大赛有来自全国数百所高校的团队，他们在4天内完成1000余组精美的冰雕作品，并进行专业选拔，供线上线下的观众进行参观①。

（二）中国·哈尔滨国际冰雪节的冰雪美景

素有"冰城"之称的哈尔滨属于中温带大陆性季风气候，四季分明，极端最低气温曾达到-41℃，无霜期大约为150天，结冰期大约为190天。得益于其得天独厚的地理位置和气候条件，黑龙江被称为"冰雪之冠"，而哈尔滨则被誉为"冰雪之冠上的明珠"，冰天雪地是其冬季的特征，冰雪是哈尔滨最重要的文化符号，也是最具差异性和独特性的城市文化特征。在中国·哈尔滨国际冰雪节期间，冰雪美景的正确打开方式，就是由哈尔滨冰雪大世界、太阳岛国际雪雕艺术博览会、兆麟公园冰灯游园会等展示的那些美轮美奂、技艺精湛的冰灯、冰雕、雪雕等冰雪景观的创意设计以及极富体验性、参与性和娱乐性的冰雪主题活动。

1. 冰灯、冰雕景观

作为黑龙江省的传统手工技艺，哈尔滨冰灯、冰雕的历史源远流长，至今已有300多年的历史。广义的冰灯是以冰雪为材料制作的艺术造型，是冰雪艺术造型和灯光效果的总称，具体可分为冷冻冰灯，是较原始的冰灯；雕刻灯，用天然冰雕刻而成，即冰雕，又称冰灯，是"以冰为载体、以灯为灵魂"的一种造型艺术，它与雪雕、冰雪书画等一起构成现代冰雪艺术。广义的冰雕包括冰雕塑、冰建筑和冰景观等；狭义的冰雕专指冰雕塑，是人们运用雕刻、拼接等方法，利用冰和水等材料制作三维空间形象的雕塑形式②。冰灯、冰雕是哈尔滨独具特色的民间艺术形式和地域文化载体，是代表哈尔滨城市形象的一张亮丽名片。冰灯、冰雕制作技艺也是中国的非物质文化遗产，是人类宝贵的精神文化财富③。

哈尔滨冰灯、冰雕都是以天然冰为材料加工而成的，选冰有很高的标准，要在-20℃以下的寒冬季节，从松花江里挑选杂质少、无气泡、通透度高的天然冰坯，这样的冰才能使冰灯、冰雕玲珑剔透，通过选题、构思，根据设计图纸的要求用电锯、刨子、扁铲等工具对冰坯进行精雕细琢，以水为黏合剂，用天然冰雕刻出立体感强、形象鲜明、巧夺天工的工艺品④。以第23届冰雪大世界冰灯冰雕"冬奥之光，闪耀世界"主题景观（见图6-1至图6-3）以及第48届

---

① "冰雪之冠上的明珠哈尔滨"冰雪旅游宣传周正式上线[EB/OL].(2020-12-08).https://baijiahao.baidu.com/s?id=1685493951619302989&wfr=spider&for=pc.
② 王松引,邵龙,冯珊.哈尔滨现代冰雕艺术的发展与创新[J].工业设计,2021(3):120-122.
③ 孙昊.冰灯冰雕艺术数字化保护与传播研究[D].哈尔滨:黑龙江大学,2021.
④ 刘亚薇,崔姗.非遗文化"哈尔滨冰灯冰雕"的传播与保护[J].边疆经济与文化,2021(3):17-19.

冰灯艺术游园会景观(见图6-4、图6-5)为例,这些独具匠心的冰灯、冰雕作品使哈尔滨的冬季显得分外温馨、唯美,各种宫殿城堡、亭台楼榭、人物、动物等冰雪景观在灯光的映射下美轮美奂,仿佛置身于冰雪王国。

图6-1　第23届哈尔滨冰雪大世界冰灯、冰雕"冬奥之光,闪耀世界"主题景观①

图6-2　第23届哈尔滨冰雪大世界主塔——圣火之巅②

图6-3　第23届哈尔滨冰雪大世界的超级冰滑梯③

---

① 哈尔滨冰雪大世界官网,http://www.hrbicesnow.com/welcome。
② 哈尔滨冰雪大世界微信公众号。
③ 哈尔滨冰雪大世界微信公众号。

图6-4 以"冬奥之光、多彩冰灯"为主题的第48届冰灯艺术游园会景观①

图6-5 第48届冰灯艺术游园会景观造型②

---

①第四十八届哈尔滨冰灯艺术游园会免费迎客[EB/OL].(2022-01-06).http://news.sxrb.com/GB/314089/9803715.html.
②哈尔滨新闻网,https://www.my399.com/。

冰灯、冰雕已经成为哈尔滨不可或缺的艺术文化象征,经过几代人的不断探索和创新,哈尔滨冰灯、冰雕制作技艺已逐渐成熟,造型表现形式丰富多样,其在国内外的知名度也越来越高,如今哈尔滨冰灯、冰雕艺术展已发展为具有国际规模的艺术盛会,吸引着世界各地的游客前来参观。作为举办国际冰雪节的重要城市之一,哈尔滨这座北方冰城因为冰灯、冰雕艺术以及艺术背后的文化内涵绽放着新的光彩。

2. 雪雕景观

雪雕,即冰雪雕塑,顾名思义是一种以雪为基础性材料,运用雕刻手法塑造立体的造型艺术。雪雕,最早被称为雪塑,是源于民俗的雕塑艺术,是中国北方特有的享誉盛名的民间艺术表现形式。在寒冷冬季里堆雪人、打雪仗等以雪作乐的娱乐活动形式是我国东北地区冬季常见的民俗,雪雕艺术就是由传统堆雪人的习俗演变而来的。1963年年初,在首届哈尔滨市冰灯游园会期间,由哈尔滨艺术学院美术系雕塑专业的4名学生吴乃光、曲维葆、穆方起、谢治民用天然雪塑造的大象,是哈尔滨第一个供多数人观赏的雪雕造型[①]。黑龙江是我国雪雕文化的发源地之一,冰雪雕技艺是黑龙江省级非物质文化遗产。

冰雪雕塑是指艺术家通过丰富的想象力和精巧的技艺,利用大自然提供的天然材料资源,创作出的精巧绝伦的艺术作品。每一件作品不仅是呈现静态美感的艺术创作,而且体现了创作者在创作过程中的思想、审美,这些赋予了作品鲜活的生命力和"活的灵魂"。因此,优秀的冰雪雕塑作品是富有生命力的、积极向上的,具有良好的审美寓意的[②]。

作为中国·哈尔滨国际冰雪节的重头戏之一,太阳岛国际雪雕艺术博览会(简称太阳岛雪博会)每年展出的周期长达60~70天,被称为"世界上最大的冰雪狂欢嘉年华",其盛大的雪雕艺术盛宴主要是通过造雪、堆雪和雕雪3个步骤完成的。以2022年第34届哈尔滨太阳岛雪博会的景观为例(见图6-6至图6-8),其主题是"冬奥之光,梦幻雪博"。园区分为七大区,即福禄迎宾区、奥运竞技区、雪雕博览区、国际雪马区、雪域游乐区、雪堡商业区、江上活动区,用雪的语言营造吉祥中国、瑞雪迎新的氛围;通过不同奥运会题材的雪塑,使人产生对奥林匹克精神的向往。太阳岛雪博会与哈尔滨冰雪大世界在秉持往年冰雪景观艺术性、观赏性的同时,创新娱乐项目,增加冰雪互动体验,打造特色冰雪赛事,通过设计统筹、创意互联、营销协同、票务一体、路网互通等联动方式强强联合,真正实现"两园一景",以颜值超高、体验感绝佳的效果向人们进一步彰显了"冰城"哈尔滨的冰雪文化,并以雪为载体,向北京2022年冬奥会献礼。

图6-6 世界上最大卡通单体雪雕——"冬奥·太阳岛之旅"[③]

---

①施君鹏,赵野.浅谈我国东北地区雪雕艺术在城市建设中的发展与影响[J].中国民族博览,2020(14):170-171.
②张佳琪,庄一兵.浅谈哈尔滨冰雪雕塑的审美意蕴[J].天工,2020(3):56-57.
③哈尔滨新闻网,https://www.my399.com/。

图6-7　第34届太阳岛雪博会恰逢建党100周年①

图6-8　第34届太阳岛雪博会雪雕景观②

雪雕艺术不仅是作为冬季城市景观装饰而存在,也促进了当地的文化艺术交流,为城市经济的发展注入了活力。伴随着群众性的雪雕比赛以及国内、国际性的雪雕艺术大赛等的开展,雪雕艺术已经成为全球性的新兴艺术产业。

第四节　中国·哈尔滨国际冰雪节案例启示

一、借冰雪节事推动冰雪旅游产业发展

东北三省拥有发展冰雪旅游产业得天独厚的优势,因此,应抓住机遇,依托冰雪资源优

---

① 张鸣霄.太阳岛雪博会:34载雪域童话,今冬又上新[N/OL].(2021-12-20).https://baijiahao.baidu.com/s?id=17196000160347524728&wfr=spider&for=pc.

② 哈尔滨新闻网,https://www.my399.com/。

势,制定符合本地区客观实际、具有可操作性的冰雪旅游产业发展规划,推进冰雪旅游产业与其他产业的融合发展,延长冰雪旅游产业链,为地区冰雪旅游产业提供新发展动能,做大做强冰雪旅游产业,使冰雪产业成为推动东北三省经济发展的新增长点。

习近平总书记多次对东北地区冰雪旅游产业发展作出重要指示:"冰天雪地也是金山银山。要推动冰雪旅游、冰雪运动、冰雪文化、冰雪装备等加快发展""推动我国冰雪运动跨越式发展是实现第二个百年奋斗目标的重要组成部分""冰雪产业是一个大产业,也是一个朝阳产业",这一系列重要指示,为东北三省指明了一条充分发挥冰雪资源优势的绿色发展之路。2022年北京冬奥会的胜利召开,对我国冰雪旅游产业产生了积极的推动作用。在考验与机遇并存的历史时刻,在国家提出"加快形成以国内大循环为主体、国内国际双循环互相促进的新发展格局"新战略的大背景下,在冰雪旅游产业成为推动东北地区经济发展新动能的现实情况下,东北三省应围绕新战略,形成新思路,拓展新方式,谋求新格局,结合地区实际,努力打造优质的、具有地方特色的冰雪旅游产业品牌,推进冰雪产业与其他产业的有机融合,延长冰雪旅游产业链,做大做强冰雪旅游产业。

二、中国·哈尔滨国际冰雪节的区域影响力

(一) 有效推动"冰天雪地"成为"金山银山"

2016年3月7日,习近平总书记在参加十二届全国人大四次会议黑龙江省代表团审议时提出了"要加强生态文明建设,划定生态保护红线,为可持续发展留足空间,为子孙后代留下天蓝地绿水清的家园。绿水青山就是金山银山,黑龙江的冰天雪地也是金山银山"的重要论述。"冰天雪地"是我国纬度最高、气温最低、冰雪资源最丰富地区的真实写照,而"金山银山"则为该区域通过得天独厚的自然优势发展冰雪经济指明了方向。哈尔滨冬季雪量大、雪质优良、结冰期和积雪期较长,地源优势明显,具有得天独厚的冰雪资源、源远流长的冰雪文化。中国·哈尔滨国际冰雪节则因地制宜,充分挖掘冰雪文化和有效利用冰雪资源,所开展的各项活动既保持了优良的传统,注重对传统冰雪文化遗产的保护和传承,又注重新形式的创新;既有效利用生态环境,又注重在地保护,让冰雪文化流芳溢彩,是对"冰天雪地也是金山银山"的有效实践。

(二) 弘扬了"天人合一""贵和执中"的传统文化精神

中国·哈尔滨国际冰雪节秉承"与天地合其德,与日月合其明"的准则,坚持可持续发展思想,倡导绿色冰雪节、生态冰雪节的理念,既不消耗不可再生自然资源,又不破坏和污染生态环境,综合利用各种废弃物,最大限度地降低能耗,努力实现人与自然的和谐共生。

雪雕、冰灯、滑雪、滑冰、冰球比赛、冰雪山水画等,这些冰雪节的主要景象,强化了冰雪特有的晶莹、淡雅的属性,体现出生命的原态和本真,使人进入"俯仰宇宙""独与天地精神往来"的境界。因此,中国·哈尔滨国际冰雪节是人与物沟通的栈桥,是"天人合一"的通道,为哈尔滨城市文化增添了一种新型样式。

(三) 提升了哈尔滨文化原创力

中国·哈尔滨国际冰雪节内蕴丰赡,具体表现在以下几个方面:一是冰雪节的文化项目和文化产品能够强烈地吸引人和感染人,能够给人以视觉冲击和心灵震撼;二是冰雪节的文

化项目和文化产品有主题、有内涵、有品位、有韵味,能够让游客从中得到心灵的慰藉,找到精神的归宿。多年来中国·哈尔滨国际冰雪节打造出思想深刻、艺术精到、具有较强精神震撼力和时代标识性的冰雪艺术,并与冰雪文化产业挂钩,为形成弘毅致远的城市文化原创力和软实力奠定了坚实基础。

(四)扩大了哈尔滨的国际影响力和市场竞争力

打造文化品牌是城市国际化的客观要求,是城市发展进入高级阶段的重要标志。进入21世纪以来,世界经济一体化发展更趋明显,城市参与国际竞争的程度逐步增强,许多国家的城市纷纷制定并实施文化品牌发展战略,并将其作为提高城市国际化水平的重要途径。作为哈尔滨亮丽的文化品牌和扩大哈尔滨国际影响的重要平台,目前中国·哈尔滨国际冰雪节已经得到国内外的密切关注和高度认可。

总而言之,作为世界四大冰雪节之一,一年一度的中国·哈尔滨国际冰雪节是中国大型会展节事之一,是充分利用冰雪资源的特色节事,是让冰雪文化流芳溢彩的创意节事,是融文化、娱乐、体育、艺术、经贸与旅游等为一体的综合性节事,是在国内外颇具影响力的国际性节事,更是提升中国人文化自信的魅力节事。谈及中国·哈尔滨国际冰雪节,相信有许多人会不由得产生一种向往,期待置身于北国的冰天雪地,融入冰雪节缤纷盛况之中。

请阅读毛泽东诗词《沁园春·雪》,并思考以下问题。
1.请分析该首词所表达的情感。
2.请查找资料,试着分析作者创作这首词时的历史背景。
3.请联系习近平总书记"冰天雪地也是金山银山"的重要论述,并结合当前的时代背景和时代特征,谈一谈"今朝风流人物"的使命。

《沁园春·雪》

第七章

中国会展节事品牌定位与建设
——高质量发展的前提

学习目标

通过平遥国际电影展这一典型案例,进一步了解和掌握与会展节事品牌定位、品牌建设、品牌形象塑造以及品牌运营等相关的理论知识,提升会展节事品牌管理能力。

素质目标

1. 平遥国际电影展是当代电影人在平遥古城搭建起的以电影展映为主体形式的文化节事,其为中国电影工作者搭建了一个"卧虎藏龙"的平台,致力于凝聚中国电影文化以及促进中国电影节事品牌的高质量发展。

2. 通过平遥国际电影展,世界电影人聚集一堂,在这个距今有着2700多年历史的平遥古城共话电影文化,共促电影事业的发展。电影展已然成为平遥古城的崭新名片,其不仅有利于平遥古城这一文化历史遗产的保护和传承,丰富了人们的精神生活,更有利通过中国电影的高质量发展增强文化自信、提升中华文化的国际影响力。

第一节 会展节事品牌建设与定位

一、会展节事品牌的相关概念界定

(一)品牌

品牌是一个集合概念,被人们用以区别产品,简化选择过程。美国市场营销协会提出品牌是用来识别或区分不同的企业卖家所提供的产品或服务的一种名字、设计、符号或标记,以及这些要素的相互组合与运用,使之与竞争者的产品或服务相区分。余明阳在《品牌传播学》一书中对品牌进行了定义,认为品牌就是大众对于组织及其产品认知的全部内容。

(二) 会展节事品牌

与单个符号的定义不同,会展节事品牌的概念是一个综合的定义,代表了市场受众的整体感觉,是会展节事在参与者心中所留下的关于品牌名称、设计、符号等印象要素的集合,是会展节事价值、文化和个性特征的综合体现。

长期、周期性举办是会展节事品牌形成的必要条件和重要标志,是会展节事品牌建设以及进一步高质量发展的前提。

会展节事品牌能够向参与者、举办地、场所等方面传达出具有良好品质的信息;能够给其他的会展节事起到一定的借鉴作用;在信息、服务和基础设施的提供上,有着更高的水准,更具专业性。

二、会展节事品牌建设的相关理论

(一) 品牌建设

品牌建设是指拥有品牌的一方对品牌进行的前期规划、设计,中期创立、培育、宣传,以及后期管理扩张等一系列过程。品牌拥有方通过采取各种措施,有计划地正面经营会展节事形象,广泛吸纳各利益相关目标对象进行合作,利用多种方式推动会展节事品牌及城市形象的形成和持续性发展,最终能够为参与品牌建设的所有对象带来利益。品牌建设需要多方通力合作,这是一个复杂的、长期的系统性过程。

品牌建设所需的核心要素包括:①具有独特内涵,易于辨认和记忆;②具有核心价值,含义深远;③具有高认可度和期待值;④能适应社会需求;⑤受环境因素的影响小。普通品牌一般需要通过品牌定位、品牌开发、品牌塑造、品牌营销、品牌维护等多方面的品牌建设后,才能够进一步扩大其知名度和影响力,从而形成会展节事品牌,在行业和社会上产生更大的影响。

(二) 品牌定位理论

从品牌定位的角度来看,品牌是一个系统、有序、动态的项目。品牌定位要结合展会的目标策略,分析优势和劣势,确定目标市场,把握目标对象的需求发展趋势,总结品牌核心概念,精准定位品牌。品牌定位是会展节事品牌建设的首要任务,也是会展节事品牌打造的基本依据。会展节事将根据自己目标市场的需求创造品牌,以激发目标对象的需求。因此,品牌定位对于品牌建设及其后续市场营销策略的实施都具有不可忽视的重大意义。

依据营销学大师菲利普科·特勒的品牌定位理论,品牌定位过程可概括为确立目标对象市场—确定目标竞争对手—识别品牌最佳差异点与共同点—设计品牌格言—建立品牌定位。品牌定位不仅是品牌建立和发展过程中所有会展节事的基础和重要标准,而且是维护会展节事市场、解决潜在营销问题的重要手段,还是所有会展节事业务的核心。品牌在市场上的定位不是固定的,在特定阶段需要根据市场的实际情况来决定。因此,为了更好、更快地适应新市场的需求,品牌需要迅速确立自己的定位以适应国际市场的不断变化和目标对象的服务要求。

品牌定位理论的核心观点是"第一法则",即企业要确保产品在目标消费者的头脑里占据一个真正有价值的地位。总体来说,定位的目的就是让品牌占据消费者心智中最有利的位置,使其一产生相关需求的时候,便会想起该品牌,并将其作为第一选择。

三、会展节事品牌建设

(一)会展节事品牌建设的要素体系

1. 品牌核心内涵具有一定高度

一个品牌的精髓在于品牌核心内涵,它是品牌建设的原点和终极追求,品牌建设的一切活动都要围绕品牌核心内涵而展开,要体现与演绎品牌核心内涵,并丰满和强化品牌核心内涵。品牌建设需要经历持久的过程和长时间的沉淀,品牌核心内涵的高度直接决定了品牌建设的终点。

2. 品牌形象独特

品牌建设须具备便于目标消费者记忆的品牌要素,目的是让他们在参与会展节事的过程中能够快速记忆和辨认该品牌形象。品牌的名称和形象元素要具有独特性,不容易被模仿。重视品牌形象的独特性和记忆点,不仅能够帮助会展节事和城市塑造良好的形象,而且可以促进会展节事和该区域的知名度更上一层台阶,扩大城市的影响力,促进区域大众文化建设。

3. 品牌满意度高

通过期望值和满意度的测评能够将会展节事品牌与竞争对手品牌进行比较,了解本品牌的竞争优势,期望值和满意度不断提高可以使得会展节事品牌在品牌建设的竞争中获胜。期望值和满意度可以为会展节事品牌可持续发展提供不竭动力,帮助会展节事品牌在会展专业化、多样化的竞争和发展中占据有利地位,提升市场占有率,提高目标对象的忠诚度。

4. 品牌适应性强

行业的特征、目标对象的需求和竞争属性这类大众价值观的变化将在很大程度上影响品牌建设的要素,品牌建设应该满足目标对象的需要,在战略、组织和人力资源配置上做出相应的调整。品牌越具有可适应性,品牌建设要素就越容易更新。只有当品牌建设模式能够大幅度地提高其品牌的健康程度,如协同性得以增加、可适应性不断加强,这样会展节事的品牌建设模式才具有选择性。

(二)会展节事品牌建设模式

1. 精准品牌定位

第一,需要根据品牌要素进行品牌定位。品牌定位可以赋予一个品牌以意义,如品牌形象、品牌的个性、品牌的吸引力和产品的特征等。所有品牌要素的集合应该反映出该品牌的定位。会展节事品牌定位应简洁明了,从而方便目标对象对会展节事品牌做出选择,并对会展节事品牌产生深刻的印象。

第二,有必要根据目标市场进行品牌定位。每个会展节事品牌都有其定位,只有使自己处于正确的位置,才能找到正确的发展道路。会展节事品牌是会展节事产品与市场和目标受众之间的桥梁。

2. 多渠道品牌开发

品牌开发是一种商业发展模式,其中会展节事品牌通过各种渠道建立自己的品牌形象,并通过该品牌形象发展客户。会展节事品牌要在品牌开发前做好充分的市场调研。对于已经举办了多年的会展节事品牌,有必要每年进行市场调查。由于市场在不断变化,因此可以通过及时掌握市场趋势并采取相应的对策来不断进行品牌开发。

3. 多元化品牌塑造

通过探索多元化的途径,循序渐进地进行品牌塑造,以自己的品牌优势去主动刺激和吸引新的目标对象,包括塑造品牌形象标识,如品牌主题、品牌logo和品牌代言等。品牌塑造就是要一步步让目标对象切身感受到品牌的魅力,有效地加深目标对象对品牌或者产品的印象,而不是理想化地建设品牌,不见任何实际的举措。多元化品牌塑造还可以巩固品牌价值,通过塑造品牌整体形象,让目标对象认可品牌、接纳品牌乃至忠诚于品牌。

4. 全范围品牌推广

新品牌往往会因为其知名度较低而难以被大众所认可,形象影响力难以得到提升。因此,做好新品牌推广成为需要突破的关键因素,要尽量涵盖线下海报、广告屏、电台广播、报纸杂志,以及各大社交平台等大众日常所能接触到的全部范围。

首先,确立品牌推广主题和思路。着重于一个点,这样有利于目标对象接受,从而有目标地推广和宣传。其次,确立品牌推广预算,根据品牌定位筛选推广渠道。根据制定好的推广目标来做出合理的预算,做好后续宣传保障。最后,确立品牌推广形式,准备产品宣传物料,然后分发到各个投放渠道。在信息化时代,推广的形式也是各种各样,根据预算确立渠道是十分重要的环节。

5. 长期品牌维护

当品牌建设发展到一定的程度,成为业内知名的品牌之后,其重心应该转移到后续维护上来。要建设一个品牌需要经过十几年乃至更长的时间,品牌不能只追求短期经济效益,而应在社会资源、社会形象等诸多方面进行逐步积累,形成长期稳定的增长。在这个漫长的过程中,长期进行品牌维护是品牌建设的最后一个关键点。对品牌进行长期维护,才能在激烈的国内外市场竞争中不断地成长,并保持自己的核心竞争力。同时,还可以起到某种抵御性的效果。

首先要做到品牌的自我维护,在品牌建设过程中要不断自我完善和及时补救。其次,可以寻求法律维护。通过使用法律手段,对品牌的商标、名称、形象等要素进行保护。最后,在大环境下,品牌必须顺应市场的变化,迎合广大目标对象的需求,在这个基础上,再去维护自己的品牌质量,以及进行品牌再定位。

第二节 平遥国际电影展案例概况

一、平遥国际电影展简介

平遥国际电影展(Pingyao Crouching Tiger Hidden Dragon International Film Festival,缩写为PYIFF,直译为"平遥卧虎藏龙国际电影节")由中国著名电影人贾樟柯于2017年创办,

每年定期于10月中旬在拥有2700余年历史的平遥古城举行,举办时间长达10天。平遥国际电影展的指导单位是中共山西省委宣传部、山西省广播电视局、晋中市委、市政府、平遥县委、县政府,主办单位为山西省晋中市平遥县平遥电影展有限公司。平遥国际电影展是继上海国际电影节、中国长春电影节、北京国际电影节和丝绸之路国际电影节之后,第5个获得国家批准的国际电影展。截至2021年,平遥国际电影展已成功举办了5届。

二、平遥国际电影展的创办发起

平遥国际电影展是由中国著名电影人贾樟柯发起创办的。贾樟柯是华语影视导演、编剧、制片人、演员、作家,上海大学温哥华电影学院院长,毕业于北京电影学院文学系。贾樟柯的代表作品有《三峡好人》《江湖儿女》《小武》《站台》《山河故人》《天注定》等。主要成就包括:第3届釜山国际电影节新浪潮奖、第63届威尼斯国际电影节金狮奖、第63届洛迦诺国际电影节终身成就奖、第66届戛纳国际电影节最佳编剧奖、第68届戛纳国际电影节导演双周单元终身成就奖、第52届台湾电影金马奖最佳原创剧本奖、第18届孟买国际电影节杰出艺术成就奖、第38届开罗国际电影节杰出艺术成就奖、第13届亚洲电影大奖最佳编剧奖、第10届中国电影导演协会年度导演奖等。

2017年3月16日,平遥国际电影展在北京启动。贾樟柯表示:平遥国际电影展是一个尊重电影、分享文化、尊重影迷、尊重电影人劳动成果的电影展。创办平遥国际电影展一方面在于希望开拓公众视野,给影迷提供最新的电影创作成果,同时给观众们提供一个在院线观赏欧美主流电影以外的具有活力的电影的机会。另一方面,中国电影工作者,尤其是年轻导演,也需要跟世界一流的电影工作者对话,他们的工作也需要通过电影节呈现给公众,不要让那些非常重要的电影创作被公众忽视。一个国家的电影文化的凝聚、电影质量的提升,需要一些公众活动平台来助推。

三、举办地:山西平遥古城

平遥古城位于山西省中部,始建于周宣王时期,于明洪武三年(1370年)扩建,距今已有2700多年的历史,仍较为完好地保留着明清时期县城的基本风貌,与中国丽江古城、徽州古城、阆中古城并称为中国"保存最为完好的四大古城"。"平遥古城是中国汉族城市在明清时期的杰出范例,平遥古城保存了其所有特征,而且在中国历史的发展中为人们展示了一幅非同寻常的文化、社会、经济及宗教发展的完整画卷。"凭借这样的评价,1997年12月3日,联合国教科文组织将平遥古城连同双林寺、镇国寺一起列入《世界遗产名录》。

2017年平遥国际电影展将举办地设在位于平遥古城内部的柴油机厂文化艺术园区,以期在拥有2700余年历史的平遥古城形成非西方电影与西方电影的对话。平遥国际电影展将以古城平遥为举办地,以展映非西方影片为主,旨在增强中国电影从业者与非西方、发展中国家电影从业者的联系和合作,在艺术领域建立起两者之间的有力桥梁。

贾樟柯是山西汾阳人,在其导演的电影作品,如《小山回家》《一直游到海水变蓝》《站台》《山河故人》等中,都体现了其对自己家乡的深厚情感。贾樟柯指出,选择在平遥古城举办电影展,是希望平遥能够作为一个试点,让电影文化活动和电影产业资源能够向下流动、向基层流动。同时,电影展也需要具备一定的吸引力来引起世界各地的电影创作者和观众的关注。平遥国际电影展可以凭借平遥古镇独特的隔离性和历史感,让电影展的参与者切实地感受到这种独立于外界的静谧感,更好地沉浸于电影世界之中。

第三节 平遥国际电影展案例分析

一、平遥国际电影展的品牌宗旨和品牌定位

(一) 平遥国际电影展的品牌宗旨

"小身段、大格局,关注非西方影片,助推新导演成长"是平遥国际电影展的宗旨。平遥国际电影展以展映非西方影片为主,旨在增强中国电影与非西方、发展中国家电影从业者的联系和合作,形成非西方电影与西方电影的对话,致力于创建一种来自平遥国际电影展的精神,立足于成为一个大格局、小身段的精品电影展,树立起一个专属于平遥国际电影展、影响力辐射全球的电影评价体系;在展映世界各国优秀影片的基础上,平遥国际电影展注重发现并积极推广新兴及发展中国家青年导演的优秀作品,为这些影片提供发声的平台,旨在增强世界各国电影工作者之间的交流,以激活、繁荣世界电影的创作。

(二) 平遥国际电影展的品牌定位

国际电影制片人协会(FIAPF)把电影节分为A、B、C、D四个类别,平遥国际电影展的定位是一个国际B类电影节,即竞赛型专门类电影节(见表7-1)。同类国际知名电影节包括韩国的釜山国际电影节、意大利的都灵国际电影节、罗马尼亚的特兰西瓦尼亚国际电影节等,这些电影节的共同特点是在主竞赛单元中,选择全球范围内新导演的处女作或第二部电影进行评奖,同时还设有面向本土或区域电影的评奖单元。

表7-1 国际电影制片人协会(FIAPF)对电影节的分类

类别	名称	特点
A类	竞赛型非专门类电影节	以竞赛为主,但没有具体的主题
B类	竞赛型专门类电影节	以竞赛为主,有具体的主题
C类	非竞赛型电影节	不以竞赛为主,以电影展映为主
D类	纪录片与短片电影节	—

二、平遥国际电影展的品牌建设

(一) 平遥国际电影展的策展架构及内容策划

1. 平遥国际电影展的单元设置及特点

平遥国际电影展以"卧虎藏龙"为名,由电影展映、产业、学术、教育四大板块构成。经过5年的沉淀,目前平遥国际电影展的单元设置基本固定下来(见表7-2);电影展映板块主要包括"卧虎""藏龙""首映""回顾/致敬"以及"从山西出发"(2017年首届为"山西制作",从

2018年第2届起更名为"从山西出发")等,前3届还包括"影展之最"单元,于2020年取消;产业板块包括"发展中电影计划""平遥创投"(于2019年增设)及"平遥创投·剧集计划"(于2021年增设)三个单元;学术板块设置"大师班/对话/论坛"拓展单元;教育板块设置"平遥一角"拓展单元。

表7-2 平遥国际电影展板块及单元设置

板块	单元	内容简介
电影展映	卧虎	"卧虎"之名来自李安导演的电影《卧虎藏龙》,本单元是国际新导演作品展映单元,致力于发掘国际新导演的处女作、第二部或第三部电影
	藏龙	"藏龙"之名来自李安导演的电影《卧虎藏龙》,本单元关注华语新导演,放映华语新锐导演的处女作、第二部或第三部电影,展现他们的自由与创意,希望以影像的力量激发思考
	首映	本单元为年度重要导演作品、备受关注的优秀影片首映
	回顾/致敬	本单元经过精心策划,展映具备独特视角和学术价值的影史经典作品,或设置为向知名电影人致敬的环节
	从山西出发	平遥国际电影展的延伸项目,于古老而沧桑的平遥古城内进行活泼的电影交流,致力于成为年轻电影人之间分享经验的空间。展映主创为山西籍的电影人,或山西影视公司担任第一出品方,或在山西取景拍摄,或以山西为故事背景的优秀影片
	影展之最	本单元从年度主要的国际电影节中精选出优秀影片,在平遥国际电影展进行亚洲首映或者中国首映(于2020年取消)
产业	发展中电影计划	发展中电影计划单元是平遥国际电影展的产业模块,面向电影产业人士、电影节展节目策划人放映。本单元旨在给电影创作者与产业人士、节展策划人搭建沟通平台,为优秀电影创作项目提供后期发展的支持和帮助。同时,该单元设立"发展中电影荣誉",从入选"发展中电影计划"单元的项目中优选出荣誉得主,并给予现金奖励,以支持影片的后期制作和发展
	平遥创投	针对电影剧本项目,旨在发现具有潜力的电影项目和华语新锐创作人,为他们提供产业沟通、资源互动和融资平台,为优秀作品提供"孵化计划",称为发现华语新人的重要窗口(于2019年第3届增设)
	平遥创投·剧集计划	针对总集数3—12集、具有卫视或线上流媒体平台播放潜质的华语剧集项目,旨在发掘具有潜力的华语剧集项目及新锐创作人,促进电影与剧集领域间的创作融合(于2021年第5届增设)
学术	大师班/对话/论坛	邀请世界顶级电影大师、电影行业前沿从业者或相关电影机构,与青年观众相聚平遥,分享有关电影的经验和智慧,提升平遥国际电影展的学术高度和视野维度,并加强大师与新人之间的交流,促进电影事业的传承
教育	平遥一角	邀请高校影视艺术专业教师及学生代表,精选优质学生创作于平遥国际电影展进行分享,为新一代创作者提供多样交流平台,相互促进,共同发展

其中"卧虎""藏龙"两个单元的取名来自导演李安的电影《卧虎藏龙》,是平遥国际电影展的两个核心单元,"卧虎"致力于发掘国际新导演的处女作、第二部或第三部电影,"藏龙"则关注华语新锐导演的处女作、第二部或第三部电影,展现他们的自由与创意,希望以影像的力量激发思考。

"平遥一角"是平遥国际电影展在教育板块的延伸单元,主要是在平遥国际电影展期间在平遥古城进行多场小规模、形式灵活的电影露天放映活动。这个单元展映的都是除正式单元之外的优秀短片、长片,均来自全球优秀电影学院的教师或者学生拍摄的作品,为年轻电影人提供了一个展现作品的平台,同时致力于成为年轻电影人之间分享经验的空间,推动电影教育人才和电影事业人才的培养。

"大师班"学术活动单元是平遥国际电影展在学术板块的延伸单元,邀请世界顶级电影大师、电影行业前沿从业者或相关电影机构,与青年观众相聚平遥,分享有关电影的经验和智慧,共同体验电影的魅力,感受电影带来的成就感,提升平遥国际电影展的学术高度和视野维度。在这个过程中,著名导演会分享自己在电影拍摄和制作过程当中遇到的趣事与困难,通过"老练"的导演之口,向新人传授拍电影的一些经验,电影事业在新人与大师之间的交流中得到了传承。

2. 平遥国际电影展奖项设置

平遥国际电影展更加突出山西本土元素,致力于讲好山西故事、传播山西文化。例如,"从山西出发"单元让山西籍媒体人感知养育自己的家乡,并通过影片将这种情感呈现出来,使得同一份情感传递出不一样的观感,因而受到越来越多人的关注。正如贾樟柯导演所说:要归回本土、回归山西,将山西的本土风情带到全世界。

在奖项设置上,平遥国际电影展将"卧虎"单元作为实际意义上的主竞赛单元,奖项为"罗伯托·罗西里尼荣誉",设有评审团,在7—8部来自世界各地的新人导演的第一部或第二部作品中评选出最佳影片、最佳导演2个奖项。面向华语电影的"费穆荣誉"由另一个评审团面向"卧虎""藏龙""影展之最"和"华语新生代"单元中的华语新导演作品(10部左右)评奖,颁发最佳影片、最佳导演、最佳男演员和最佳女演员4个奖项。

其中,平遥国际电影展所设"罗伯托·罗西里尼荣誉(Roberto Rossellini Awards)"由罗西里尼家族设立,分设"最佳影片"及"最佳导演"两项殊荣,旨在传递罗伯托·罗西尼里的人文关怀精神,鼓励并表彰优秀影片及电影导演,促进电影艺术发展。罗伯托·罗西里尼是意大利著名导演、编剧、制片人,新现实主义电影大师。1945年,罗伯托·罗西里尼的作品《罗马,不设防的城市》成为新写实主义电影的代表作,其主要作品还包括《德意志零年》《罗维雷将军》等。另外,平遥国际电影展所设的"费穆荣誉(Feimu Awards)"由费穆家人授权贾樟柯艺术中心于平遥国际电影展组织及统筹,旨在传承并发扬光大费穆导演的精神,鼓励并奖励优秀华语电影人,促进华语电影艺术发展。该荣誉将在"藏龙""卧虎""类型之窗""影展之最"单元的华语导演的处女作或第二部影片中评选出最佳影片、最佳导演、最佳男演员、最佳女演员4项荣誉。中国电影导演费穆,是20世纪电影大师,凭《小城之春》开启中国"诗化电影"的先河,多次获评中国电影史上十部经典作品之一①。

---

① 平遥国际电影展官网,http://www.pyiffestival.com/。本节与平遥国际电影展相关的图片均来自官网。

（二）平遥国际电影展的形象设计

平遥国际电影展的logo由圆形、斜杠、三角形3个部分组成，共有竖版和横板2个版本（见图7-1）。Logo的设计是从世界电影和中国平遥的关系出发，由代表电影的圆形与由平遥古城屋顶衍生而来的三角形图案构成，展现出平遥古城试图成为电影文化新支点的信心，也寓意着平遥国际电影展希望能成为撬动世界电影格局的一根新杠杆。

图7-1　平遥国际电影展logo

Logo中圆形和三角形图样的位置，寓示着平遥国际电影展试图把世界与世界电影文化放在平遥古城的顶端。Logo中，圆形代表着世界电影，三角形象征着平遥古城，斜线指代杠杆，3种主视觉元素以平遥古城为起点飞向全球，不仅象征着中国电影将从平遥古城走向全世界，更象征着平遥国际电影节将以平遥古城为中心，连接全世界的优秀电影人，为观众带来更优质的电影作品。

（三）平遥国际电影展历届主题创意及海报设计

平遥国际电影展注重历届举办主题的创意（见表7-3），通过每年典型主题的突出和引导，以实现电影展的创立目标：推动我国电影行业从业人员通过平遥国际电影节这一跳板、这一平台去了解、去学习、去感受更多体现着不同风土文化的电影；去交流、去进步，努力拍摄出更高水准、更美的电影；感受真正的电影魅力，提升审美，展现自己对电影的独特见解。

表7-3　2017—2021年平遥国际电影展历届主题

年份	主题
2017年	平遥元年
2018年	电影回归集市
2019年	大家和大家
2020年	电影，从来不是孤城
2021年	聚

1.2017首届："平遥元年"

2017年首届平遥国际电影展的主题为"平遥元年"（Pingyao Year Zero），其主视觉海报（见图7-2）以及官网海报（见图7-3）以该主题为出发点进行了创作设计，主题与logo等元素紧密结合，设计感极强。在图形视觉上，"零"同时也是一个圆。它是平遥国际电影展logo中那个象征着世界电影的圆形,它的中文谐音也反过来暗示,平遥国际电影展将从"元年"开始,从"原点"出发。在主视觉海报中,除了logo中出现的三角形和圆形,还出现了象征着电影屏幕的方形元素,代表着平遥国际电影展希望用电影来连接平遥和世界的愿景。

图7-2　2017首届平遥国际电影展"平遥元年"主视觉海报

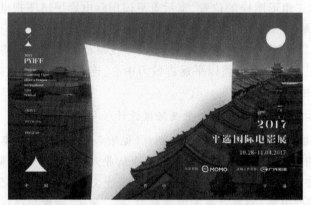

图7-3　2017首届平遥国际电影展官网海报

2.2018年第二届:"电影回归市集"

第二届平遥国际电影展的主题为"电影回归市集"(Boutique Festival for the People),该主题设计的官方诠释为电影天然含有杂耍的基因血统,扎根于市集场景之中。在发明之初,电影是传统市集杂耍的新类型,市集性成为电影原始魅力的一部分,电影拥有杂耍性、平民性的血脉与出身,这就是这门艺术必须回望的伟大传统。卓别林、基顿等无数大师是这个传统中杰出的作者。在"电影回归市集"主题基调下,第二届平遥国际电影展希望能够在当代背景下,重新思考电影的血统和出身,电影展在千年古城里营造了自然、热烈的交流氛围,把电影放回日常世俗的市集环境中,回归电影的"童年时代",从而获得一种相对客观、相对包容的电影观点,让电影工作者、电影观众重新找到自己与电影之间的真正联系[①]。这些可以从第二届平遥国际电影展主视觉海报(如图7-4所示)中得以体现。

①https://www.pyiffestival.com/guanYuJianJie.html#101.

图7-4 第二届平遥国际电影展主视觉海报

3.2019年第三届:"大家和大家"

第三届平遥国际电影展主题为"大家和大家"(One to Everyone),其主视觉海报见图7-5。在我们看来,各式各样的"人"和他们之间的特殊关系,组成了平遥国际电影展最动人的景观。从业数十年的资深电影人,刚刚进入电影工业的年轻从业者,电影银幕前的所有观众,经由平遥国际电影展聚在一起。他们不仅以电影为媒介进行交流,也面对面沟通,寻求理解,相互启发。他们和他们的相处方式构成了一种独特的、富有启发性的平遥国际电影展氛围。该主题中前一个"大家"是享誉影坛的国际大师,后一个"大家"是你们、我们、众人。前者带来视野、经验和专业见解,后者带来视角、活力和对电影的热情,以及他们投射向电影作品的目光和掌声。此外,我们更期待"大家"和"大家"之间能生发出更多的可能。中国哲学认为:一生二,二生三,三生万物。One to Everyone,一个人的电影精神,可以感染成千上万的人;一个电影展,可以服务万千大众。在平遥,大家和大家在一起,千里相逢,只谈电影。[①]

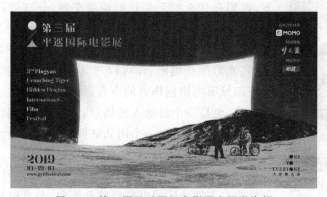

图7-5 第三届平遥国际电影展主视觉海报

4.2020年第4届:"电影,从来不是孤城"

第四届平遥国际电影展主题为"电影,从来不是孤城"(Only Film),其主视觉海报见

---

① https://www.pyiffestival.com/guanYuJianJie.html#101.

图7-6。该主题设计的官方诠释为2020年,电影成为受疫情影响最大的行业之一,但在疫情之下,电影始终没有被忘记,它甚至孑然散发出更为耀眼的光芒。人们更清晰地发现,电影已经渐渐成为一门我们无法离开的大众艺术。电影将渺小的身影在银幕上放大,呈现出千千万万独立生命的个体经验,给地球上的芸芸众生带来慰藉。电影让人们聚在一起,共同面对黑暗,抵抗遗忘。电影不是一座被冷落的孤城,因为它拥有影迷的热情和对于重返影院的迫切渴望,同时拥有一往无前的电影工作者,他们敢为行业鼓与呼,有信心凭借全行业的同力写作,携手带领电影走出阴霾。2020年10月,平遥国际电影展再次带来崭新的电影和艺术创新理念,与大家一起打破壁垒,进入电影支撑,享受电影①。

图7-6　第四届平遥国际电影展主视觉海报

5.2021年第五届:"聚"

第五届平遥国际电影展的主题为"聚"(Encore),其主视觉海报见图7-7、图7-8。该主题设计的官方诠释为疫情仍然困扰着世界,全球电影行业、电影创作都受到了巨大冲击,我们对于电影的依恋不变,但同时我们不得不思考:电影发生了哪些变化?电影的未来将会如何?而其中一个最核心的问题是,在当下,电影是什么?于是我们相聚平遥,分享彼此的思考。电影天然是一门适合聚合的艺术,电影能够让几十个乃至数百个素不相识的人肩并肩坐在电影院里,共同经历一场神奇的仪式。当影片开场,光影照亮黑暗,你可以与其他观众同喜同悲,一起冒险,一起仔细倾听电影创作者的声音,体验一段人生。这就是电影最大的魅力,也是一个最动人的场景。第五届平遥国际电影展以"聚"为主题,拍电影需要一个团队共同努力,电影行业需要抱团取暖,电影工作者、观众、影评人与媒体的有效聚合,可以产生对话,相互启发,形成一个更好的电影生态。让我们再一次相"聚"平遥,分享来自不同地区的电影经验和想象,分享彼此的信心和热爱②。

图7-7　第五届平遥国际电影展主视觉海报1

---

① https://www.pyiffestival.com/guanYuJianJie.html#101.
② https://www.pyiffestival.com/guanYuJianJie.html#101.

图7-8　第五届平遥国际电影展主视觉海报2

三、平遥国际电影展品牌运营模式

（一）政府推动，市场运作

2016年9月9日，经过多次联系沟通，在省、市两级政府推动下，平遥县政府与贾樟柯团队正式签订了首届平遥国际电影展的合作框架协议，一个具有国际水准的电影节事在千年古城平遥"落地生根"。首届平遥国际电影展由山西省委宣传部和山西省广播电视局策划指导，晋中市委、市政府和平遥县委、县政府大力支持，平遥国际电影展有限公司主办。最初平遥国际电影展确定的模式是"政府推动，市场运作"，采取公司化独立运作和完全市场化运营，政府不主办但主动配合、不承办但承担责任、不越位但积极补位，是山西晋中在运作大型文化产业项目上的积极尝试与创新。其中作为电影展合作方之一的平遥县九成文化旅游投资有限公司，代表晋中市、平遥县两级政府负责平遥电影宫的建设工作；贾樟柯团队注册成立平遥电影展有限公司，负责电影展的策展及运作。

（二）平遥电影宫的"电影+"模式

平遥国际电影展的举办地点为平遥电影宫，是由原平遥县柴油机厂破旧的厂房改建而成，最终打造成一个具有高品位的电影产业园，园区内拥有6个影厅，包括1个1500座的露天剧场。此外，平遥电影宫内票证中心、核心办公区、影展办公室、新闻发布中心等一应俱全，具备承办高规格电影展的能力。

1. 电影展期间——电影展映

（1）购票渠道。

不同于其他国内外知名电影节，平遥国际电影展向普通观众开放，电影爱好者只要购买了门票就可以前往平遥古城观展了。

平遥国际电影展的门票在线上与线下均有出售，线上可通过微信公众号"平遥国际电影展"或官方网站[①]进行购票，按单元或排期索引想看的影片，支付后进入相应的板块查看影片的购买凭证；线下则需要前往平遥电影宫的票证中心进行购买。

平遥国际电影展的门票分为3种：单场次票、"站台"套票、"小城之春"或"回顾"套票，观

[①] https://www.pyiffestival.com/.

众可以根据自己感兴趣的电影来选择购买单场次票或套票。单场次票凭购票确认二维码,前往票证中心通过自助取票机自行打印票据;套票凭购票确认二维码,前往票证中心的"套票兑换"人工通道领取票据。

(2)影厅与单元排片。

平遥国际电影展期间的影展主要在平遥电影宫6个影厅中排片,其中最主要的放映厅为"小城之春"(由费穆导演的电影命名,见图7-9)和露天影厅"站台"(见图7-10)。每一届平遥国际电影展均在露天影厅"站台"举办开幕式、放映开幕电影。

图7-9 平遥电影宫"小城之春"影厅[①]

图7-10 第四届平遥国际电影展开幕式

除了开幕式与开幕影片固定必须在"站台"影厅,影展期间剩下的官方单元及延展单元的影片会随机排在各个影厅,电影爱好者们可以依据排片日程,选择感兴趣的电影。

(3)电影展参展情况。

通过历届平遥国际电影展的观展人次,影片参展国家及地区,影片放映数量、场次及上座率等情况,可知前三届平遥国际电影展基本处于稳步发展的势头。自2020年第四届以来,平遥国际电影展虽然受到疫情的影响,但仍然坚持初衷,在规定的时间开幕举办,并且仍

---

① 知乎,https://www.zhihu.com。

有不少影片继续参展。

2. 电影展结束后——"电影＋"常态化

在持续10天左右的平遥国际电影展结束后,平遥电影宫的运作定位是基于电影这一种娱乐和艺术欣赏形式,将商业业态持续延伸,开拓"电影＋"式文创产业园,让园区游客获得更加丰富的体验,促进平遥电影宫在千年古城里成为艺术中心、生活社区、休闲目的地,变成平遥古城的文化新地标。

相关资料显示,平遥电影宫的主要"电影＋"模式主要体现在以下几个方面:一是"电影＋电影",除了开展平遥国际电影展,还可以组织日常院线电影放映、经典电影的大银幕重现、剧组见面会,让电影院并不局限于看电影;二是"电影＋文化",请民俗专家开讲座,举办一系列新书发布会,打造新浪潮书店这样的专业电影书店;三是"电影＋公益",可以请环卫工人看电影,为普通平遥市民赠送电影票等;四是"电影＋旅游",除了利用极具风格的建筑和浓郁的电影气氛吸引影迷,还可以打造咖啡馆、红酒吧、花店等业态组合,让前来平遥电影宫的游客不再只是"坐坐车、拍拍照",而是静下来,更深层次地感受平遥电影宫的魅力;五是"电影＋创意",平遥电影宫礼品店里陈列着琳琅满目的产品,不仅有围绕电影所做的文创产品,还有围绕山西文化所做的民俗创意产品,让来自五湖四海的游客爱不释手[①]。

(三) 品牌赞助与合作

在会展节事运营与管理过程中,赞助与品牌营销往往相互影响、融合发展。平遥国际电影展基于市场化的运作模式以及其电影展的目的地影响力,也吸引了知名品牌赞助(见表7-4),为电影展的运营提供了有力的支持和保障。

表7-4　第五届平遥国际电影展官方合作伙伴

类别	名牌名称
独家官方指定珠宝腕表品牌	Chopard
剧集计划官方合作伙伴	腾讯视频
官方指定饮用水	怡宝
官方指定用酒	长城葡萄酒
官方合作伙伴	爱奇艺、三顿半、COLMO、intel

第四节　平遥国际电影展案例启示

一、品牌目标定位明确,值得探析

平遥国际电影展,融合了古今文明、中西文化,跨越了单一电影元素,涉及工业、艺术、商

[①] 平遥电影宫的"电影＋"模式[N/OL].山西晚报.2019-03-31.https://news.sina.com.cn/o/2019-03-31/doc-ihtxyzsm1924781.shtml.

业、时尚等领域，成为当今世界集国际性、专业性、创新性和高端化、市场化于一体的新型业态。

平遥国际电影展是继上海国际电影节、中国长春电影节、北京国际电影节和丝绸之路国际电影节之后，第五个获得国家批准的国际电影展。许多才华横溢的资深导演也前来支持，参加教育板块"平遥一角"单元的宣讲，从而吸引了更多非科班出身的、向往从事于电影行业的年轻人前来观看。值得一提的是，平遥国际电影展曾在2017年的法国戛纳国际电影节期间举办推介会，这也从侧面说明平遥国际电影展的影响力是非常大的。平遥国际电影展与国内外知名电影节对比见表7-5。

表7-5 平遥国际电影展与国内外知名电影节对比

名称	平遥国际电影展	戛纳国际电影节	奥斯卡金像奖	上海国际电影节
级别	B类电影节	欧洲三大电影节之一	世界四大A类电影节之一	世界15个A类电影节之一
评审范围	国际	国际	以美国本土为主	国际
大众知名度	在影迷圈子内部较高	高	高	较高

通过表格梳理不难发现，平遥国际电影节在级别与知名度上还有很大的发展空间。不过值得一提的是，平遥国际电影节以其独特的创立宗旨，通过首开非西方电影交流先河、鼓励亚洲青年导演成长等举措，得到了中国政府的官方肯定与国内外知名电影圈从业人士的青睐。

通过平遥国际电影展影响测评关键词（见图7-11）可知，平遥国际电影节"感受更多""古城与国际化""大格局小身段"等定位旨在增强中国电影与非西方、发展中国家电影从业者的联系和合作，形成非西方电影与西方电影的对话；同时，以表扬过往的电影成就及推广青年导演新创作品为目标，着力推动电影文化，助推青年导演成长，致力于为中国观众提供欣赏全球优秀电影作品的机会，推动山西本土艺术文化的发展。

图7-11 平遥国际电影展影响测评关键词

二、品牌具备一定的国际影响力

截至2021年,平遥国际电影展已经举办了4届。与奥斯卡金像奖、柏林国际电影节、威尼斯国际电影节和戛纳国际电影节全球四大电影节相比较而言,不难发现平遥国际电影展在奖项设置、评奖范围和举办宗旨上具有其独特的包容性、开放性。例如,与好莱坞大片拥有豪华的创作阵容、精美的艺术特效、顶尖的影视效果、大量的投资赞助不同,平遥国际电影展更多地聚焦于小众艺术电影,其汇集了全球优秀电影人作为电影展主创,发掘全球小众优秀电影作品,对世界小众电影的发展做出了积极的贡献。

三、品牌形象得以塑造

(一)致力于国内非主流电影的发展

平遥国际电影展为国内非主流电影作品提供了展示的平台。创办者贾樟柯导演希望拓宽公众视野,给影迷提供最新的电影创作成果,同时给观众们提供一个在院线观赏欧美主流的好莱坞大片以外的具有活力的电影的机会,尤其是想更多地展现国内的优秀独立艺术电影,因此才创办了平遥国际电影展。这对于国内的电影作品来说,尤其是青年导演的作品有了更多的展示机会和曝光度,为中国电影行业的持续发展和培养新的人才提供了一片沃土。

(二)有助于国内青年导演的成长进步

平遥国际电影展给国内的青年导演提供了更多的展示机会,将年轻人更紧密地联系在一起,同时给年轻的电影工作者提供一个相互交流的机会以及自我展示的平台。

平遥国际电影展设置了多个以发现、鼓励新人导演为目的的放映单元,其中尤为重要的是"卧虎"和"藏龙"单元。"卧虎"单元为新导演单元,致力于在全球范围内发掘优秀的新人导演;"藏龙"单元则将关注点聚焦在华语新导演身上,希望能够发掘有新意的优秀作品,并且通过影片引导观众进行思考。在奖项设置方面,平遥国际电影展专门设立了"青年评审荣誉",这一项荣誉的评审团是年轻一代电影创作者以及海内外高校的电影学院学生代表,他们将从入选"藏龙"的影片中选出最能代表年轻人审美的一部。"青年评审荣誉"的设立,不仅仅代表了青年电影人有了更多的话语权,也预示了中国电影力量的不断壮大。

同时从第一届起,平遥国际电影展开始设立"平遥一角"(见图7-12)这样的线下交流板块,该板块创新地采用"学校日"的形式,与海内外重点电影专业院校合作,交流高校学生拍摄的优质电影短片。

(a)

(b)

图7-12 "平遥一角"

(三) 推动了中国电影事业的发展

平遥国际电影展从一开始就是以青年电影工作者为主体的电影展,在电影展举办期间可以看到平遥电影宫到处有人在探讨着与电影相关的内容,电影展整体交流探讨氛围浓厚。平遥国际电影展从第2届开始还设立了大学生群体的作品展演和互动交流专场,在电影产业的产教学融合发展上做出了积极的贡献,有利于中国电影事业的发展。

四、对目的地平遥的价值与影响

(一) 展现平遥独特珍贵的历史风貌

平遥古城位于山西省中部的平遥县,被称为中国保存完好的四大古城之一,虽然距今已有2700多年的历史,人们依然能从现有的古建筑(见图7-13)中看到明清时期县城的基本风貌,体会到数百年前的风土人情。位于山西省中部的平遥古城具有便捷的交通条件,距离太原武宿国际机场只有90多千米的距离,而平遥火车站和平遥古城站两个火车站的结合使得去往平遥拥有了更多的选择。随着近些年平遥摄影展以及大型情景体验剧《又见平遥》的声名远扬,平遥古城渐渐形成了丰富且多层次的艺术氛围。

(a) （b）

图7-13 平遥古城

(二) 平遥当地工业建筑的再利用

平遥电影宫的前身是平遥县柴油机厂,后于2017年由平遥县政府组织,将原有的柴油机厂改造成现在的平遥电影宫(见图7-14)。平遥电影宫位于平遥古城西北角,临近平遥古城墙,是一个集电影放映、文化交流、艺术体验于一体的多功能公共空间,具备足够的空间、人性化的布局和健全的设施,能够给参展人员提供全面的支持和服务。

(a) （b）

(c)   (d)

图7-14 平遥电影宫

（三）造就崭新的旅游目的地和古城名片

在非电影展的时期，平遥电影宫仍然以其独特的建筑风格、丰富的功能吸引着大量的游人。除了电影院之外，平遥电影宫中还设有特色的获奖书店、各类娱乐游戏设施、咖啡店、电影主题礼品店等区域（见图7-15），成为平遥古城的一张新的名片。具有丰富旅游资源、深厚文化底蕴的平遥古城和与时俱进的平遥电影宫，共同为平遥国际电影展的举办创造了完美的先决条件。

(a)   (b)

(c)

图7-15 平遥电影宫的特色店铺

从平遥国际电影展的品牌定位与建设中，可以看出中国大型会展节事品牌经历了概念化运作、品牌定位以及品牌塑造的过程，其品牌建设的水平不断提高，在受众群体中树立了良好的品牌形象。推动中国会展节事产业的高质量发展离不开构建品牌管理系统，应从品牌定位入手，继续做好品牌的规划与建设，从而实现会展节事的举办价值。

中国大型会展节事案例分析

拓展学习

请阅读《关于学习贯彻习近平总书记重要讲话精神 全面加强历史文化遗产保护的通知》,并思考以下问题。

1. 什么是历史文化遗产？你了解哪些中国著名的历史文化遗产？
2. 请依据所学知识和相关案例,分析加强中国历史文化遗产保护的重要意义。
3. 结合平遥国际电影展这一古城节事的策划设计,分析举办大型会展节事活动对于中国历史文化遗产保护所起的积极作用和启示。

《关于学习贯彻习近平总书记重要讲话精神 全面加强历史文化遗产保护的通知》发布

第八章

中国会展节事的影响力
——多元溢出效应

学习目标

通过中国国际进口博览会等典型案例,深入分析中国大型会展节事举办的影响力;深刻理解中国大型会展节事在提升旅游目的地形象塑造和传播方面的作用,在政治、经济、文化和社会等领域的多元溢出效应以及在国际上的影响力。

素质目标

中国国际进口博览会(简称进博会)是世界上首个以进口为主题的国家级展会,是中国大型会展节事的代表,它的举办体现了中国坚持改革开放,与世界各国互利共赢、友好合作的实际行动,是习近平新时代中国特色社会主义思想的伟大实践,是习近平治国理政思想的集中体现,是对中国加快建设更高水平的开放型经济新体制的有效推动。认识和了解进博会在政治、经济、文化等多领域的溢出效应和积极影响力,有利于增强文化自信和民族凝聚力。进博会的举办是进一步促进中国与世界各国创新发展的平台,为推动世界经济繁荣与维护世界稳定做出了贡献。

在全球疫情背景下,进博会是推进共建"一带一路"纵深发展的生动实践,是深度诠释和推动构建"人类命运共同体"的中国方案。通过引导学生认识和了解举办进博会的多元溢出效应和影响力,以"新时代,共享未来"的进博会精神彰显与世界携手共进、共赢的诚意和担当。引导学生认真学习党的十八大以来,以习近平同志为核心的党中央提出的一系列治国理政新理念、新思想、新战略,从而加强政治素养、文化自信和爱国热情,以更加积极、进步的姿态投身专业知识和理论的学习之中,并为中国加快建设更高水平的开放型经济新体制贡献力量。

第一节 会展节事的影响效应

国内外学者大多基于旅游目的地会展节事的组织、管理及运营所产生的影响的视角展开关于"会展节事影响效应"的研究,总体上可以概括为以下几个方面。

一、会展节事的经济效应

会展节事对发生地的经济影响与作用是被普遍研究的话题,且主要从宏观经济的层面[①]入手。大型会展节事带动当地经济发展的原因之一是其带动了该地区的入境旅游,在大型会展节事举办期间该地区的入境旅游人数明显增多,虽然大型会展节事在一定程度上会抑制其举办前后入境人数的增长,但其带来的经济效益依旧会辐射到周边地区,总体而言效益较好。同样,在其他较远的地区举办大型会展节事时,该地区的经济会受到一定影响,但这种影响微乎其微[②]。大型会展节事的举办应与当地旅游业相融合,以获得更大的效益[③]。会展节事活动的开发应联合当地特色,并与特色旅游项目相融合[④]。大型会展节事活动能带动当地旅游业,同时,特色会展节事活动的开发也要以该地区具有特色的文化为前提,这启示着会展节事活动选址需要依据文化特色这一标准[⑤]。

二、会展节事的文化效应

会展节事活动的文化价值远高于其经济价值,文化理念的传播对经济发展也有促进作用。会展节事活动的开展会涉及人们生活最基本的吃穿住行,这些方面的质量的提升标志着城市建设的升级,有利于城市文化的发展[⑥]。目前很多会展节事的举办与当地的美食宣传结合在一起,会展节事的组织者可以将此作为会展节事推广营销的手段来吸引游客,节事的吸引力在于其是否具有文化的或独有的地域特色。一场会展节事活动的举办可以推动当地文化产业的创新发展。例如,威尼斯双年展是世界范围内大型的城市节事活动之一,其为威尼斯这座城市的发展带来了非凡的影响力与发展动力。该会展节事活动将当地遗留下来的军械库作为活动举办的场地,也因此诞生了与之相关的文化创意产业。会展节事活动的开展可以产生文化效应,同时,在城市会展节事活动的营销中也需要文化效应的加持,即在会展节事活动中注重当地文化方面元素的渗透,从而促进会展节事活动的营销,带动地方

---

① 刘亭立,王诚庆.重大节事的经济效应实证研究——以北京奥运会的市场反应为切入点[J].旅游学刊,2011,26(5):84-89.
② 曹广杰,王昕,吴建峰.重大节事对旅游城市入境旅游的影响研究——以北京为例[J].重庆师范大学学报(自然科学版),2015(32):165.
③ 潘文焰.节事资源旅游产业化的机理与路径研究[D].上海:华东师范大学,2014.
④ 鲁俊.旅游目的地节事活动的开发策略研究[D].天津:天津商业大学,2016.
⑤ 常慧.蒙自米线石榴节旅游开发研究[D].昆明:云南艺术学院,2019.
⑥ 樊珊.大型节事活动举办城市的城市品牌传播策略研究[J].中国管理信息化,2018,21(24):153-154.

经济①。

我国关于会展节事的文化效应的研究在2010年上海世博会之后逐渐增多,相关研究指出,不同的会展节事活动具有不同的文化效应。随着2008年北京奥运会的申办成功和一系列筹备建设工作的推进,国内一些学者开始研究关于体育赛事的城市文化效应,有学者认为一场大型的体育赛事能够加强城市文化对该地区和其他国家的影响力,提升科技发展和创新力,增进中外优秀文化的交流和融合,强化当地市民的体育锻炼意识,从而促成具有特色的城市体育文化的形成,丰富市民文化生活并提升市民的文化素质②。城市的大型会展节事活动的文化价值如今得到了更多关注,它们的对外开放性能够促进其与外来文化的交流与融合。参与者的亲身感受和国内外媒体的新闻报道与宣传,都能帮助提升会展节事举办地的文化知名度,同时又有利于增强当地居民的文化自信和自豪感。中国有许多传统的庙会类型的会展节事活动,以娱乐性和休闲性为主,这些会展节事活动的文化效应主要表现在能促进游客和当地居民对当地文化的深入了解③。

三、会展节事的社会效应

大型会展节事的举办不仅与一个城市的经济、文化息息相关,还富有深远的社会影响。大型会展节事对城市的影响程度取决于该会展节事活动是否与当地居民的切身利益相关,若是,则该大型会展节事对该城市的影响会远大于仅仅从形式上照搬其他地方举办的会展节事活动④。在举办大型会展节事的过程中,非主办方的单位可以利用该会展节事的影响力提升自身品牌形象,利用杠杆策略,培育社会资本,加强企业联系网络⑤。大型会展节事的主办方在协调活动的相关工作时,除了协调好与会展节事相关的承办方、赞助商等组织单位以外,还要协调好举办地周围社区的宣传工作和参与度,帮助居民融入其中,从而形成更好的会展节事活动品牌口碑和影响力。

四、会展节事对于旅游目的地形象的塑造及传播研究

关于会展节事对于旅游目的地形象的塑造及传播的研究,主要有以下几类观点:一些旅游目的地以举办世博会等大型会展节事为契机,主导绿色空间的整合,提升城市空间的合理规划⑥;一些旅游目的地通过游客对大型会展节事的感知水平,测度大型会展节事的举办对旅游目的地的总体形象的影响⑦;马拉松等体育赛事会对中小型城市品牌的塑造及提升产生

---

① Yan N, Halpenny E.The Role of Cultural Difference and Travel Motivation in Event Participation: A Cross-cultural Perspective[J].International Journal of Event and Festival Management, 2019,10(2): 155-173.

② 肖锋,姚颂平,沈建华.举办国际体育大赛对大城市的经济、文化综合效应之研究[J].上海体育学院学报,2004(5):27-30.

③ 张学勇.哈尔滨市节事活动的城市规划对策框架研究[D].哈尔滨:哈尔滨工业大学,2007.

④ Gelders D, Zuilen B V.City Events: Short and Serial Reproduction Effects on the City's Image[J].Corporate Communications: An International Journal, 2013, 18(1): 110-118.

⑤ Monica C P, Sarah J K, Chelsea G.Identifying Objectives for Mega-event Leveraging: A Non-host City Case[J].Marketing Intelligence & Planning, 2018, 36(2):168-184.

⑥ 张长滨.重大节事主导的城市绿色空间整合研究[D].北京:北京林业大学,2016.

⑦ 郭芯芯.重大会议对旅游目的地形象的影响研究[D].济南:山东大学,2018.

积极效应,并有利于增强城市的竞争优势①;《魅力中国城》等旅游文化节目为城市品牌的传播提供了电视等大众传播的创新方式②;闫阿慧、赵玉宗和张方云通过对地方大型会展节事游后感知特征的研究,进一步分析出影响会展节事重游意愿的因素主要有空间因素、非实体记忆和实体记忆因素③。

综上所述,国内外学界对会展节事的影响效应研究,集中于经济效应、文化效应、社会效应以及旅游目的地形象塑造及传播方面。伴随着时代的不断发展,我国各类大型会展节事将继续开拓进取,不断提升组织、管理与举办的水平和能力,其在经济、文化、社会等方面对举办地乃至整个国家产生的积极影响将会越来越受到重视。大型会展节事的影响效应理论将会在更加广泛的领域不断得到实践。深刻认识大型会展节事的影响效应对于大型会展节事的组织与管理也有十分重要的指导意义和借鉴价值。

第二节 中国国际进口博览会案例概况

一、中国国际进口博览会简介

中国国际进口博览会(China International Import Expo,CIIE),简称"进博会",由中华人民共和国商务部和上海市人民政府主办,中国国际进口博览局、国家会展中心(上海)承办,举办时间为每年的11月上旬。进博会是世界上首个以进口为主题的国家级展会,是中国大型会展节事的典型,它的举办是中国坚持改革开放,与世界各国互利共赢、友好合作的集中体现,是中国着眼于推进新一轮高水平对外开放所作出的一项重大举措,是中国主动向世界开放市场的重大举措。截至2021年,进博会已成功举办了4届,即使发生了国际关注的突发公共卫生事件,进博会也如期举行,没有间断,线下进博会与"云上"进博会相辅相成,进博会"永不落幕"。进博会真正做到了让展品变商品、让展商变投资商,交流创意和理念,联通中国和世界,成为国际采购、投资促进、人文交流、开放合作的四大平台,成为全球共享的国际公共产品。中国政府诚挚欢迎各国政要、工商界人士,以及参展商、专业采购商参展参会,拓展中国市场,分享各国经贸合作商机,实现互惠互利、共赢发展。中国愿与世界各国一道,将中国国际进口博览会打造成世界一流的博览会,为各国开展贸易、加强合作开辟新渠道,促进世界经济和贸易共同繁荣④。

---

① 喻超.大型体育赛事对中小型城市品牌塑造的影响研究[D].长沙:湖南师范大学,2018.
② 刘璇.《魅力中国城》中城市品牌传播研究[D].昆明:云南大学,2018.
③ 闫阿慧,赵玉宗,张方云.地方重大节事游后感知及重游意愿研究——以青岛国际啤酒节为例[J].青岛职业技术学院学报,2018,31(1):79-86.
④ 中国国际进口博览会,https://www.ciie.org/zbh/cn/19us/Overview/.

二、中国国际进口博览会品牌形象

基本品牌要素如下。

1. 举办时间

（1）6天——11月5日至10日。

自2018年起，进博会的举办时间固定为每年的11月5日至10日，为期6天。

（2）"6天+365天"的一站式交易服务平台。

受疫情的影响，从2020年第三届起，进博会实现了"线上+线下"双线融合的举办模式，构建了"6天+365天"的一站式交易服务平台。各参展国、参展企业与采购商既可以在线下实体场所洽谈交易，也可以在虚拟空间"云上"相约。

一是搭建一站式进口服务平台，提供常态化交易服务。通过线上与线下相结合的方式，推进参展商和采购商的信息精准对接。做好信息收集，实时掌握需求，减少信息不对等的情况出现。同时，及时发布采购需求和交易动态，开发交易咨询和撮合服务功能，提供常态化交易服务。

二是开展多渠道精准对接，组建分类采购商联盟。进博会充分调动各个行业龙头企业的积极性，为参展商和实体零售、跨境电商、贸易代理商、展示展销、交易中心等提供对接服务。

三是组织专业服务市场资源，提供专业配套服务。

2. 举办地点

（1）线下实体场馆。

进博会的线下实体举办场馆为国家会展中心（上海），是由商务部和上海市人民政府合作共建的超大型会展综合体，总建筑面积超过150万平方米，包括展馆、商业广场、办公楼和一家五星级酒店，集展览、会议、活动、商业、办公、酒店等多种业态于一体，主体建筑以伸展柔美的四叶幸运草为造型，是上海市的标志性建筑之一。

（2）线上虚拟空间。

从第四届起，进博会开始举办线上国家展，采用三维建模、虚拟引擎等技术为各参展国精心搭建数字展厅，通过图片、视频和三维模型等展示参展国的发展成就、优势产业、文化旅游业、代表性企业等。线上办展既可以让观众足不出户就可以将各国美景、美食尽收眼底，带给观众全新的参展体验，同时可以促进参展国的经济发展和文化交流，有效发挥进博会人文交流的平台作用，使国家展成为各国文明交流互鉴、中外民心相连相通的彩虹桥。同时，进博会与相关企业进行"云招展"线上推介会，双方努力克服疫情带来的不利影响，借助互联网突破地域限制，减少时间成本，将展品变成商品，有效促进了多边贸易的高水平发展。

3. 主题口号

进博会的主题口号是"新时代，共享未来"（New Era, Shared Future）。该主题口号秉承"一带一路"建设共商、共建、共享的原则和精神，彰显了进博会将以习近平新时代中国特色社会主义思想为指导，打造全球包容、开放合作、互惠发展的新型国际公共平台，与世界共享发展成果，为建设开放型世界经济，推动经济全球化朝着更加开放、包容、普惠、平衡、共赢的方向发展贡献中国力量。

4. 标识（logo）

中国国际进口博览会标识由中间的地球、外侧的浅蓝色圆环、中国国际进口博览会的中英文名称和英文缩写（CIIE）等部分组成，见图8-1。图标中间的地球图样寓意进博会的广泛性、多样性和包容性，代表了要将进博会打造成世界各国展示国家形象、开展国际贸易的开放型合作平台的决心。地球上的绿色中国图样，体现了"绿水青山就是金山银山"的绿色发展理念，表明进博会紧紧围绕创新、协调、绿色、开放、共享的发展理念，着力打造一流绿色展会。图标外侧为浅蓝色圆环，体现了中国海纳百川的自信与豪迈，寓意着中国与世界各国紧密的团结合作，彰显了中国支持经济全球化的实际行动。图标中中国国际进口博览会的英文简称"CIIE"中间两个字母"II"形似一扇打开的大门，寓意进博会是世界连通中国之门、国际经贸合作之门、世界人民友谊之门，字体颜色选取中国红，象征着中国热情好客、欢迎世界宾朋。

图8-1　中国国际进口博览会标识（logo）[①]

5. 吉祥物

中国国际进口博览会的吉祥物为"进宝"（见图8-2），其主体形象为中国的"国宝"大熊猫。大熊猫是中国特有的名片，其憨态可掬又充满灵气的形象受到全世界人民的喜爱，它多次担任友好使者，为中国发展对外友好关系做出了重要贡献。取名"进宝"，既有"进博会之宝"的含义，也是"进博"的谐音，还暗含着"招财进宝"的吉祥寓意。"进宝"围着一条绣着进博会标识的蓝黄色围巾。其中，黄色代表"丝绸之路经济带"，蓝色代表"21世纪海上丝绸之路"，黄蓝色调体现了进博会与"一带一路"倡议的紧密联系。吉祥物手中所持的四叶草，既代表了进博会的举办地——国家会展中心（上海）主体建筑的造型，又具有幸福、幸运的象征意义[②]。

图8-2　中国国际进口博览会吉祥物"进宝"[③]

[①] 中国国际进口博览会官网，https://www.ciie.org/zbh/cn/19qa/Chinese/。
[②] 中国国际进口博览会主题口号、标识和吉祥物揭晓[EB/OL].(2018-07-30).https://www.ciie.org/zbh/bqxwbd/20190314/11835.html。
[③] 中国国际进口博览会官网，https://www.ciie.org。

进博会的标识logo及吉祥物的设置,更好地树立了其品牌形象,该形象贴近大众,加深了其在大众心中的印象,使大众更易理解进博会举办的意义与目的,有益于进博会价值的传播与传承。

6. 组织架构

进博会的组织架构凸显了其作为国家级展会的优势。进博会组委会统一领导进博会筹备工作,研究协调筹办工作中的重大事项。组委会办公室设在商务部,主要负责研究协调筹办工作中的重大事项;协调推动各部门、各地方的筹办工作及参展事务;推动落实我国政府邀请有关国家和地区以及国际组织参展。进博会的组织架构简介见表8-1。

表8-1 进博会组织架构简介

组织架构	简介
主办单位	进博会的主办单位是中华人民共和国商务部和上海市人民政府,主要负责进博会主场外交、国际展览、国际论坛等各项工作事务
承办单位	进博会的承办单位是中国国际进口博览局和国家会展中心(上海),负责拟定办展方案,承担进博会的招展、招商、布展、现场组织、管理服务等具体工作
合作单位	进博会的合作单位有世界贸易组织、联合国开发计划署、联合国贸易和发展会议、联合国粮农组织、联合国工业发展组织、国际贸易中心等

第三节 中国国际进口博览会案例分析

一、中国国际进口博览会的整体形象分析

(一)中国国际进口博览会是"政府主导"下的国家级盛会

进博会由中华人民共和国商务部、上海市人民政府主办,是世界上首个以进口为主题的大型国家级展会,是习近平新时代中国特色社会主义思想的伟大实践,是习近平治国理政思想的集中体现,是中国加快建设更高水平的开放型经济新体制的有效推动。

(二)中国国际进口博览会是世界上首个以进口为主题的国际展会

进博会是世界上第一个以进口为主题的国际展会,是国际贸易发展史上的一大创举,是全球开放合作的新平台,是中国主动扩大开放的里程碑。截至2021年12月,进博会已成功举办4届,习近平总书记连续4年在进博会开幕式发表主旨演讲,表示经过3年发展,进博会让展品变商品、让展商变投资商,交流创意和理念,联通了中国和世界,成为国际采购、投资促进、人文交流、开放合作的四大平台,成为全球共享的国际公共产品。

(三)中国国际进口博览会是"对外开放、普惠包容、合作共赢"的全球贸易盛会

进博会是中国坚定支持贸易自由化和经济全球化、积极扩大进口、主动向世界开放市场的立场和行动体现,凝聚了国际社会的深度合作共识,旨在继往开来,促进国际经贸合作与交流、实现互利共赢。进博会所设立的国家展,对部分发展中国家提供参展优惠,对世界上

许多最不发达国家免费提供参展机会,这些举措都为世界各国充分展示各自特色产品和国家形象提供了机会,大大方便了各类市场主体更便捷地吸引中国投资和进入中国市场,有助于世界各国广泛参与和融入全球价值链,推动全球经济实现包容性增长。积极宣传进博会所取得的历史性成就,不仅可以使不同国家、不同群体、不同阶层的人们得以共享、共用经济全球化发展成果,同时也为推动经济全球化朝着更加开放、包容、普惠、平衡、共赢的方向提供了良好契机。

(四)中国国际进口博览会是"永不落幕"的商品展示交易盛会

进博会在疫情常态化下,在中国数字经济发展的支持下,不断打造"永不落幕"的进博会,放大进博会的溢出效应。2018年4月18日,中进博会"6天+365天"一站式交易服务平台正式上线。同时,上海国际进口交易服务有限公司成立揭牌。这标志着一站式交易服务平台正式向全球企业提供365天常态化进口交易服务,更好地提升了进博会配置全球资源的能力,体现上海"买全球、卖全球"的机遇。"6天+365天"线上与线下双线并举的常态化运作模式,使得专业服务得到不断升级,常年展示交易平台入驻虹桥进口商品展示交易中心,"参展一周、服务一年",促进展品变商品,为海外参展商和国内外采购商提供在线展示、在线撮合的综合型进口交易服务平台,能够延长进博会展示周期、放大进博会展览效应,打造"永不落幕"的进博会。

(五)中国国际进口博览会是"新时代,共享未来"的国际盛会

进博会以"新时代,共享未来"为主题口号,突出低碳化、数字化,展会的营销传播、展示手段、展示产品都体现了人类对未来的最新探索。国家展中各参展国在贸易投资领域的重大成就、企业商业展中各种具有高科技含量的创新产品均会在进博会这一公共平台进行展示。来自各个国家和地区的客商汇聚一堂,世界各国千家参展企业与我国各地采购商面对面洽谈对接、共谋发展大计。与国际经贸发展相关的论坛等多种形式的互动活动,让各国、各界共话发展,共享未来。

二、中国国际进口博览会的背景分析

(一)中国国际进口博览会是推动构建人类命运共同体的实际行动

2011年《中国的和平发展》白皮书提出,要以"命运共同体"的新视角,寻求人类的共同利益和共同价值的新内涵。2012年11月党的十八大报告明确提出要倡导人类命运共同体意识。习近平就任总书记后首次会见外国人士就表示,国际社会日益成为一个你中有我、我中有你的"命运共同体",面对世界经济的复杂形势和全球性问题,任何国家都不可能独善其身。"命运共同体"是中国政府反复强调的关于人类社会的新理念。2013年,习近平总书记在莫斯科国际关系学院深刻阐述了人类命运共同体理念的内涵。由此,一种以应对人类共同挑战为目的的全球价值观已经形成。

作为世界上第一个以进口为主题的国家级展会,进博会既是中国政府为推动经济全球化提供的国际公共产品,也是推动构建人类命运共同体的实际行动。近年来,世界经济深度调整,全球经济增长动力不足,经济全球化遇到了波折,国际社会对拓展中国市场的意愿强烈。进博会努力实现"买全球、卖全球",是一个开放合作的国际性平台,是推动经济全球化、

构建开放型世界经济的中国方案①。

(二) 中国国际进口博览会是促进共建"一带一路"的中国方案

2013年9月和10月,中国国家主席习近平在出访中亚和东南亚国家期间,先后提出共建"丝绸之路经济带"和"21世纪海上丝绸之路"的重大倡议,得到国际社会高度关注。中国提出两个符合欧亚大陆经济整合的大战略:"丝绸之路经济带"战略构想和"21世纪海上丝绸之路"战略构想,两者合称"一带一路"倡议。"一带一路"是促进共同发展、实现共同繁荣的合作共赢之路,是增进理解信任、加强全方位交流的和平友谊之路。中国政府倡议,秉持和平合作、开放包容、互学互鉴、互利共赢的理念,全方位推进务实合作,打造政治互信、经济融合、文化包容的利益共同体、责任共同体和命运共同体。

进博会是促进中国进口、改善中国与"一带一路"沿线国家和地区双边经贸状况的重要举措;是促进中国与"一带一路"沿线国家和地区共同发展的一个新的重要的国际经贸合作平台;是加快推进我国新一轮高水平对外开放发展新进程,为构建开放型世界经济新格局做出的中国贡献②。

(三) 中国国际进口博览会是为助力全球经济复苏注入的"中国力量"

开放融通的潮流注定了经济全球化的趋势,反全球化势力、保护主义及单边主义滋长,国际摩擦加剧,导致国际需求下降,国际经济大循环动能弱化。同时,在2020年世界绝大部分地区受到疫情的冲击、全球经济大幅度萎缩的背景下,中国提出加快构建以国内大循环为主体、国内国际双循环相互促进的新发展格局,开展线上与线下相合作的参展模式,打造一个高层次、高水准、高质量的国际经济贸易平台,打破时空限制,深化贸易合作,推动经济复苏。在全球疫情蔓延的形势下,第三届进博会的成功举办,对于充分展示中国疫情防控取得的重大成就和全面扩大开放的坚定决心,推动形成以国内大循环为主体、国内国际双循环相互促进的新发展格局,具有重要意义③。

(四) 中国国际进口博览会是把握经济全球化趋势、助力构建中国开放型经济新体制的重要途径

进博会正成为促进中国"双循环"新发展格局的新平台。进博会的成功举办有力地推动了京津冀协同发展战略、长江经济带发展战略,尤其是长江三角洲一体化高质量发展战略、粤港澳大湾区战略、黄河流域生态保护和高质量发展战略,以及"一带一路"倡议④。进博会作为我国主动扩大进口、促进对外贸易平衡发展的开放平台,促进了中国经济的飞速发展,创造了出口增长奇迹,向外界主动传达了中国想要扩大出口的信心和积极愿望,助力构建中国开放型经济新体制,营造全面开放新格局。

---

① 商务部:进博会是推动构建人类命运共同体的实际行动[EB/OL].(2018-11-04). http://china.cnr.cn/yaowen/20181104/t20181104_524404026.shtml.

② 胡必亮.进博会:推动共建"一带一路"走深走实的重要支撑[N/OL].光明日报,2018-11-18.https://www.sohu.com/a/276211743_115423.

③ 上海举行第三届中国国际进口博览会新闻发布会[EB/OL].(2020-10-31).
www.scio.gov.cn/xwfbh/gssxwfbh/xwfbh/shanghai/Document/1691041/1691041.htm.

④ 持续办好进博会 构建开放型世界经济[EB/OL].(2021-11-04).
http://www.cppcc.gov.cn/zxww/2021/11/04/ARTI1635988970203164.shtml.

三、中国国际进口博览会的举办实力和水平分析

（一）始于2018年，是高水平对外开放的重大决策

进博会是高水平对外开放的重大决策，是中国主动向世界开放市场的重要举措，是中国推动建设开放型世界经济、支持经济全球化的务实行动。

2017年5月14日，习近平主席出席"一带一路"国际合作高峰论坛并宣布："中国将从2018年起举办中国国际进口博览会。"2018年4月10日，习近平主席在博鳌亚洲论坛2018年年会开幕式上发表主旨演讲，指出："这不是一般性的会展，而是我们主动开放市场的重大政策宣示和行动。"2018年7月25日，习近平主席在金砖国家工商论坛上发表重要讲话指出："今年11月，中国将在上海举办首届中国国际进口博览会。这是中方坚定支持贸易自由化、主动向世界开放市场的重大举措，将为各方进入中国市场搭建新的平台。"

2018年11月5日至10日，首届中国国际进口博览会在国家会展中心（上海）如期举办。习近平主席出席了开幕式并发表了主旨演讲，指出："中国国际进口博览会不仅要年年办下去，而且要办出水平、办出成效、越办越好。"

2018年11月17日，习近平主席出席巴布亚新几内亚首都莫尔兹比港出席亚太经合组织工商领导人峰会并发表主旨演讲，指出："一周前，首届中国国际进口博览会在上海成功举行，吸引了172个国家、地区和国际组织，3600多家企业参展，40多万名境内外采购商到会洽谈采购，成交额达到578亿美元。4500多名各界知名人士出席虹桥国际经济论坛。中国用行动证明了支持贸易自由化、主动向世界开放市场的决心。"2018年11月30日，习近平主席出席在布宜诺斯艾利斯举行的二十国集团领导人第十三次峰会第一阶段会议并发表了重要讲话，再一次指出："今后，我们将每年举办中国国际进口博览会，向世界进一步敞开中国市场。"①

自2018年以来，的历届进口博览会上，习近平主席均出席了开幕式并做了主旨演讲。2018年，在首届进博会开幕式上，习近平主席发表了主旨演讲，指出：举办中国国际进口博览会，是中国着眼于推动新一轮高水平对外开放做出的重大决策，是中国主动向世界开放市场的重大举措。2019年，在第二届进博会开幕式上，习近平主席强调，站在新的历史起点，中国开放的大门只会越开越大。2020年，在第三届进博会开幕式上，习近平主席指出，中国将秉持开放、合作、团结、共赢的信念，坚定不移全面扩大开放。2021年，在第四届进博会开幕式上，习近平主席强调，中国愿同各国一道，共建开放型世界经济，让开放的春风温暖世界！

（二）历届举办成果显著（2018—2021年）

首届进博会共吸引来自151个国家和地区的3617家企业参展，1793家展商带来了5446件尚未进入中国市场的产品及服务，其中有101项具有代表性的先进产品、技术或服务为全球首次公开展示。企业商业展累计超过80万人次入场，其中包括39个交易团、592个交易分团参会，现场意向成交额达578.3亿美元。

第二届进博会共有181个国家、地区和国际组织参会，3800多家企业参加企业商业展，

---

① 习近平在二十国集团领导人第十三次峰会第一阶段会议上的讲话[EB/OL].(2018-12-01). https://www.yidaiyilu.gov.cn/xwzx/roll/73216.htm.

超过50万名境内外专业观众注册参会,展览面积达36.6万平方米。各省、自治区、直辖市、计划单列市、新疆生产建设兵团、国务院国资委、国家卫生健康委共组织了39个交易团近600个交易分团参会。交易成果丰硕,按一年及以内计,累计意向成交额达711.3亿美元,比首届增长23%,远超过首届,采购商国际化程度进一步提高[1]。

第三届进博会是疫情全球蔓延的特殊时期备受世界瞩目的贸易盛会;是世界经济衰退困难时期,展现中国责任担当的国际盛事;是决胜全面建成小康社会的重要时刻,增强全国人民"四个自信"的开放盛会。第三届进博会安全、精彩、富有成效,充分彰显了以习近平同志为核心的党中央统筹疫情防控和经济社会发展的卓越能力,充分表明了中国同世界分享市场机遇的真诚愿望,充分体现了中国推动构建人类命运共同体的大国担当[2]。在当前疫情防控常态化与全球经济低迷的背景下,第三届进博会如期顺利举办具有特殊的历史意义。同时,进博会作为促进国内外经贸合作与人文交流的重要枢纽与关键平台,对构建"双循环"新发展格局亦具有积极作用。第三届进博会"展览规模更大,参展企业质量更好,展品展览水平更高"。总展览面积比上届扩大3万平方米,世界500强及行业龙头企业参展回头率超过70%,吸引了来自全球150多个国家的3600多家企业,举办101场配套现场活动,采购商共组建39个交易团、近600个分团,注册单位11.2万家,近40万名专业观众注册报名。虽然全球疫情仍在持续蔓延,但第三届进博会各方合作意愿热度不减,累计意向成交额达726.2亿美元,比上届增长2.1%。3000多名境内外记者报名采访,全方位多角度呈现了进博会盛况。自2020年1月1日至11月30日,全网有关第三届进博会的新闻报道等各类信息量近330万条,同比增长31.5%。技术装备展区、医疗器械及医药保健展区和消费品展区依旧是最受舆论关注的展区[3]。

第四届进博会总展览面积创下新高,达到36.6万平方米,配套现场活动95场,共有来自127个国家和地区的2900多家参展企业参展,包括超过280家世界500强及行业龙头企业,带来了422项新产品、新技术、新服务,有近35万观众注册报名,其中包括39个交易团近600个分团,累计意向成交额达707.2亿美元。企业商业展在原有基础上在部分展区设置行业分区,进一步提升专业化水平[4]。展会吸引了3000多名中外媒体记者报名采访,传播影响力持续增强。从传播趋势来看,进博会热度贯穿全年、高潮迭起,形成"展期高热、全年保温"的传播态势。从传播热点来看,"合作共赢""扩大开放"等关键词高频出现,彰显了中国与世界分享自身发展机遇、推动世界经济可持续发展的决心[5]。2018—2021年进博会相关数据概况见表8-2。

---

[1] 2019(第二届)中国国际进口博览会 企业商业展展后报告[EB/OL].(2019-11-15).https://www.ciie.org/resource/upload/zbh/202003/05164151jprq.pdf.

[2] 2020(第三届) 中国国际进口博览会 企业商业展展后报告[EB/OL].(2020-11-15).https://www.ciie.org/resource/static/zbh/default/assets-2019/download/Report_on_the_Business_Exhibition_ZH.pdf.

[3] 2020(第三届) 中国国际进口博览会 企业商业展展后报告[EB/OL].(2020-11-15).https://www.ciie.org/resource/static/zbh/default/assets-2019/download/Report_on_the_Business_Exhibition_ZH.pdf.

[4] 2021(第四届)中国国际进口博览会 企业商业展展后报告[EB/OL].(2021-11-15).https://www.ciie.org/resource/upload/zbh/202201/212103534jxd.pdf.

[5] 2021(第四届)中国国际进口博览会 企业商业展展后报告[EB/OL].(2021-11-15).https://www.ciie.org/resource/upload/zbh/202201/212103534jxd.pdf.

表 8-2　2018—2021 年进博会相关数据概况

进博会	展览概况
第一届进博会	企业商业展分设七大展区（服务贸易、汽车、职能及高端装备、消费电子及家电、服装服饰及日用消费品、医疗器械及医药保健、食品及农产品），展览面积27万平方米，配套现场活动200多场，151个国家和地区的3617家企业参展，1793家展商带来了5446件尚未进入中国市场的产品及服务，其中有101项具有代表性的先进产品、技术或服务为全球首次公开展示，企业商业展累计超过80万人次入场，其中包括39个交易团、592个交易分团参会，现场意向成交额达578.3亿美元
第二届进博会	企业商业展分设七大展区，总展览面积36.6万平方米，配套现场活动380多场，有181个国家、地区和国际组织参会，3800多家企业参展，带来400余项新产品、新技术、新服务，专业观众注册超50万人，其中包括39个交易团、近600个交易分团参会，累计意向成交额达711.3亿美元
第三届进博会	企业商业展在原基础上增设了公共卫生防疫、智慧出行、节能环保、体育用品及赛事专区，总展览面积近36万平方米，配套现场活动共101场，二十国集团、金砖国家、上合组织所有成员国的企业参展，包括274家世界500强企业及行业龙头企业，带来了近411项新产品、新技术、新服务，有近40万名专业观众注册报名，其中包括39个交易团、近600个交易分团参会，累计意向成交额达726.2亿美元
第四届进博会	企业商业展在原有基础上在部分展区设置行业分区，进一步提升专业化水平，总展览面积36.6万平方米，配套现场活动95场，共有来自127个国家和地区的2900多家参展企业参展，包括超过280家世界500强及行业龙头企业，带来了422项新产品、新技术、新服务，有近35万名观众注册报名，其中包括39个交易团、近600个分团，累计意向成交额达707.2亿美元

以上数据显示，进博会整体发展呈稳步上升趋势，第二届相比第一届在观众人数、参展商数量、展览面积、采购商数量以及累计成交额等方面都在增长；第三届、第四届受疫情影响，除累计意向交易额以外，其他方面的数据大多呈下降趋势，但各国企业的吸引力不减，举办势头依旧十分良好；在党和国家的支持下，在技术的不断更新升级下，"6天+365天"一站式交易服务平台为疫情下的进博会提供了有效的解决方案，实现了"线上+线下"的融合举办模式，做到了砥砺前行，推动了进博会的可持续发展。

（三）中国国际进口博览会举办盛况——以第四届为例

进博会举办活动内容丰富多彩，可以大致上分为国家展、企业商业展、虹桥国际经济论坛，以及配套现场活动四个板块，并提供多项服务。

1. 国家展——各国"争奇斗艳"

进博会的国家展板块展览面积约3万平方米，是进博会为新时代对外开放探索新路径、为中国特色大国外交拓展新模式的重要载体。各参展国充分运用传统技术与高科技手段，着力展现本国的贸易投资、特色产业、文化旅游、代表性企业等领域的有关情况，向全球观众展示国家综合形象，是进博会的一大亮点和特色。

第四届进博会首次举办线上国家展，采用虚拟现实和三维建模的技术手段，搭建参展国数字展厅，为各国深化国际经贸合作、提升国家影响力提供了展示平台。共有58个国家和3个国际组织参加国家展，国别、企业数均超过上届。国家展通过图片、视频和三维模型等展示参展国的发展成就、优势产业、文化旅游、代表性企业等,让观众足不出户就可以将各国美景、美食尽收眼底,带给观众全新体验,有效发挥了进博会人文交流的平台作用,使国家展成为各国文明交流互鉴、中外民心相连相通的彩虹桥。

2. 企业商业展——体现各行业展贸风采

(1)展区分布。

第四届进博会企业商业展共设六大展区,包括食品及农产品展区、汽车展区、技术装备展区、消费品展区、医疗器械及医药保健展区,以及服务贸易展区。在部分展区内部设置行业专区,进一步提升专业化水平。

(2)参展企业。

第四届进博会参展企业来自127个国家和地区,其中包括50个"一带一路"沿线国家和地区的622家企业参展;33个最不发达国家的90家企业参展;31个非洲国家的87家企业参展;3个中东欧国家的125家企业参展;G20相关国家的1503家企业参展;上海合作组织相关国家的184家企业参展。具体数据见图8-3。

大洲	亚洲 含港澳台地区	欧洲	非洲	美洲	大洋洲
企业数占比	45.0%	33.3%	3.0%	13.9%	4.8%
参展面积占比	38.4%	36.8%	0.7%	20.3%	3.9%

图8-3 第四届进博会参展企业分布情况①

(3)知名企业。

第四届进博会有全球众多知名企业参展,其中包括274家世界500强企业和行业龙头企业。图8-4为部分参展的世界500强企业,按展区展馆号排序。

图8-4 参加第四届进博会的知名企业②

---

①2021(第四届)中国国际进口博览会 企业商业展展后报告[EB/OL].(2021-11-15).https://www.ciie.org/resource/upload/zbh/202201/212103534jxd.pdf.

②2021(第四届)中国国际进口博览会 企业商业展展后报告[EB/OL].(2021-11-15).https://www.ciie.org/resource/upload/zbh/202201/212103534jxd.pdf.

(4) 首发产品、技术和服务。

第四届进博会首发代表性新产品、新技术、新服务422项,其中全球首发88项。亚洲首发的泰国多品种植物基仿造肉、亚洲首展的移动出行概念车、全球首款协作机器人、全球首款仅重200克的随身除菌净味仪、全球首台经支气管诊疗肺癌的数字化手术平台、全球供应链数智解决方案等悉数登场,见图8-5。

图8-5　第四届进博会的部分首发产品、技术及服务①

(5) 意向成交额。

第四届进博会按一年及以内计,意向成交额为707.2亿美元,比上届略降2.6%。但本届展会成果丰硕,亮点纷呈,发达国家、发展中国家和最不发达国家企业均踊跃参展,进博会"朋友圈"进一步扩大。

3. 虹桥国际经济论坛——主题精彩纷呈

虹桥国际经济论坛(简称虹桥论坛)是进博会的重要组成部分,自2018年首届以来,虹桥论坛的成功举办使其已发展成国际政商学界高端对话交流平台。第四届虹桥论坛主题为百年变局下的世界经济:后疫情时代全球经济合作,举办了12场分论坛和1场国际研讨会,议题涵盖全球治理、可持续发展、中国实践经验等综合性、跨领域话题,也聚焦消费升级、产业革命、农产品贸易、知识产权、金融开放等专业性技术性话题。例如,在"中国现代化与世界新机遇"分论坛上,中外嘉宾通过线上线下方式,共话中国现代化进程是与世界同发展、共进步的历程,中国将秉持和平、发展、公平、正义、民主、自由的全人类共同价值,在互利合作、增进包容、交流互鉴、和平和睦中与世界共享机遇、共促发展,以现代化建设新成果为世界做出更大贡献。智库和媒体应积极传播合作共赢理念,凝聚联动发展共识,厚植信任友谊,为更好探索现代化道路、推动构建人类命运共同体贡献真知灼见。

---

① 2021(第四届)中国国际进口博览会 企业商业展展后报告[EB/OL].(2021-11-15).https://www.ciie.org/resource/upload/zbh/202201/212103534jxd.pdf.

4. 配套现场活动——为国展增资添彩

第四届进博会期间共举办政策解读、对接签约、投资促进、研究发布等六大类95场配套现场活动。联合国工业发展组织、联合国全球契约组织、中国国际贸易中心、世界知识产权组织等有重要影响力的国际组织举办相应活动,促进国际交流合作。中华人民共和国商务部、中华人民共和国工业和信息化部、中华人民共和国文化和旅游部、中华人民共和国海关总署、国家市场监管总局、国家医疗保险局、国家药品监督管理局、中国国际贸易促进委员会等组委会成员等单位,举办政策解读等类型活动,为参展商等外资企业进入中国市场、拓展中国市场提供指导。以会促展功能进一步凸显,助力进博会发挥国际采购、投资促进、人文交流、开放合作四大平台作用。

(四) 服务全面、周到、细致、安全

围绕进博会的安全顺利举办,上海为各参展国和参展企业提供了全面周到的城市服务保障体系,服务全面、周到、细致、安全。服务内容既包含保险、运输等多项专业服务,还包含商旅及展馆配套服务。除此之外,在疫情防控要求下,进博会还加强了疫情防控的多项举措以保障进博会的顺利、安全举办。据悉,第五届进博会开始运用科技赋能进博会防疫,通过数字化手段提供健康码、核酸检测、疫苗注射等防疫数据支撑,并通过进博会证件注册系统大大提高了效率。以第四届进博会为例,该届进博会为参展商提供的相关服务见表8-3。

表8-3 第四届进博会为参展商提供的相关服务

保险服务	中国太平洋保险(集团)股份有限公司
运输服务	中国远洋海运集团有限公司
航空服务	中国东方航空集团有限公司、中国南方航空集团有限公司
餐饮服务	"固定餐饮+临时餐饮+流动餐车"供餐模式
广告服务	上海亚太广告有限公司
翻译服务	上海外服(集团)有限公司、北京思必锐翻译有限责任公司、北京中外翻译咨询有限公司、传神联合(北京)信息技术有限公司、四川语言桥信息技术有限公司,以及甲骨易(北京)翻译股份有限公司
商旅服务	上海锦江旅游控股有限公司、中青旅(上海)国际会议展览有限公司、上海中旅国际旅游社有限公司等
展馆配套	国家会展中心上海洲际酒店

四、中国国际进口博览会备受媒体瞩目,国际传播影响力成效显著

(一) 中国国际进口博览会采用多元化渠道展开宣传与推广

历届进博会从正式进入启动时间开始,相关话题热度不断,通过构建中央级纸媒、电视等传统媒体,微信公众号、抖音、微博话题、网媒等新媒体平台多渠道、多角度进行宣传,影响力不断升级。以下以第五届进博会传播热词及媒体报道信息量为例进行说明。

1. 传统媒体对第五届进博会的宣传与推广分析（见表 8-4）

表 8-4　传统媒体宣传

传统媒体	时间	内容
电视	2021年12月9日	央视新闻报道,第五届进博会于12月9日下午举行了农作物种业专区线上宣介会,来自海内外行业协会、种业和食品企业等近百位代表线上线下参会,第五届进博会将新设农作物种业专区,推动种业领域务实合作
纸媒	2022年6月22日	解放日报报道"第五届进博会已签约世界500强企业和行业龙头企业260家"
	2022年7月27日	杨浦时报报道"第五届进博会将如期举办"

2. 新媒体平台对第五届进博会的宣传与推广分析（见表 8-5）

表 8-5　新媒体平台宣传

新媒体平台	时间	内容
微信公众号	2022年4月16日	进博会官方微信公众号宣传:4月18日,在第五届进博会倒计时200天之际,将进行线上直播
	2022年5月20日	进博会官方微信公众号公布第1期第五届进博会商展商品信息第一期。截至2022年9月9日已发布28期
	2022年7月27日	进博会官方微信公众号宣传:第五届进博会开幕倒计时100天
	2022年9月15日	进博会官方微信公众号宣传:第五届进博会开幕倒计时50天
	2022年9月16日	进博会官方微信公众号发布第五届进博会配套现场活动排期
微博	2022年6月1日	进博会官方微博发布"我的进博故事"全球征集活动征集令
	2022年7月15日	进博会官方微博发布发布消费品展区、汽车展区意向采购需求
	2022年7月27日	新华社官方微博报道第五届进博会将于11月5日至10日举办 中国日报官方微博报道进博会倒计时100天
	2022年7月29日	进博会官方微博发布宣传:第五届进博会筹办工作进展顺利,签约面积约占规划面积85%
网媒	2022年7月5日	公示第五届进博会合作企业(第一批)
	2022年7月26日	公布第五届进博会(企业商业展)整体时间安排
	2022年7月27日	进博会官方网站发布关于第五届进博会专业观众证件服务费优惠的公告 上海市人民政府新闻办公室发布上海于2022年7月27日举行第五届进博会开幕倒计时100天新闻通气会
	2022年9月8日	澎湃新闻报道第五届进博会企业商业展招展完成,吸引世界500强企业和行业龙头企业超280家

续表

新媒体平台	时间	内容
网媒	2022年9月13日	进博会官方网站宣传:第五届虹桥国际经济论坛分论坛注册嘉宾报名正式启动
	2022年9月15日	进博会官方网站公示第五届进博会合作企业(第二批)
抖音	2022年1月24日	进博会抖音官方账号宣传:2022年进博会新年交流会暨第五届签约仪式
	2022年5月5日	进博会抖音官方账号宣传:第五届进博会正式接受专业观众报名
	2022年6月1日	进博会抖音官方账号发布"我的进博故事"短视频征集活动

(二) 中国国际进口博览会国际传播影响力显著

根据《第三届进博会传播影响力报告》,中央级媒体发布的关于第三届进博会的文章数量位居榜首。在行业性主流网媒方面,东方财富网以近4000条的信息量位居榜首。在地方主流网媒方面,以东方网、澎湃新闻、上观新闻、新民网、文汇网为代表的上海主流媒体全面跟踪进博会的筹备及举办情况,为进博会的顺利举行营造了良好的舆论环境。进博会还借助新媒体平台打造热点话题,如借助微信公众号、抖音、微博等客户端凝聚进博会的人气,并利用"明星效应"引领"进博会好物"带货直播热潮。其中,手机淘宝客户端的"进博会好物推荐已上线"活动浏览量最高,共计2378.2万。进博会官方平台创新宣介形式,助推原创内容广获关注。进博会通过开设官方网站、官方微博账号、官方微信公众号、官方抖音号、海外社交平台以及官方英文会刊来获取网民关注,起到了影响非常广泛的宣传效果。

根据图8-6所展现的第三届进博会传播渠道分布情况可知,微博信息量最多,占比66.43%;网媒信息量位居第二,共计455792条,占比12.36%;微信位列第三,有352754条,占比9.57%;客户端位居第四,有345792条信息,占比9.38%。总体来看,微博、微信、客户端等新媒体传播占比颇高,合计占比逾85%。

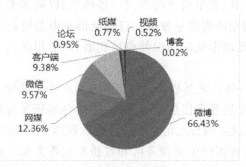

图8-6 第三届进博会传播渠道分布情况[①]

国外多家主流媒体积极关注第三届进博会的相关信息,助力扩大进博会在海外的影响

[①] 数读《第三届进博会传播影响力报告》:最热话题、最亮展品、最火展区……[EB/OL].(2021-01-29).https://baijiahao.baidu.com/s?id=1690203373400295852&wfr=spider&for=pc.

力。如图8-7所示,美国媒体对第三届进博会的关注度最高,报道量达1789篇;其次是澳大利亚,报道量达737篇;第三梯队为日本和韩国,报道量分别是417篇和415篇。

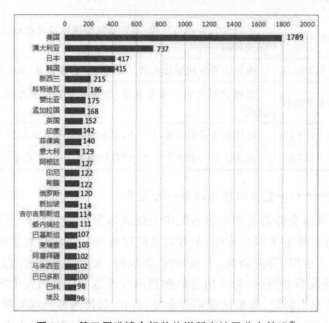

图8-7 第三届进博会相关外媒所在地区分布情况①

五、中国国际进口博览会的溢出效应分析

(一)中国国际进口博览会的政治溢出效应

1. 推进我国加快建设更高水平的开放型经济新体制和制度型开放

建设更高水平开放型经济新体制,以开放促改革、促发展、促创新,是新时代完善社会主义市场经济体制的重要方面。建设更高水平开放型经济新体制,就是要进一步打通国内国际两个市场,形成统一开放、竞争有序的现代市场体系,以高水平开放推动构建高水平社会主义市场经济体制,推动经济高质量发展。进博会的举办是坚持以开放促改革、促发展、促创新,统筹开放和安全,推动形成国内国外市场相通、产业相融、创新相促、规则相联的良性循环的伟大实践。

2. 完善长三角区域一体化发展机制,打造长三角产业集聚带

长三角区域一体化发展是我国的重要战略,进博会的开展为其带来了十分重要的发展契机。首先,为进博会而设立的长三角主要领导党政联席会议制度,有效提高了长三角区域协调合作效率。其次,虹桥国际中央商务区和虹桥枢纽作为长三角区域一体化发展的关键载体,以"大聚集"带动"大辐射",持续推动长三角区域基础设施互通互联、要素自由流动和服务对接。最后。进博会集聚了众多服务业和相关产业,打破了市场壁垒,促进产业创新升级,着力打造长三角产业集聚带。

---

① 数读《第三届进博会传播影响力报告》:最热话题、最亮展品、最火展区……[EB/OL].(2021-01-29).https://baijiahao.baidu.com/s?id=1690203373400295852&wfr=spider&for=pc.

3. 推动"一带一路"向纵深发展

中国提出"一带一路"倡议的目标是连接东亚和欧洲经济发达国家,打造一个延伸最广、规模最大的欧亚大陆经济合作平台,旨在改善世界经济形势、共塑开放共享的世界经济等。相关统计数据表明,首届进博会成功吸引了58个"一带一路"沿线国家和地区参会,共计3617家企业参展,累计现场意向成交额达578.3亿美元。随着我国进博会的定期开展,与"一带一路"沿线国家和地区的合作持续深化,中欧班列运营也日渐完善。截至2021年6月,中欧班列开行总量已超过41000列,累计货值超2000亿美元,可达欧洲22个国家的160多个城市。可见,进博会有效促进了中国与"一带一路"沿线国家和地区的多边合作,持续扩大市场开放,推动了"一带一路"向纵深发展。

(二) 中国国际进口博览会的经济溢出效应

1. 推动复工复产,拉动国内、国际经济贸易的复苏

2022年2月18日,商务部印发了《关于应对新冠肺炎疫情做好稳外贸稳外资促消费工作的通知》,指出外经贸发展专项资金可向受疫情影响较大的领域倾斜,重点支持企业开拓国际市场、以政银保合作方式加大贸易融资支持、外商投资促进服务、开放平台吸引外资、"一带一路"投资合作等。以第三届进博会首次开展的"云招商"线上推介会为例,"云推介"成为疫情下进博会招展模式,不仅促进了世界各国间的文化交流,而且推动世界商户进行直接交易,助力国内、国际贸易复苏发展。截至2022年6月8日,第五届进博会企业商业展签约面积已超过规划面积的75%,世界500强企业和行业龙头参展企业数量超过250家。特斯拉、西门子医疗、GE医疗、3M、杜邦等多家参展商也获得政府批准,逐步扩大复工、复产力度,积极为参展做准备。

2. 推动贸易创新升级

首先,进博会促进了我国进出口贸易结构的优化。相关统计数据显示,2020年我国货物贸易出口总值17.93万亿元、货物贸易进口总值14.23万亿元,服务出口总额19356.7亿元、进口总额26286亿元。这说明我国进出口贸易和服务贸易间仍存在不均衡的问题。借进博会的契机,我国更加积极地优化进口政策。我们可以发现,我国进口政策从之前以货物为主转变到现在以货物和服务并重,从进口为适应工业生产为主转变为产业和消费升级并重,从单一进口发达国家和原材料出口国为主转变到多元国家等诸多变化。这些变化促使了我国进出口贸易结构的优化。

其次,进博会促进外资企业在华投资。进博会作为一个中外深度交流的商贸平台,有效推动了外资企业与中国企业的合作,不少外资企业通过进博会了解到中国市场的需求和中国企业的生产水平,从而更倾向于在华投资,或以海外投资并购的方式提高其对我国的出口能力,这种方式也有助于我国企业提高经营效率、减少决策风险。

最后,进博会推动贸易愈加便捷。疫情之下,进博会采取"云推介"的方式,使国内外采购商能够快速且较为详细地了解商品详情,省去了路程耗时,加快了交易效率。同时,我国对部分产品的进口流程进行了创新,缩短了各环节的时间,打造"快检快放+外检内放"的验放分离模式,加快了商品的流动速度和推广速度,进而使贸易更加便捷。

3. 推动产业升级

首先是集聚经济效应助力产业升级,进博会会带动一系列相关产业,如基础设施、酒店、

餐饮、进出口、电商、零售、物流、广告、环保、旅游、会计等产业,进而形成各类产业集群,有助于建设先进制造业集聚高地,促进产业升级。

其次,首发经济促进了产业升级。借进博会之力,上海受到了众多世界500强企业和行业龙头企业的青睐,这些企业选择在中国市场进行产品首发。从首届进博会到第四届进博会,累计发布1200余项首发产品、技术及服务。相关统计数据显示,上海在2021年的前三个季度新开845家首店,同比增长18.7%。首届进博会后,世界顶级放疗设备制造商医科达,就将亚洲唯一总部设立在了上海。在第二届进博会后,药企阿斯利康更是宣布在上海设立全球研发中心和人工智能创新中心。这些由进博会带来的巨大革新都大大加快了我国科研技术的发展,带中国走向了更高端的产业链。

最后,通过进博会营造了市场良性竞争的氛围,进而促进了产业升级。以一家江苏民营企业为例,其收购了一台西班牙生产的大型龙门铣削加工设备,经过不断改良,现已批量生产,且获得了不少投资。通过引进国外先进技术和优质商品达成示范效应,从而刺激企业加快学习与创新。

按照产业关联的不同性质,进博会将带动基础设施、酒店、餐饮、进出口、电商、物流、零售、广告、传媒、旅游、市政、环保、会计、法律、金融、保险、会展等产业。同时,进博会可以形成集聚经济效应,强化总部经济,形成各类产业集群,有利于打造先进制造业高地,促进产业升级。

4. 推动消费升级

相关统计数据显示,从2012年至2021年,我国社会消费品零售总额从20.6万亿元增长到44.1万亿元,年均增长近9%,是仅次于美国的全球第二大消费市场。可见,我国人民的消费需求愈加旺盛。同时,近年来,我国居民服务消费支出占总消费支出的比重逐年递增。其中,居民对健康养生、教育培训、医疗、文化、旅游、信息等领域的消费需求大大增加。面对如此境况,只有加大高质量供给、加速产业变革,才能助推我国经济平稳运行。随着每年进博会的成功举办,已经促成了国内国际双循环的新发展格局,通过相互供给优质产品和技术,来满足消费升级的需要。进博会涉及多领域产业,不仅仅是工业品,还有与居民日常生活密切相关的食品、化妆品、医药保健品、家具等。由此,更好地满足了消费者多样化的需求。另外,一些跨国企业也因为参加进博会,获得了更多消费者的关注,商品购买量也得到了一定的提升。此外,进博会引领着消费新潮流,进而推动了消费升级。进博会聚集了全球高端品牌,之前从未进入大众关注范围的新产品,在进博会上博得了观众眼球,从而形成新一波的消费潮流,利于改善消费结构和质量,推动我国消费市场的升级转型。

(三)中国国际进口博览会的社会文化溢出效应

1. 成功塑造国家及城市优秀形象,提升国家及城市影响力

进博会作为一件由政府主办且具有全球影响力的大型会展节事,为世界各国提供了一个交流平台,其对国家形象和城市形象的塑造有着举足轻重的地位。进博会的成功举办,以及其与媒介进行的联合营销,也在一定程度上影响了国家及城市在国际上的地位。根据《解放日报》中关于进博会的新闻报道,我们可以发现"创新""安全""便利""特色""全球化""一体化"等成为高频宣传词汇,结合进博会所倡导的创新、协调、绿色、开放、共享的发展理念,这些词汇都充分反映了当下全球发展趋势和人们关注的社会热点问题。依托这些关键词,

展现出进博会是中国主动走向世界,坚定支持贸易自由化和经济全球化、促进全球贸易合作和推动开放型世界经济发展的重大举措。为营造进博会良好的营商环境,政府和多家企业对交通、进出关口、贸易投资等方面不断优化改进,为海外参展商尽可能地提供便利条件。不仅向国际展示了中国广计天下利的博大胸怀,而且体现了中国的富强、民主、文明、和谐等社会主义核心价值观。

同时,作为进博会的举办地,上海从经济、文化、教育、服务、科技等各方面都展现了"魔都"的魅力。第五届进博会城市服务保障领导小组会议着重强调要把疫情防控摆在服务保障各项工作的首要位置,围绕"越办越好"总目标,再接再厉做好各项筹备工作,充分展现了上海市政府全力提供一流的城市环境和服务保障的责任感和使命感。

2. 大大提升居民国家荣誉感和文化自豪感

文化自信是指一个民族、一个国家以及一个政党对自身文化传统的深刻认知和高度自觉,是对自身文化身份和价值的充分肯定和积极践行,是对其文化生命力和影响力所持有的坚定信心。开展进博会的目的是更好地维护多边主义和支持国际经贸合作,以及为构建人类命运共同体献己之力,充分展现了中国海纳百川、兼容并蓄、开通睿智、大气谦和的人文精神以及坚持以人为本的治国理念。

从进博会的展馆设计来看,主要以展示大国气量及典雅的海派气质为设计理念,运用鲜花吊灯、墙面灯带、飘带、绣球等装饰,素雅且不失庄重。进博会作为一个全球性开放平台,每次开展都获得了大量参展商和观众的好评。久而久之,我国优秀传统文化会获得更多人的关注和欣赏,从而加深居民的国家荣誉感以及文化自信。

3. 促进我国文化产业发展

进博会作为全球具有超高影响力的文化传播交流平台,大大促进了异质文化的交流互鉴。以第四届进博会为例,首设文物艺术品板块,共有英国、西班牙等国家的20多家机构参展。据了解,2021年共申报文物艺术品178件,总货值达23.5亿元,首次参加进博会的佳士得、苏富比、合旋等6家展商的7件文物艺术品达成购买意向,涉及货值超1.4亿元。另外,第四届进博会的非遗客厅共有33个上海的非物质文化遗产名录项目参展,共计63件套展品。观众在非遗客厅不仅能更加直观地欣赏非遗展品,还能品尝美食、学习传统健身方法等。

可见,进博会在有效传播了我国优秀传统文化的同时,也让我们领会了其他国家的文化特色,在交流互鉴赏中推动我国文化产业的高效发展。

4. 提高居民生活便捷度和满意度

上海借举办进博会的契机,加快了对基础设施和便民设施的建设和完善,对公共道路、公共交通系统、机场、海港等重点工程都进行了一定程度的升级改造;坚持以"打基础、利长远、惠民生"为目标,确保在进博会期间和举办前后各项功能设施完善。以往四届进博会通过设置即停即走场地、精准调度出租车运力、建设进博会交通指挥平台、加强停车预约系统等措施,大大提高了对交通的精细化管理。进博会期间交通管理的高效化方案以及停车设施的不断完善,可减少给周边居民生活带来的不变。此外,进博会期间城市街区组织居民开展安全防控、市容检查等多项志愿者活动,助力进博会的举办,维护了城市的良好形象,进一步提升了居民的文明素养,有助于营造和谐、文明的家园。

（四）中国国际进口博览会的国际影响力

1. 中国国际进口博览会是中国在世界贸易中地位不断提高的象征

在2018年首届进博会开幕式的主旨演讲中，习近平总书记就提出"举办中国国际进口博览会，是中国着眼于推动新一轮高水平对外开放做出的重大决策，是中国主动向世界开放市场的重大举措"。到了2021年，在第四届进博会开幕式的主旨演讲中，习近平总书记又强调"中国愿同各国一道，共建开放型世界经济，让开放的春风温暖世界"。

进博会以"新时代，共享未来"为主题口号，主动走向世界市场，助力打造全球经贸合作机制。疫情下，众多国家都面临着财政赤字的问题，中国主动同那些国家共享发展机遇，助力其开拓中国市场，积极且有效地应对全球经济治理问题，不仅促进他国与本国的经济发展，还提高了国际声誉和地位。

2. 中国国际进口博览会助力打造全球可持续发展新格局

倡导"绿色、环保、可持续"的进博会自成立以来，极大地带动了全球的绿色低碳发展。在第四届进博会期间，"技术装备展区节能环保专区"进一步改名为"能源低碳及环保技术专区"，以"低碳发展，绿色复苏"为主题，旨在汇聚全球优质资源，为企业搭建全球能源与环保事业互利合作平台，促进中国"3060"目标早日实现。例如，西门子开设了零碳展区，海尔生物带来了斯特林制冷创新技术，德国莱茵TUV集团带来了全球首发的"碳排放智能仿真运算模型"等，很多企业根据绿色低碳的要求上产品做了创新性改进。同时，许多海外参展商如贝克休斯、西门子能源等知名企业已陆续宣布将以实际行动支持进博会达成碳中和目标的愿景。

3. 中国国际进口博览会与世界共享发展机遇，加快全球创新速度

以第二届进博会为例，众多国家带来了新产品、新技术以及新服务，如蔡司机器人手术显微镜、乒乓球机器人、"会飞的汽车"、智能驾驶舱空气净化系统、具有蓝牙连接功能的植入式心脏复律除颤器等，作为"全球首发""中国首展"在进博会上亮相。作为世界上第一个以进口为主题的国家级展会，进博会成为促进世界各国创新合作的绝佳平台。新产品、新技术、新服务不断涌现，有力推动了全球范围内的创新合作。"创新无国界，创新要从合作中激发。"进博会打造了全球包容、开放合作、互惠发展的新型国际公共平台，推动全球创新技术交流，共享创新技术，共谋创新发展，加快全球创新速度。

4. 中国国际进口博览会推动建设开放型世界经济和经济全球化

中国国际进口博览会的举办，是中国推动新一轮高水平对外开放的重大决策，是中国主动向世界开放市场的伟大壮举，是中国推动建设开放型世界经济格局、助力经济全球化的实际行动，表达了中国坚持维护多边主义和自由贸易体制的态度。我国作为全球第二大消费市场和第一货物贸易大国，通过开放经济贸易的方式，缩小与他国的贸易壁垒，减少贸易摩擦，让各国间的经济社会联系更加亲密，改善国际经济贸易秩序。

第四节　中国国际进口博览会案例启示

中国国际进口博览会由中华人民共和国商务部和上海市人民政府主办，中国国际进口博览局、国家会展中心(上海)承办,为世界上第一个以进口为主题的国家级展会。截至2021年,进博会已成功举办了4届,即使出现受国际关注的突发公共卫生事件,进博会仍如期举办没有间断,在国家政策助力下,线下进博会与"云上"进博会共同开展,"永不落幕"。进博会采用"线上+线下"双线模式、传统媒体与新媒体相结合、国外招展推介会等进行宣传与推广,形式丰富多样。在进博会期间,各国在国家展"争奇斗艳",各行业在企业商业展展示展贸风采,各企业在虹桥论坛共话发展,更有配套现场活动为国展增姿添彩。进博会是推动构建人类命运共同体的实际行动,是促进共建"一带一路"的中国方案,更是中国精心打造的"买全球、卖全球"的开放合作平台,展示了中国向世界开放市场、共享未来的自信和担当。

进博会在国内外产生了广泛而深刻的影响,公众对其组织架构、整体形象、举办内容及效果、宣传与推广方式、溢出效应等方面的感知水平指标可以概括为如下内容,具体见表8-6。

表8-6 公众对进博会举办的感知水平指标

维度	指标
整体形象	了解logo、主题口号、吉祥物等品牌形象,并具有深刻印象
	了解"进博会"由中华人民共和国商务部和上海市人民政府主办、中国国际进口博览局和国家会展中心(上海)承办
	了解进博会举办展馆是虹桥进口商品展示交易中心,并熟悉其环境与设施
	了解进博会举办时间为每年11月5日至10日,为期6天
	了解进博会构建了"6天+365天"的一站式交易服务平台
	了解进博会是世界上首个以进口为主题的大型国家级展会
举办效果	了解进博会包括国家展、企业商业展、虹桥国际经济论坛等板块
	了解国家展是各参展国展示贸易投资、特色产业、文化旅游、代表企业情况等国家综合形象和风貌的平台
	了解企业商业展是参展商和专业观众洽谈业务、进行交易的平台
	了解虹桥国际经济论坛是为促进世界经济增长、推动构建人类命运共同体的各国对话平台
	了解进博会期间会开展文化交流、研究发布、投资促进、产品展示、对接签约等丰富的配套现场活动
	了解进博会期间会提供保险、运输、航空、餐饮、翻译、商旅、知识产权等方面的配套服务
	了解人脸识别等智能技术手段被广泛应用于进博会的服务与管理
	了解进博会期间大学生志愿者提供了热情、优质的服务
宣传与推广	关注进博会的宣传与推广渠道,包括中央级纸媒、电视等传统媒体平台,以及微信公众号、微博、抖音等新媒体平台
溢出效应	了解举办进博会能够产生政治、经济、文化等多元的积极影响力
	了解进博会的多元溢出效应符合其"新时代,共享未来"的主题口号
	了解进博会体现了我国开放、合作、团结、共赢的理念

续表

维度	指标
溢出效应	了解进博会推动了我国制度型开放,促进了供给侧结构性改革
	了解进博会的开展有利于促进长三角区域经济一体化发展
	了解进博会的开展推动建设开放型世界经济和经济全球化
	了解进博会的开展推动"一带一路"向纵深发展
	了解进博会的开展推动"人类命运共同体"的建设
	了解进博会的开展有助于复工、复产,带动国内、国际经济贸易的复苏
	了解进博会的开展有助于进出口贸易结构的创新升级
	了解进博会是构建国内国际双循环新发展格局的重要窗口
	了解进博会"全球首发,全国首展"的首发经济助力产业升级
	了解进博会的开展可以提高服务水平,助力消费升级
	了解进博会的开展可以提升国家及城市影响力和进一步对外开放水平
	了解进博会的开展有利于提高居民国家荣誉感和文化自豪感
	了解进博会的文物艺术板块促进了海外文物回流以及国内外文化交流
	了解进博会的开展展现了我国的防疫成效和对突发情况的应对能力
	了解进博会的开展有利于提高居民生活便捷度和满意度
	了解进博会的开展推动了中国新一轮高水平对外开放,有助于提高中国的国际地位
	了解进博会的开展有助于实现中国"双碳"目标,助力打造全球可持续发展新格局
	了解进博会的开展加快了全球创新速度

进博会应继续加强面向各行业、各领域、各年龄层次公众的宣传和推广,在开办前期、期间、后期可以通过多种新媒体形式加大宣传力度,通过社区宣传讲座、举办直播活动、志愿者拍摄相关展会 vlog 等加深群众对进博会的了解,提升进博会在公众心中的感知水平,增强公众对进博会"国家级展会"形象的整体认识,从而进一步提升公众的文化自信、国家荣誉感和民族自豪感,加强实践与创新,在中国特色社会主义文明精神的指引下,与时俱进,共创辉煌。

拓展学习

请阅读以习近平在第四届中国国际进口博览会开幕式上发表的主旨演讲内容,并思考以下问题。

1. 学习《让开放的春风温暖世界——在第四届中国国际进口博览会开幕式上的主旨演讲》全文,谈谈你的理解与体会。

第八章
中国会展节事的影响力——多元溢出效应

2. 了解2021年第四届中国国际进口博览会举办的背景,从参展情况分析第四届中国国际进口博览会举办的效果及影响力。

3. 回顾历届中国国际进口博览会开幕式上习近平总书记的主旨演讲,整理并分析习近平总书记的"进博金句",归纳总结中国国际进口博览会的举办体现了哪些一以贯之的中国主张?

4. 登录中国国际进口博览会的官方网站并搜寻相关资料,谈谈你对中国国际进口博览会这一大型会展节事的功能及溢出效应的理解。

5. 通过对比分析前四届中国国际进口博览会的举办情况,分析这一大型会展节事在推动"一带一路"纵深发展以及促进"人类命运共同体"构建中所起到的积极作用。

国家主席习近平在第四届中国国际进口博览会开幕式上发表主旨演讲

第九章

中国会展节事志愿者服务
——志愿服务精神力量无限

学习目标

通过北京2022年冬奥会志愿者服务价值共创的案例分析,熟悉我国大型会展节事志愿者服务的基本状态,掌握志愿者服务的价值共创理论,理解我国大学生志愿服务的价值。

素质目标

1. 大型会展节事的志愿服务工作是时代赋予的光荣使命,是志愿服务精神的具体体现。通过参与大型会展节事志愿服务工作,可以实现个人自我价值和社会价值的有机统一,展现青春魅力,培育爱国热情。

2. 北京2022年冬奥会志愿服务工作是对志愿服务精神的进一步实践,志愿者们在特殊时期经受了严峻的考验,被誉为"冬奥最温暖的光"。响应国家的号召,积极投身于志愿服务工作,就是践行"奉献、友爱、互助、进步"的志愿服务精神。

3. 作为中国特色社会主义事业的建设者和接班人,当代大学生应通过参加大型会展节事的志愿服务工作将志愿服务精神不断延续下去,为实现中华民族的伟大复兴做出积极贡献。

第一节 中国会展节事志愿者服务的价值共创

我国的志愿服务开始于建立社会主义市场经济和改革开放的背景下,经过20多年的发展,我国的志愿者活动已经逐渐与国际接轨,基层志愿服务组织采用社群化运营的模式,得到了社会各界的广泛认可,志愿者的身影不仅走进了社区,也成为许多大型会展节事活动成功举办的基本保障①。2017年12月1日,《志愿服务条例》正式实施,标志着我国能够以法律的形式保障志愿者的基本权利,对于促进我国志愿服务事业的发展、培育和弘扬社会主义核心价值观起到了至关重要的作用。相关统计数据显示,2021年,在我国18~69岁居民中,志愿者总体规模高达3.07亿人,人均参与志愿服务4.22次②。在我国会展节事的举办过程中,志愿服务与管理工作的价值日益凸显,特别对于大型会展节事来讲,如何通过高效的管理提升志愿服务的效果已然成为一项巨大的挑战③,如何高效管理志愿者队伍、提升志愿服务价值成了一项重要课题。

一、会展节事志愿者及志愿精神

(一)会展节事志愿者定义

联合国将"在全世界范围内对个人、组织和社会发展做出无偿、自愿且无需名誉的贡献的活动者"称为志愿者(volunteer)④。无偿性、进步性和非职业性是志愿者的三大基本属性⑤。

会展节事志愿者是在会展节事筹备及举办过程中,由志愿者组织招募并为会展节事提供志愿服务,将自身能力和专业发挥在志愿服务当中,解决被服务对象的各类问题,并全力完成组委会分配各项任务的人。国外学者们认为,大型会展节事活动中的志愿者与其他类型的志愿者有4个方面的明显差异,即目的、团结力、外部传统以及自身认可程度的差异。一般大型会展节事志愿者主要分为会展节事现场志愿者、社会志愿者和城市志愿者三大类。会展节事现场志愿者主要负责提供会展节事现场的相关服务;社会志愿者的工作是营造友好的社会风气;城市志愿者主要负责会展节事举办地及其周边城市的相关服务工作⑥。

(二)志愿服务与志愿精神

志愿者出于自愿意志,秉承以自己的知识、技能、体能与财富等贡献社会的宗旨,不以获得报酬为目的,以提高公共事务交通和促进社会公益事业发展为己任而从事的各项活动就是志愿服务。志愿服务是提升社会整体道德素养、保障社会稳定的一块基石。

志愿精神是影响志愿者价值实现和社会价值创造的重要因素。对志愿精神的界定,可以从不同社会角度来进行,联合国志愿人员组织(United Nations Volunteers,UNV)对志愿精神是这样定义的:"志愿精神是指在一种自愿的、不计报酬或收入的条件下参与推动人类发展、促进社会进步和完善社区工作的精神,是公众参与社会生活的一种重要的方式,是个人对生命价值、社会、人类和人生的一种积极态度。"

---

① 王华.青年志愿服务发展现状与对策分析[D].天津:天津师范大学,2008.
② 在中国,哪些人会成为活跃志愿者?调查报告来了![EB/OL].(2022-02-14).https://baijiahao.baidu.com/s?id=1724731794129892034&wfr=spider&for=pc.
③ 郝雪.论我国志愿者管理机制[J].皖西学院学报期刊,2008,24(6):3.
④ 肖金明,龙晓杰.志愿服务立法基本概念分析——侧重于志愿服务、志愿者与志愿服务组织概念界定[J].浙江学刊,2011(4):136-143.
⑤ 邓国胜.中国志愿服务发展的模式[J].社会科学研究,2002(2):108-110.
⑥ 邱辉.中国体育志愿服务现状及其体育体系构建研究[D].北京:北京体育大学,2014.

二、价值共创理论及模型

(一)价值共创理论

价值共创的思想最早由国外学者 Normann 和 Ramirez 提出,Normann 认为价值创造的基础是供应商和消费者之间的互动。1999 年,他进一步提出了价值共同生产(value co-production)的概念,认为生产者和消费者双方将共同参与价值创造和再创造[①]。价值共创理论认为企业应该关注消费者消费体验,倡导以用户为中心、用互动方式共同创造价值[②]。基于生产者逻辑的价值共创过程模型见图 9-1。

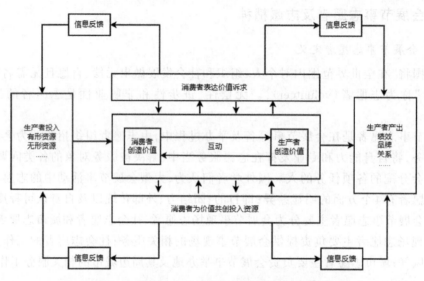

图 9-1 基于生产者逻辑的价值共创过程模型[③]

基于生产者逻辑,价值共创是指生产者和消费者共同投入价值创造所需资源,消费者的价值诉求和生产者的价值诉求双向影响,各个因素相互制约的价值创造系统[④]。

(二)会展节事志愿者服务价值共创概念界定及理论模型

1. 会展节事志愿者服务价值共创概念界定

根据上述关于志愿者及价值共创的相关概念和理论,可对会展节事志愿者服务价值共创概念做如下定义,即在会展节事举办过程中,以志愿者为主体,通过志愿者与服务对象的价值共创互动,各利益相关者共同投入价值过程所需资源,最后输出价值共创结果的整个流程。

2. 志愿者服务价值共创理论分析框架

在会展节事志愿者服务价值共创概念的基础上,进一步对会展节事志愿者服务价值共

---

① Normann R, Ramirez R. From Value Chain to Value Constellation: Designing Interactive Strategy [J]. Harvard Business Review,1993(4): 65-77.
② 李根柱.绿色供应链价值共创机制研究[D].北京:北京交通大学,2021.
③ 武文珍,陈启杰.价值共创理论形成路径探析与未来研究展望[J].外国经济与管理,2012, 34(6): 66-73, 81.
④ 武文珍,陈启杰.价值共创理论形成路径探析与未来研究展望[J].外国经济与管理,2012, 34(6):66-73, 81.

创进行分析。价值共创的重点是价值共创的过程,涉及主体识别、互动关系和资源整合三个紧密联系的核心要素。首先要明确价值共创的主体,依据主体才能建立价值共创的系统;其次要了解价值共创各要素间的互动关系;最后进行价值共创所需资源的组织与协调,从而输出价值共创的结果。基于以上分析,本书建立了大型会展节事志愿者服务价值共创的"价值共创投入—价值共创过程—价值共创结果"的理论分析框架(见图9-2)。

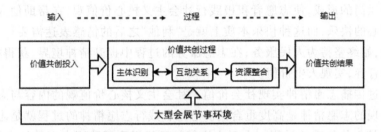

图9-2 大型会展节事环境下志愿者服务价值共创理论分析框架

3. 我国大型会展节事志愿者服务价值共创模型的创建

在大型会展节事志愿者服务价值共创理论分析框架的基础上,参照"输入(input)—过程(process)—输出(output)"的IPO理论模型进行分析。志愿者、服务对象和大型会展节事主办方作为大型会展节事志愿者服务价值共创的重要组成部分,影响着所有利益相关者诉求的实现和大型会展节事整体价值共创的最终效果。大型会展节事志愿者价值共创的过程就是以上三者进行价值创造的过程,具体涉及价值共创主体志愿者的服务、志愿者与服务对象的互动和大型会展节事组织者的资源整合三个核心步骤,三个核心步骤之间紧密相连。首先,志愿者是价值共创的起点,是价值共创的发起者和主要价值创造者。其次,服务对象通过与志愿者进行互动,将创造的价值放大。最后由大型会展节事的组织者通过分析服务对象的需求和志愿者的服务效果,进行资源的组织与协调,帮助志愿者进行更好的服务,如此构成一个逻辑循环。政府和社会在整个价值共创中提供支撑的作用,同时也从价值共创中获利。基于以上分析,尝试构建的大型会展节事志愿者服务价值共创模型如图9-3所示。

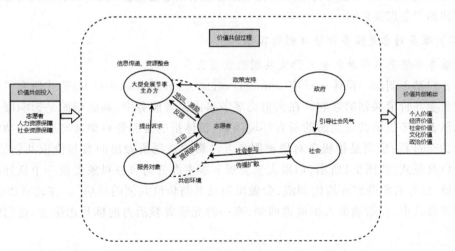

图9-3 大型会展节事志愿者服务价值共创模型

三、大型会展节事志愿者服务价值共创具体内涵

(一) 大型会展节事志愿者是服务价值共创的主体

1. 志愿者的志愿精神是服务价值共创的前提

志愿者从志愿精神中实现自我价值。志愿精神促使志愿者以丰富多彩的志愿服务活动推动良好社会风尚的形成，使志愿者积极践行社会主义核心价值观，在帮助他人的志愿服务活动中收获内心的快乐，而这种快乐本质上就是"利他"之后的情感表达需要[①]。志愿者通过无私奉献社会，始终坚持为人民服务，在志愿服务的过程中提升精神境界、获得社会认同，从而创造无悔的青春，实现人生价值。

志愿者通过传播志愿精神实现社会价值。社会主义核心价值观的内容与志愿者在志愿服务活动中体现的志愿精神是高度重合的。志愿者践行志愿精神的过程就是志愿者认同与践行社会主义核心价值观的过程。由于志愿精神已经得到了我国大多数社会群众的认同，志愿精神也成为影响社会整体风气的重要因素。宣传大型会展节事志愿者的服务案例，有利于人民群众理解社会主义核心价值观的内容，志愿者的高尚行为变成需要自觉遵守的道德标杆。

2. 服务动机为志愿者创造价值提供动力

遵循"动机—行为—结果"的逻辑分析大型会展节事志愿者的志愿服务行为，可以发现志愿者进行大型会展节事志愿服务的动机是决定他们服务绩效的重要因素。此外，志愿者的动机还影响了志愿服务行为的持续性和强度。

国外学者发现，志愿者服务的环境很大程度上影响着志愿者服务的动力，从而对志愿服务的效果产生影响。大型会展节事的组织者通过对志愿者的培训、志愿者团队的建设和激励措施的制定，塑造一个积极的志愿服务环境，不断增强志愿者进行志愿服务的动机，提升志愿者服务的效率，以此增加大型会展节事志愿者服务创造的价值。例如，在北京2022年冬奥会上，主办方会在官网上进行媒体宣传或以向志愿者颁发锦旗的形式肯定志愿者对北京冬奥会所做的贡献，这些正向的反馈会增强志愿者的志愿服务内在动机，从而对志愿者服务价值共创产生积极影响。

(二) 服务对象是服务价值共创的客体

1. 服务环境是服务对象参与价值共创的重要因素

学者们基于刺激—机体—反应(stimulus-organism-response, S-O-R)范式研究了环境对服务对象参与价值共创的影响。在大型会展节事志愿者服务中，刺激指的是影响服务对象参加志愿者服务价值共创意愿的所有环境因素；机体指的是服务对象参与服务互动的体验与认知的全过程；反应是指服务对象被服务互动影响意愿所做出的参与价值共创的行为。根据S-O-R范式，如图9-4所示，如果大型会展节事主办方为服务对象提供一个良好的价值共创环境，服务对象受到环境的刺激，会做出愿意参与价值共创的反应[②]。在北京2022年冬奥会的开幕式中，在运动员入场通道两侧，有一群充满青春活力的标兵志愿者，他们的热情

[①] 赵旭辉.青年志愿者行为的个体价值与社会价值同构[J].人民论坛, 2016(6): 4.
[②] 叶笛, 林伟洋.虚拟品牌社区用户参与价值共创行为的驱动因素[J].中国流通经济, 2021, 35(10): 93-105.

与活力感染了现场的每一位运动员与观众,脸上洋溢着口罩也遮不住的笑意,向全世界展示着中国青年活泼、欢快、朝气蓬勃的精神面貌。志愿者们创造了一个积极、正面的互动氛围和社交环境,使得参与开幕式入场的运动员愿意与志愿者进行互动,参与价值共创的过程中。

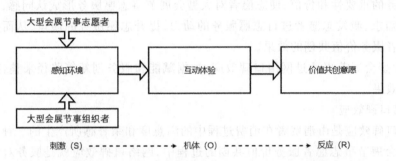

图9-4 大型会展节事中互动环境对服务对象参与价值共创意愿的影响

2. 服务对象的体验影响价值共创的效果

在参与价值共创之后,个性化的体验会给参与者带来更多的难忘的回忆,让他们觉得物有所值,从而对大型会展节事的品牌产生更强的偏好。服务对象在享受体验的同时,也会对大型会展节事产生较高的情感依赖和行为忠诚度。参与大型会展节事志愿者服务价值共创的过程拉近了参与者与他人的距离(志愿者、参展商、其他顾客或随行人员),为服务对象提供了更佳的价值共创体验,让服务对象自发地通过社交媒体交流大型会展节事的正面形象,促进大型会展节事志愿者服务的影响类价值的创造。在北京2022年冬奥会开幕式结束后,运动员自发通过视频或直播的形式将他们在开幕式现场体验到的志愿服务和志愿精神向世界传递,运动员的视频不仅传播了他们的感受,而且将他们的思考和行为体验扩散开来,从而提升了北京冬奥会的品牌资产,为北京冬奥会创造了品牌价值。同时,运动员的参与也对志愿者产生了正向反馈,运动员对志愿者的肯定是志愿者实现自我价值的重要途径。

(三) 大型会展节事主办方是服务价值共创中资源的整合者

1. 大型会展节事主办方为价值共创提供平台

大型会展节事可以营造友好的价值共创环境。大型会展节事活动的组织者从会展节事现场的布局、志愿者服务互动的氛围、社交环境等方面努力营造友好、互动的氛围。大型会展节事主办方为志愿者的服务过程创造有利条件,促使志愿者与服务对象积极地互动,与服务对象共创价值。通过大型会展节事志愿者服务价值共创活动,服务对象可以获得难以忘却的价值共创体验。

大型会展节事可以连接更多的服务提供者与服务对象。大型会展节事可以为志愿者和服务对象搭建一个互动和交流的平台,志愿者和服务对象可以在大型会展节事上交谈与分享自己的故事,结识新朋友,这给服务对象带来更多的体验、娱乐、知识拓展等方面的附加价值。同时,大型会展节事还可以收集和显示其他参与者对服务的评价,为潜在参与者提供参考价值。志愿者和服务对象聚集在大型会展节事平台上,志愿者和志愿者之间、志愿者和服务对象之间、服务对象和服务对象之间形成了一个复杂的网络,这将吸引更多的潜在志愿者和潜在服务对象参与大型会展节事的价值共创,从而在更大范围内发挥规模外部性的作用。

志愿者和服务对象通过供需关系实现快速匹配,有利于提升价值共创的效果①。

2. 大型会展节事通过整合资源提升价值共创效果

首先,大型会展节事通过提供有效的机制来提升志愿者服务价值共创的效果。大型会展节事主办方通过对志愿者的招募、培训、激励等机制,让志愿者更加深入地认识大型会展节事志愿服务的重要性和价值,使志愿者对大型会展节事志愿服务形成认同感,同时发掘志愿者的个人需求,激发志愿者进行志愿服务的动力,提升志愿服务的质量,从而提升大型会展节事志愿者服务价值共创的效果。

其次,大型会展节事通过网络口碑效应、数据赋能和服务创新等路径来整合资源、提升价值共创的效果。

(1) 网络口碑效应。

传统的口碑效应是由消费者在消费过程中的满意度和荣誉感所产生的一种口头宣传效果。在大型会展节事志愿者服务价值共创的过程中,网络口碑效应就是服务对象与志愿者进行互动后,将价值共创体验通过互联网分享出去,从而增强大型会展节事的影响力。传统的口碑效应会受到宣传范围和地域文化的影响,而大型会展节事的网络口碑效应以抖音、LINE、Twitter等新媒体社交平台为主,宣传的效果不受地域限制,口碑变成了网络流量和数据,服务对象与网络平台上其他个体之间的关系是虚拟的网络关系。网络平台上的信息可以直接到达各个服务对象和潜在的服务对象,大型会展节事的影响力也可以在网络上进行实时传输。

(2) 数据赋能。

数据赋能是大型会展节事参与志愿者服务价值共创的重要方式。大型会展节事拥有服务对象的浏览历史、运动轨迹和需求等大量的大数据信息,通过挖掘这些信息中有价值的部分,大型会展节事可以针对性地为志愿者和服务对象进行匹配和推荐,不但有效利用了闲置的志愿者人力资源,还节省了服务对象搜寻志愿者的时间,从而提高了志愿服务的效率,降低了价值共创的难度②。

(3) 服务创新。

在参与价值共创的过程中,大型会展节事组织者通过研究志愿者的服务活动,开发新的服务产品,为服务对象提供更加优质的服务内容,进行服务形式和服务模式的创新。大型会展节事拥有大量志愿者和服务对象的信息,掌握着志愿服务发展的动态大数据,因此,大型会展节事可以通过自身的信息优势来减少志愿服务创新过程中的失败的风险。

(四) 政府和社会是服务价值共创的支撑和保障

1. 社会的支持和认同是服务价值共创的支撑

国外学者Lusch等将价值共创的概念融入公共管理,认为社会公众在服务过程中获得的体验会影响服务价值的创造③。而在发起志愿服务的过程中,应该在了解公众对志愿服务

---

① 张耀文. 奥运会志愿者组织项目风险管理研究[D]. 北京:北京邮电大学, 2008.
② 雷尚君. 数字平台参与服务价值共创的机理及路径研究[J]. 价格理论与实践, 2021(5): 5.
③ Vargo S L, Lusch R F. From Goods to Service(s): Divergences and Convergences of Logics[J]. Industrial Marketing Management, 2008, 37(3): 254-259.

的认同度的基础上,调查社会层面上公众对志愿服务价值的理解和感知,方便政府以社会营销的方式为价值共创提供支持。在大型会展节事志愿者服务价值共创的模型里,每个主体都应该是价值的创造者,社会群众不再被动接受大型会展节事志愿者的服务,他们将逐渐演变成大型会展节事志愿者服务价值共创的重要参与者。大型会展节事志愿服务应以公众的体验为中心,改变传统的单一化服务模式,创造更友好的价值共创环境,吸引更多的公众参与大型会展节事志愿者服务价值共创①。

2.政府的政策和法规是服务价值共创的保障

政府是大型会展节事志愿者服务价值共创的重要组成部分,并不像其他主体一样直接参与价值共创,而是通过各种政策和法律从宏观层面上为大型会展节事志愿者服务价值共创保驾护航。其一,政府通过发布大型会展节事及志愿者相关的文件,统筹协调各部门的资源,包括但不限于将大型会展节事志愿者支出纳入政府支出、为大型会展节事志愿者提供社会福利、为大型会展节事志愿者相关设备采购提供支持等,减少了大型会展节事志愿者服务受到的限制。其二,政府通过向整个社会宣传志愿者,颁布《志愿服务条例》等保障志愿者权利的法规,鼓励和支持社会大众积极参与大型会展节事志愿服务,以满足大型会展节事志愿者需求的缺口。

第二节 我国大型会展节事志愿者服务现状分析

一、我国大型会展节事举办概况

从2008年北京奥运会成功举办之后,我国的大型会展节事发展迅速,其数量和规模呈现稳步发展的趋势,目前我国大型会展节事主要可分为四大类,具体为文化体育赛事、会议与论坛、博览会和大型节庆活动。其中,举办较多的为文化体育赛事和会议与论坛两类(如表9-1所示)。

表9-1 2008—2022年我国具有代表性的大型会展节事举办情况

大型会展节事名称	时间	地点	类型	规模
第29届夏季奥林匹克运动会	2008年	北京	文化体育赛事	参赛国家和地区共204个;参赛运动员共11438人
第24届世界大学生冬季运动会	2009年	哈尔滨	文化体育赛事	参赛国家和地区共44个;参赛运动员共2366人
第41届世界博览会	2010年	上海	博览会	246个国家和地区以及国际组织的参展团参展;参观人数共7308.44万人
第16届亚洲夏季运动会	2010年	广州	文化体育赛事	参赛国家和地区共45个;参赛运动员共9704人

---

①孟庆国,谷民崇.数据主导逻辑下的公共服务价值共创机理探究[J].理论探讨,2017(3):159-164.

续表

大型会展节事名称	时间	地点	类型	规模
第2届亚洲青年运动会	2013年	南京	文化体育赛事	参赛国家和地区共45个
首届世界互联网大会	2014年	乌镇	会议与论坛	参会国家和地区100余个；参会嘉宾1000余人
第11届G20峰会	2016年	杭州	会议与论坛	十国集团成员、嘉宾国和国际组织协调人等中外代表400多人与会
首届"一带一路"国际合作高峰论坛	2017年	北京	会议与论坛	包括29位外国元首和政府首脑在内的140多个国家和80多个国际组织的1600余名外宾与会
首届中国国际进口博览会	2018年	上海	博览会	共计58个"一带一路"沿线国家和地区的1000多家企业参展；累计进场观众达80万人次
第37届中国北京世界园艺博览会	2019年	北京	博览会	86个国家和24个国际组织参展；累计参观人数达380多万人次
第17届厦门国际马拉松赛	2020年	厦门	文化体育赛事	来自41个国家和地区的3507人获得参赛资格
第14届全国运动会	2021年	陕西	文化体育赛事	决赛期间共有12000余名运动员、6000余名代表团官员、4200余名技术官员参与比赛
第24届冬季奥林匹克运动会	2022年	北京	文化体育赛事	参赛国家和地区共91个；参赛运动员共2892人

二、我国大型会展节事志愿者服务进展及规范

志愿者服务作为大型会展节事中非常重要的一部分，不仅为大型会展节事的举办提供服务支持与后勤保障，同时也是展示大型会展节事举办国家和举办城市精神面貌的一环，在提升大型会展节事影响力方面扮演着重要的角色。按照我国大型会展节事志愿者发展速度快慢，可以将我国大型会展节事志愿者服务的发展分为三个阶段（如图9-5）。在2008年以前，我国大型会展节事志愿者服务的发展较为缓慢，大部分的大型会展节事不采用志愿者进行服务，志愿者更愿意参加扶贫、帮助残疾人或是社区志愿服务，该阶段的特征为人们对大型会展节事志愿者服务的认同度不高，参与较少。2008年北京奥运会的成功举办，使社会提高了对大型会展节事志愿者服务的认同度，也引起了大型会展节事志愿者参与的热潮，各大会展节事纷纷效仿，开始采用志愿者提供志愿服务，我国大型会展节事志愿者服务的发展由此正式迈入了起步阶段，该阶段的特征为大型会展节事志愿者的报名热情高，志愿者的来源以大学生志愿者为主，志愿者的平均学历提高。2017年《志愿服务条例》的发布预示着我国大型会展节事志愿者服务进入了规范化、体系化的轨道，此后每年都有新的相关政策发布（见表9-2），为我国大型会展节事志愿者服务提供了法律保障，该阶段的大型会展节事志愿

者的特征为招募和培训等环节更加规范化,大型会展节事志愿者的服务和管理也更加专业化和体系化,志愿者整体素质进一步提升。

```
                2008年                    2017年
            北京奥运会成功举办           《志愿服务条例》发布
  探索阶段        ▲        起步阶段         ▲        加速阶段
──────────────●────────────────────────●──────────────────▶
```

图9-5 我国大型会展节事志愿者服务发展阶段

表9-2 我国大型会展节事志愿者服务相关法律政策

名称	内容
新修订的《中国注册志愿者管理办法》	进一步规范注册志愿者管理工作,包含注册、权利和义务、组织与管理、激励和表彰等7个部分
《志愿服务条例》	是2017年12月1日施行的一项中华人民共和国国家标准,从而保障志愿者、志愿服务组织、志愿服务对象的合法权益,鼓励和规范志愿服务,发展志愿服务事业,培育和践行社会主义核心价值观,促进社会文明进步等
《"青春上海"大型赛会活动志愿服务管理规范》(DB31/T 1147—2019)	是2019年7月1日实施的一项中华人民共和国地方标准。其规定了大型赛会活动志愿服务管理的主要原则、基本要求、过程管理以及激励与总结的相关要求。该标准适用于上海市行政区域内大型赛会活动志愿服务的管理
《志愿服务组织基本规范》(GB/T 40143—2021)	是2021年5月21日实施的一项中华人民共和国国家标准,规定了志愿服务组织的基本要求、组织管理、志愿者管理、服务管理、评估与改进
《大型赛会志愿服务管理规范》(DB34/T 4022—2021)	是2021年10月30日实施的一项中华人民共和国地方标准。其规定了大型赛会志愿服务管理的总体要求、志愿者服务要求、相关方职责、流程和管理相关要求。该标准适用于大型赛会志愿服务的管理

三、我国大型会展节事志愿者服务特点

(一)我国大型会展节事志愿者服务参与概况

从2008年北京奥运会举办开始,我国的大型会展节事志愿者服务稳步发展,几乎全部的大型会展节事都会采用志愿者提供志愿服务。从表9-3中的数据可以得出,自2008年以来,我国大型会展节事志愿者参与的数量有小幅度的减少,但志愿者的学历和素质大幅提升,2016年后的大型会展节事几乎都要求志愿者拥有志愿服务的经验。

表 9-3　我国大型会展节事志愿者参与情况

大型会展节事名称	志愿者参与情况	志愿者构成
第29届夏季奥林匹克运动会（2008年，北京）	共有各类志愿者170多万，其中包括7万名赛会志愿者，40万名城市志愿者，百万名社会志愿者和20万名拉拉队志愿者	赛会志愿者以北京高校学生为主体（占赛会志愿者总数的80%）
第24届世界大学生冬季运动会（2009年，哈尔滨）	有近万名志愿者参加	志愿者以哈尔滨当地大学生为主
第41届世界博览会（2010年，上海）	共有世博园区志愿者约7万人、城市服务站志愿者约13万人、城市文明志愿者约100万人	大学生是青年志愿服务队的主要力量，青年志愿者中学生志愿者占46.16%，高校志愿者是其中的主力
第16届亚洲夏季运动会（2010年，广州）	赛会志愿者共计1200人	志愿者以当地大学生为主
第2届亚洲青年运动会（2013年，南京）	赛会志愿者共计2万余人	赛会志愿者主要为南京及周边城市在校大学生
首届世界互联网大会（2014年，乌镇）	该次会议共有5000名志愿者报名参加，最终脱颖而出的有549名。志愿服务共分为嘉宾服务、交通引导、医疗服务等12类	共招募英语好、形象佳的大学生志愿者394名，其余155名为当地机关干部、大学生村官以及企业员工
第11届G20峰会（2016年，杭州）	此次峰会招募了高素质专业志愿者6000余人，此外还有城市志愿者10万余人	6000余名峰会志愿者全都来自高校或企事业单位，经过了严格的筛选
首届"一带一路"国际合作高峰论坛（2017年，北京）	在国家会议中心服务的各类志愿者1300余人、高峰论坛注册中心志愿者100人、交通志愿者500余人、外围志愿者330余人	志愿者都具备很好的专业素质和志愿服务经历
首届中国国际进口博览会（2018年，上海）	总计招募志愿者5438人，其中152名是长期管理岗位志愿者；此外还建立了315个城市志愿服务站和近250支城市志愿服务队	5438名志愿者中，有5200多名高校大学生志愿者。中共党员有719名，共青团员约3700名
第37届中国北京世界园艺博览会（2019年，北京）	根据园区内外志愿服务的岗位需求，北京市有2万余名志愿者参与服务保障	志愿者来自47所高校、16个区和60多家企业，所有志愿者都参加过岗前培训，具有志愿服务经历
第17届厦门国际马拉松赛（2020年，厦门）	由于疫情原因，赛事仅招募了5500余名志愿者，包括415名医疗志愿者	全体志愿者都为注册志愿者，具有志愿服务经历
第14届全国运动会（2021年，陕西）	招募1.5万名十四运会赛会志愿者，8万名城市志愿者以及20万名社会志愿者	赛会志愿者主要来自周边城市各大高校

续表

大型会展节事名称	志愿者参与情况	志愿者构成
第24届冬季奥林匹克运动会（2022年,北京）	共有2.7万名赛会志愿者参与	青年占比95.76%,在校学生占比85.01%,海外志愿者占比1.11%

（二）我国大型会展节事志愿者构成

我国自2008年以来,大型会展节事志愿者整体素质得到了提升,我国大型会展节事的志愿者主要由大型会展节事所在城市及其周边地区的在校大学生组成,其次为政府机关、事业单位人员和高学历的企业在职员工。中共党员和共青团员也占据不小的比例。

以2008年北京奥运会为例,根据官方在新闻发布会上公布的数据,北京奥运会的志愿者里在校大学生共有5.3万人,本科及以上学历的志愿者占志愿者总数的79.9%,而在北京奥运会的各个城市服务站,大学生志愿者的数量达到志愿者总数的80%以上[1]（见表9-4）。符合大型会展节事志愿者学历高、年龄低、来源以举办地为主的结构特点。

表9-4　2008年北京奥运会志愿者概况[2]

属性	细分类别	比例
报名地区	北京地区	68.56%
	京外地区	25.93%
	港澳台地区	1.1%
	海外华侨华人	2.4%
	其他	2.01%
服务时长	7—14天	26.28%
	15—21天	30.04%
	21天以上	43.68%
年龄	35岁以下	97.87%
	35岁及以上	2.13%
学历	本科以下	20.1%
	本科及以上	79.9%

而在2021年第四届中国国际进口博览会上,招募的4746名会期志愿者中,大部分来自上海的40所高校,其中中共党员（含预备党员）732人,约占志愿者总数的15%；入党积极分子1077人,约占志愿者总数的23%；参加过往届进博会志愿服务的共471人,约占志愿者总数的10%；有过疫情防控志愿服务经历的志愿者共1261人,约占志愿者总数的27%。值得

---

[1] 国家体育总局,https://www.sport.gov.cn/。
[2] 高艳蓉.北京奥运会志愿者管理的问题与对策研究[D].杭州:浙江大学公共管理学院,2010.

一提的是,其中"00后"志愿者共3836人,约占志愿者总数的81%[1]。与2008年的北京奥运会相比,2021年第四届中国国际进口博览会的志愿者仍旧以在校大学生为主,但他们的平均年龄更低、志愿经验也更加丰富。

(三) 我国大型会展节事志愿者服务水平

我国大型会展节事志愿者服务水平体现在以下三个方面:第一,服务热情高,由于我国自古以来热情好客的文化传统,我国志愿者的活动积极性一直处于一个较高的水准;第二,志愿者素质高,从2017年发布《志愿服务条例》以来,我国的志愿者活动逐渐规范化、体系化,大型会展节事志愿者服务要求(见表9-5)也变得越来越严格。

表9-5 我国大型会展节事志愿者服务要求[2]

项目	内容
基本素质要求	①具有与志愿服务岗位相适应的身体条件; ②具有良好的政治素质和思想品德; ③具有控制和稳定情绪的能力,心态积极、乐观; ④认同多样性和包容性理念,具有合作精神
基本纪律要求	①服从岗位安排和调配,服从所在团队的管理; ②不冒名顶替参与培训演练或上岗服务; ③谨慎使用自媒体、各类上网设施和软件
特殊志愿服务要求之外语服务	①外语服务志愿者应提前熟悉掌握赛会相关的不常用词汇,提前准备常用问答; ②应按照GB/T 19363.2的规定开展翻译服务
特殊志愿服务要求之特殊人群服务	①为聋哑人提供服务时,应按照GB/T 24435的规定开展手语服务; ②为盲人提供服务时,应按照GB/T 15720的规定开展盲文服务
媒体沟通要求	①服从大型赛会志愿服务管理部门安排,遵守保密规定; ②如拒绝媒体采访,应礼貌地说明原因; ③接受采访时应维护志愿者形象,展现志愿者风采; ④提供给媒体的信息和内容应客观、准确; ⑤结束采访后应及时将采访情况向大型赛会志愿服务管理部门反馈

第三节 北京2022年冬奥会志愿者服务案例概况

以"简约、安全、精彩"的办赛要求为标准,按照北京冬奥会组委会疫情防控的总体政策和原则,结合国际大型赛事中年轻志愿者占志愿者总数较大比例的惯例,综合考虑北京冬奥会赛事运行期间人员需集中住宿、实施闭环管理等现实因素。北京2022年冬奥会共录用赛会志愿者1.8万余人,35岁以下的青年志愿者占比94%,成为志愿服务的主力军,在构成上以北京、河北两地高校的大学生为主。志愿者的服务工作涉及包括竞赛运行等在内的12类

---

[1] 中国国际进口博览会,https://www.ciie.org。
[2] 根据《大型赛会志愿服务管理规范》(DB34/T 4022—2021)整理。

岗位,服务时间从北京冬奥会开幕式持续到闭幕式全流程。北京冬奥会志愿服务工作根据疫情防控的需要,在充分借鉴、吸收以往我国大型赛会志愿服务工作经验以及其他国家开办奥运会的经验的基础上,科学有序地展开。

一、北京冬奥会志愿者的构成

北京冬奥会组委会计划为冬奥会招募2.7万名志愿者,实际招募志愿者1.8万名。在参与统计的433名志愿者中,男性为186人,占比42.96%,女性为247人,占比57.04%,其中,36.49%的赛会志愿者拥有志愿服务的经历,而63.51%的志愿者此前从未参加过志愿服务。北京冬奥会志愿者在男女比例方面,女性志愿者占比略高于男性志愿者,但整体较为平衡。在年龄方面,北京冬奥会志愿者以35岁以下的年轻人为主,整体受教育程度也处于一个较高的水准,符合我国大型会展节事志愿者的构成特征。超过30%的志愿者有过志愿服务经历,根据这个比例,每一位拥有志愿服务经验的志愿者"前辈"可以帮助两位新志愿者更快地适应志愿服务工作,有效地提升北京冬奥会的志愿服务水平。在受教育程度方面,73.44%的志愿者拥有本科学历,8.31%的志愿者为研究生学历,体现出北京冬奥会志愿者拥有较高的学历水平。从职业类型上看,志愿者主要来源于学生,占比为81.76%,其次为政府、事业单位和企业人员,具体见表9-6。根据北京冬奥会志愿者人口统计特征,可以总结出北京冬奥会志愿者年龄较低、受教育程度较高、志愿服务经验较为丰富的特点。

表9-6 北京冬奥会志愿者的人口统计特征($N=433$)[①]

属性	细分类型	人数	占比/(%)
性别	男	186	42.96
	女	247	57.04
年龄	<19岁	0	0
	19—25岁	256	59.12
	26—35岁	104	24.02
	36—45岁	58	13.39
	>45岁	15	3.46
居住地	北京市	218	50.35
	天津市、河北省	103	23.79
	国内其他省(直辖市、自治区)	102	23.56
	国外	10	2.31
受教育程度	高中及以下	12	2.77
	大专	67	15.47
	本科	318	73.44
	研究生	36	8.31

[①] 周成.2022年北京冬奥会赛会志愿者报名动机量表构建与测度[J].北京体育大学学报,2021,44(7):10.

续表

属性	细分类型	人数	占比/(%)
职业类型	政府、事业单位人员	20	4.62
	公司、企业人员	25	5.77
	离退休人员	3	0.69
	自由职业者	17	3.93
	学生	354	81.76
	其他	14	3.23
以往志愿服务次数	1次	275	63.51
	2次	76	17.55
	3次	43	9.93
	>3次	39	9.01

二、北京冬奥会志愿者的服务类别

北京冬奥会的赛会志愿者的服务类别共分为12类，包括对外联络服务、竞赛运行服务、媒体运行与转播服务等，具体见表9-7[①]。

表9-7 北京冬奥会志愿者的服务类别

服务类别	工作内容
对外联络服务	主要从事奥运会或残奥会大家庭联络服务、国际贵宾以及国家和地区的奥委会或残奥委会代表团联络服务、语言服务、抵离服务等
竞赛运行服务	主要从事竞赛组织辅助、场地运行维护、体育器材及设施管理服务、国际和国内技术官员服务、国际单项体育联合会联络服务、热身区及运动员休息区服务等
媒体运行与转播服务	主要从事注册媒体的保障和服务，包括但不限于在主新闻中心、国际广播中心、山地新闻中心、山地广播中心运行服务、各竞赛场馆媒体工作区域运行服务等
场馆运行服务	主要为场馆提供技术支持和通信保障，还负责协助赛事现场的引导和协调等工作
市场开发服务	主要从事赞助企业服务、票务运营服务等
人力资源服务	主要从事人力服务、注册服务、信息与知识管理服务、赛会志愿者服务等
技术运行服务	主要从事计时记分及成绩系统服务、现场技术支持服务、集群设备分发服务等
文化展示服务	主要从事城市活动与文化广场服务、颁奖仪式服务等
赛会综合服务	主要从事餐饮服务、住宿服务、医疗服务、反兴奋剂服务、观众体验服务等
安保服务	主要从事场馆内安全检查协助、人流控制与秩序维护等

---

① 国家体育总局, https://www.sport.gov.cn/。

续表

服务类别	工作内容
交通服务	主要从事交通引导服务、交通信息咨询服务、车辆驾驶服务等
其他	主要从事品牌保护服务、物资管理与物流服务、法律咨询服务、权益保护服务等

第四节 北京2022年冬奥会志愿者服务案例分析

在全球疫情防控的严峻形势下,中国青年志愿者们响应国家的号召,不畏艰险、积极奉献,他们的身影活跃在北京冬奥会的各个角落,和这场盛宴融为一体,用微笑感染他人,用贴心、周到、专业的服务得到了尊重、认可和赞许,被誉为"冬奥最温暖的光"[①]。

一、北京2022年冬奥会志愿者的管理机制

为了做好各场馆中志愿者的统筹管理、服务保障工作,北京冬奥会建立了志愿者三级服务管理体系,即由志愿者经理总体协调,业务领域骨干直接负责,小组组长具体实施;编制《志愿者经理工作手册》,从团队设置、业务职责、政策制定、管理运行等方面做了设计指导,涵盖赛前、赛时、赛后全流程,帮助志愿者经理更好地为志愿者服务。

（一）北京冬奥会志愿者的招募

北京冬奥会计划招募2.7万名赛会志愿者,这些志愿者将分别服务于北京、延庆、张家口3个赛区的竞赛场馆、非竞赛场馆和各类服务设施。因为疫情的原因,虽然冬奥会志愿者的报名人数超过百万,但北京冬奥会实际只录用了赛会志愿者1.8万余人。其中,北京赛区志愿者占比63%,延庆赛区占比12%,张家口赛区占比25%。35岁以下的青年人占比94%,成为志愿服务的主力军。志愿者服务地点涵盖体育竞赛、场馆管理、语言服务、新闻运行等41个业务领域[②]。

（二）北京冬奥会志愿者的培训

北京冬奥会赛会志愿者服务涵盖体育竞赛、场馆管理、语言服务、新闻运行、颁奖礼仪等41个业务领域。所有赛会志愿者在正式上岗服务前均接受了系统培训,包括通用培训、场馆培训和岗位培训,专业志愿者还接受了专业培训。

北京冬奥会的志愿者培训以打造一支综合素质好、服务水平高、业务能力强的赛会志愿者队伍为目标,志愿者们将从通用培训开始,依次进行场馆培训和岗位培训,部分专业岗位的志愿者还要经历专业培训的考验。结合两地三赛区办赛的客观情况,以及疫情防控常态化要求,通用培训采取线上为主、其他方式为辅的形式开展,设置了奥林匹克基础知识、北京

---

① 志愿者是冬奥最温暖的光[EB/OL].(2022-03-01).http://finance.sina.com.cn/jjxw/2022-03-01/doc-imcwipih5998934.shtml.
② 1.8万余名赛会志愿者服务北京冬奥会[EB/OL].(2022-02-18).https://baijiahao.baidu.com/s?id=1725058223807368092&wfr=spider&for=pc.

冬奥会和冬残奥会概述、志愿服务概述、跨文化交流等通识类课程，以及助残服务技能、应急救护、英语口语等技能类课程和志愿者行为规范等课程，共23门30个学时。通用培训还要求赛会志愿者在上岗服务前开展不少于10个小时的志愿服务实践锻炼。专业培训正在针对每一类需要特殊技能的志愿者制定培训实施方案①。

基于志愿者工作岗位的多样性和复杂性，北京冬奥会志愿者部在制定《赛会志愿者培训工作方案》的基础上，针对各阶段、各专项培训工作的特点，先后制定了《赛会志愿者通用培训实施方案》《赛会志愿者专业培训工作方案》《赛会志愿者疫情防控专项培训工作方案》《关于加强赛会志愿者扶残助残专项培训工作的意见》和《赛会志愿者培训督导评估工作实施方案》等文件，使赛会志愿者培训政策体系更加完善，保障了志愿者培训工作的顺利进行。

（三）北京冬奥会志愿者的保障与激励

1. 北京冬奥会组委会为志愿者提供的保障

为了让志愿者安心工作，北京冬奥会组委会各相关业务领域为志愿者提供了充分的后勤保障，包括身份注册卡、制服、人身意外伤害保险、相关医疗服务的保障；志愿服务期间的免费餐饮；服务期间将按照服务场馆的不同和赛区的不同，安排志愿者集中住宿；服务期间，赛会志愿者可凭本人身份注册卡，免费乘坐主办城市公共汽（电）车、城市轨道交通、赛区内及赛区间通勤班车等，从而在制服、装备、餐饮、住宿、交通、医疗、保险、物资等方面确保志愿者服务无后顾之忧。

2. 北京冬奥会组委会为志愿者提供的激励

北京冬奥会组委会对志愿者采取精神激励和物质激励相结合的方式，对志愿者服务的激励措施包括但不限于颁发志愿服务证书、发放相关纪念品等。北京冬奥会依据《北京2022年冬奥会和冬残奥会赛会志愿者激励工作指导意见》，实施"三大激励、十项行动"，涵盖志愿者团队建设、骨干培养、心理辅导、文化活动、宣传推广、榜样塑造、荣誉表彰、成长发展等多个方面，极大激励、增强志愿者的荣誉感、责任感、归属感；制定出台了与志愿者服务过程相关的十四项保障政策，做到让志愿者安心、放心、暖心；还在所有竞赛场馆和重要非竞赛场馆设立"志愿者之家"，为志愿者设立专用的"Volunteer House"。

"志愿者之家"的设立是北京冬奥会的首创。在每一个有志愿者提供服务的竞赛场馆和非竞赛场馆，都设有"志愿者之家"，这也是奥运会历史上第一次为志愿者设立专属场所。志愿者们充分发挥他们的想象力和才华，利用书法、绘画、绿植、剪纸、春联、灯笼等元素，对"志愿者之家"进行设计布置，使"志愿者之家"具备了休息、学习、交流和团队建设的功能，为志愿者营造出温馨、舒适的环境。

北京冬奥会开幕恰逢春节，对于这群年轻志愿者来说，大多数人都是第一次离开家人在外过年。因此，每个场馆的"志愿者之家"都举办了春节联欢活动，写春联、贴福字、包饺子、演节目，志愿者们在热闹的气氛中，过了一个既特殊又喜庆的冬奥年。

农历正月十五是中国传统节日元宵节，延庆冬奥村的志愿者精心准备了剪纸、捏彩泥、猜灯谜等活动，还为运动员们进行舞龙舞狮表演。北京冬奥村的美国运动员在社交平台上分享了和志愿者一起参加元宵节民俗体验活动的视频。五棵松体育中心则把这一天作为团

---

① 国家体育总局，https://www.sport.gov.cn/。

队的"国际志愿者日",来自9个国家和地区的10名国际志愿者和中国志愿者一起扎灯笼,共话元宵。中国志愿者准备了元宵节礼物"打树花"剪纸送给国际志愿者,国际志愿者则用自己国家的语言书写祝福赠送给五棵松体育中心。

北京冬奥会结束后,北京冬奥会组委会志愿者部协调相关部门做好志愿者移出期的服务保障工作,并为志愿者发放专属的激励徽章,以感谢他们在冬奥会服务工作中做出的贡献[①]。

二、北京冬奥会志愿者形象及传播

(一)北京冬奥会及冬残奥会志愿者标志

北京2022年冬奥会和冬残奥会志愿者标志是冬奥会和冬残奥会重要的形象景观元素,是着眼于充分调动志愿者的积极性、弘扬和培育志愿服务精神、打造志愿者文化所作的原创性设计,如图9-6所示。

图9-6 北京2022年冬奥会及冬残奥会志愿者标志[②]

标志的上半部分酷似英文字母"VVV",蕴含着对运动员们取得胜利的美好祝福;下半部分形成了一张笑脸,表现出冬奥会志愿者"奉献、爱与微笑"的主旨,既是志愿精神"奉献、友爱、互助、进步"的体现,也是对作为全球首个"双奥之城"的北京的志愿精神的传承[③]。

(二)北京冬奥会志愿精神传播举措

北京冬奥会在筹办工作的重要时间节点,组织志愿者广泛参与北京冬奥会志愿者歌曲、志愿者口号创作、官方电影青年电影人招募、志愿者专题节目制作等活动,让奥林匹克精神激励更多的志愿者。

举办"'双奥之城'志愿有我"北京冬奥会和冬残奥会志愿服务可持续发展论坛,并联合中央文明办、共青团中央、教育部、国家体育总局、中国残联、中国志愿服务联合会共同发布《广泛开展迎冬奥志愿服务活动倡议书》,动员全国广大志愿服务组织和志愿者弘扬奥林匹克精神,践行志愿服务宗旨,积极参与冬奥会志愿服务、推广冰雪运动、文明实践、国际文化交流互鉴、关爱残疾人等行动,在全社会营造迎冬奥、讲文明、树新风的良好氛围。

[①] 志愿者是冬奥最温暖的光[EB/OL].(2022-03-01). http://finance.sina.com.cn/jjxw/2022-03-01/doc-imcwi-pih5998934.shtml.

[②] 国家体育总局,https://www.sport.gov.cn/。

[③] 国家体育总局,https://www.sport.gov.cn/。

三、北京冬奥会志愿者服务价值及价值共创

（一）北京冬奥会志愿服务利益相关者分析

北京冬奥会志愿服务利益相关者划分为三个层级：第一层利益相关者包括主办方（政府）、志愿者、服务对象（如运动员和观众等）；第二层利益相关者包括媒体、奥运场馆方、奥运会直接供应商、社会、政府；第三层利益相关者包括周边居民、高校、奥运会配套服务供应商。其中，第一层是核心利益相关者，是北京冬奥会志愿者服务价值共创的重点。志愿者是北京冬奥会志愿者服务价值共创的主体，服务对象是价值共创的客体，主办方是价值共创中资源的整合者。第二层和第三层是次核心利益相关者，各方会受到北京冬奥会志愿服务带来的影响，但本身对北京冬奥会志愿服务的影响较小，因此都是边缘利益相关者。政府为冬奥会志愿者服务价值共创提供法律支持和政策保障，高校、社会团体等为冬奥会志愿者服务价值共创提供人力资源保障，奥运场馆方、奥运会直接供应商、奥运会配套服务供应商等为冬奥会志愿者服务价值共创提供社会资源保障。

（二）北京冬奥会志愿者服务价值的体现

1. 志愿者通过提升实践技能，获取精神满足，实现个人价值

对参与北京冬奥会的志愿者而言，他们在服务北京冬奥会的过程中贡献了自己的力量，感到自己受到尊重，认为自己对于社会、对于服务对象具有价值，从而形成自我认同和自信，继而收获了自我满足，获得幸福感和愉悦感，实现了自我价值。此外，通过参加北京冬奥会的志愿服务实践，志愿者增加了社会经验，提高了各领域的能力，提升了经验价值和知识与能力价值。"奉献、友爱、互助、进步"的志愿精神，已成为新时代中国青年的价值选择。

2. 志愿者通过志愿服务工作创造经济价值

北京冬奥会是一项大规模赛事，日程较为集中，对人力资源的需求也非常灵活。志愿者工作时间短、强度高的特点与奥运会对人力资源的特殊需求具有很高的契合性。来自各个社会阶层和各个领域的志愿者不仅可以解决大型会展节事的燃眉之急，而且一定程度上减少了大型会展节事主办国家的就业压力。北京冬奥会结束后，志愿者带来的经济效益并没有消失，而是成为奥运会宝贵遗产的一部分，它可以通过种种途径将志愿者资本转化为经济价值。

3. 志愿者通过志愿服务的影响力提升其政治价值

首先，为了推广北京冬奥会志愿服务活动，使其更具吸引力，有效地调动人们参加北京冬奥会志愿服务活动的积极性，增强服务项目的品牌影响力是十分必要的。为了实现这一目标，北京冬奥会志愿服务拥有统一的视觉形象，这是服务的外在体现，在很大程度上影响着人们对冬奥会志愿服务的第一印象，良好的视觉感受能够促进北京冬奥会志愿者正面形象的树立，增加志愿者在社会上的正面宣传作用；北京冬奥会充分发挥了志愿者的模范作用，从政界、文艺界招募一批名人参与志愿服务项目及其宣传，以他们的形象和公信力实现模范带动作用，达到较好的对北京冬奥会志愿服务的宣传效果，从而提升北京冬奥会的影响力。正如中国志愿者团队中流传的这样一句话："不参加一次奥运会志愿服务，不知道自己有多爱国！"志愿者在参与北京冬奥会志愿服务工作过程中，体现了强烈的爱国主义精神，在祖国需要的地方奉献青春,讲好中国故事;在国际赛事上,以灿烂的微笑、友爱、热情的姿态参与志愿服务工作,展示着最美中国形象,成为向世界传播和平与友善的大使,从而提升志愿服务的政治价值。

4. 志愿者向社会传播志愿精神,贡献社会价值

北京冬奥会作为对整个社会拥有巨大影响力的大型会展节事,其所拥有的高素质、专业性强、热情友好的志愿者队伍,有助于志愿者整体形象的塑造和志愿精神的宣传。北京冬奥会志愿者在赛事服务过程中展现出的团结协作、甘于奉献的志愿精神也得到了社会的认可,发扬了中华民族优良传统的中坚力量,起到了传播良好社会风气的模范带头作用,对于促进社会团结与进步以及社会精神文明建设有着重要的意义,能够贡献极高的社会价值。

(三) 北京冬奥会志愿者服务价值共创

2022年2月20日20时,北京冬奥会闭幕,同时标志着北京冬奥会的志愿者服务工作圆满完成,青年志愿者们向世界交出了一份令人满意的答卷。这一高分答卷所体现的多方面服务价值是价值共创的结果。依据第一节所提出的我国大型会展节事志愿者服务价值共创模型,北京冬奥会志愿者服务价值共创的各个利益相关者充分发挥了自身在价值共创中的作用,帮助提升了北京冬奥会志愿者服务价值,对我国大型会展节事志愿者服务价值共创的发展具有借鉴意义。

1. 北京冬奥会志愿者在服务价值共创中发挥主体作用

北京冬奥会志愿者是服务价值共创的主体,志愿者积极地进行志愿服务,引导服务对象参与价值共创,通过提供服务为北京冬奥会创造经济价值,在媒体的宣传下弘扬奥运精神和志愿精神,为社会创造价值。北京冬奥会志愿者创新的服务模式使服务价值共创效果得到提升,例如在国家高山滑雪中心,志愿者为了带动观众热身,与现场的"冰墩墩"斗舞,营造出热烈的观赛氛围,激发了服务对象参与价值共创的意愿。

2. 服务对象的参与是志愿者服务价值共创的关键环节

参赛运动员在与志愿者进行互动的过程中获得了良好的互动体验,并自发地通过推特等社交媒体分享了自己的体验,提高了北京冬奥会的影响力,从而提高了北京冬奥会的政治价值和社会价值。例如,美国运动员泰莎·莫德和志愿者孙泽宇之间的互动故事被网友广泛点赞。莫德在中国的最后一天,在社交平台上分享了她和赛会志愿者的合影并配文称"会非常想念他们"。孙泽宇作为志愿者代表,出现在了闭幕式致敬志愿者环节中,走到舞台中央接受了巴赫和全体观众的感谢与掌声,服务对象对志愿者服务的认同与宣传,在很大程度上促进了北京冬奥会影响力的传播,提升了北京冬奥会志愿者的政治价值。

3. 北京冬奥会主办方充分发挥资源整合的作用

为了更好地发挥大型会展节事主办方在价值共创中的资源整合作用,北京冬奥会建立了志愿者三级服务管理体系,即由志愿者经理总体协调,业务领域骨干直接负责,小组组长具体实施。从团队设置、业务职责、政策制定、管理运行等方面做了设计指导,涵盖赛前、赛时、赛后全流程,帮助志愿者更有效地与服务对象进行价值共创。

4. 政府和社会为志愿者服务价值共创提供支持和保障

在北京冬奥会筹备的过程中,政府相关部门发布了《广泛开展迎冬奥志愿服务活动倡议书》等政策文件,动员全国广大志愿服务组织和志愿者弘扬奥林匹克精神,践行志愿服务宗

旨，积极参与北京冬奥会志愿服务、推广冰雪运动、文明实践、国际文化交流互鉴、关爱残疾人等行动，在全社会营造迎冬奥、讲文明、树新风的良好氛围。这一系列举措充分发挥了社会和政府在志愿者服务价值共创中的支撑和保障作用，为北京冬奥会志愿者服务价值共创提供了有力的支持。

四、北京冬奥会志愿服务精神及评价

北京2022年冬奥会的主题口号——"一起向未来"（Together for a Shared Future）传递出全体中国人民的美好希望，北京冬奥会的志愿者将这句话放在心中，将其作为志愿服务最大的动力。无论是生活保障、场地管理，还是通行管控、语言服务，从烟花盛放的"鸟巢"开幕式到白雪皑皑的比赛现场，每一个细小的环节、每一处需要帮助的地点，北京冬奥会志愿者活跃的身影和灿烂的笑容从未缺席。如果说在激烈的赛事中体现了运动员们更快、更高、更强的奥林匹克精神，那么冬奥会志愿者热情的服务无疑是北京冬奥会"一起向未来"美好期待的完美诠释。

在北京冬奥会闭幕式上，6位志愿者代表走到舞台中央，站到国家体育场"鸟巢"的聚光灯下。在现场播放短片时，国际奥委会主席巴赫先生起身鼓掌，向志愿者致敬。国际奥委会运动员委员会的代表向志愿者赠送了红灯笼。巴赫在致辞中表示："我要对所有志愿者说，你们眼中的笑意温暖了我们的心田，你们的友好善意将永驻我们心中。"他还用中文说道："志愿者，谢谢你们！"这是对北京冬奥会志愿者最高的赞赏。

微光成炬，向光而行。志愿者们是用平凡书写伟大的一类群体。2008年北京奥运会志愿者的微笑曾是北京最好的名片，"没有他们，这一切都不可能实现"，这是国际奥委会前主席罗格曾对2008年北京奥运会志愿者做出的评价。14年后，在北京2022年冬奥会上，数以万计的志愿者们在北京、延庆、张家口3个赛区，再次用灿烂的笑容、勤勉的行动，向世界传播和平与友善，展示最美中国形象。北京2022年冬奥会志愿服务工作是对北京2008年奥运会志愿服务精神的进一步实践，北京冬奥会志愿者们在特殊时期经受了严峻的考验，不仅擦亮了这一北京的"最美名片"，更被誉为"冬奥最温暖的光"，像一片片"燃烧的雪花"点亮了这座"双奥之城"，成为北京冬奥会和冬残奥会重要的服务保障力量。

虽然北京2022年冬奥会这一大型赛事已经闭幕，但志愿精神却永不会落幕，志愿者用热情、专业的服务赢得了赞誉，这段难得的经历将使他们受益一生，而"奉献、友爱、互助、进步"的志愿精神也将会一直延续下去。

第五节　大型会展节事志愿者服务案例启示

围绕大型会展节事的举办，我国志愿服务的组织与管理工作在各利益相关主体的协同下，在志愿者的实践下，其服务价值得以呈现和输出，主要体现在个人价值、经济价值、社会价值、文化价值和政治价值五个层面，如表9-8所示。

表9-8 大型会展节事志愿者服务价值指标

分类	指标	具体含义
个人价值	精神内化价值	志愿者通过参与大型会展节事志愿服务,了解大型会展节事精神,培养高尚品德
	自我实现价值	志愿者在志愿服务活动中得到自我满足感,增强志愿者的荣誉感、责任感、归属感
	知识与技能价值	志愿者在志愿服务的过程中获得了新的知识,得到了技能的提升,积累了经验或得到教训
经济价值	人力资源价值	志愿者可以为大型会展节事提供志愿服务,通过提供充足的人力资源,为大型会展节事开源节流
	间接经济价值	大型会展节事通过对参与方之间所转移的信息进行处理分析、可视化等,帮助用户获取信息价值;通过宣传志愿服务,吸引客户聚集到大型会展节事中
社会价值	社会促进价值	通过不计报酬、无私奉献的志愿服务,向社会传播公益精神,促进社会志愿服务活动的发展
	社会整合价值	大型会展节事作为一个强有力的纽带,可以聚集不同社会阶层的志愿者,整合社会资源
文化价值	文化输出价值	大型会展节事志愿者通过志愿服务向全世界输出举办国的文化
政治价值	形象价值	大型会展节事志愿者通过志愿服务提升国家形象,增强民族文化自信
	影响价值	志愿者通过提供志愿服务,在世界上提升大型会展节事的影响力

一、大型会展节事志愿者服务的个人价值

(一) 精神内化价值

大型会展节事志愿者通过参与大型会展节事志愿服务,学习包括志愿服务精神在内的各种志愿服务工作需要的知识。随后,大型会展节事志愿者在进行志愿服务活动的过程中,将学习到的志愿服务精神应用到志愿服务中,从而增强对志愿服务精神内涵的认同,内化志愿服务精神所倡导的社会伦理准则。

(二) 自我实现价值

志愿者在大型会展节事志愿服务的过程中对服务对象、对社会都贡献了自己的力量,从而产生了对自身志愿服务行为的价值认同,进而获得自信,收获自我满足,获得幸福感和愉悦感。

(三) 知识与技能价值

志愿服务是一个让志愿者丰富人生阅历的极有价值的实践过程,志愿者在大型会展节事中不仅为他人提供服务,而且获得了发挥自己的专业特长、提升自身专业实践能力的机会;,既增长了经验,也学到了新的知识。

二、大型会展节事志愿者服务的经济价值

(一) 人力资源价值

由于志愿者不求回报的特点,许多大型会展节事的组织者愿意让志愿者参与其中,以获取人力资源方面的支持,通过志愿者提供的无偿服务,降低运作成本,提高经济效益。以2008年北京奥运会为例,各类志愿者累计服务时长超过2亿小时,若折合成工资,共为奥运会节省开支42.75亿元,而奥运会志愿者的开支(包括餐饮补贴和保险)仅为该数值的16.1%,志愿者劳动价值与志愿者服务成本之比是体现志愿者经济价值的指标之一。北京奥运会志愿者服务的投入产出比高达6.21:1,也就是说,在志愿者身上花费的支出将得到6.21倍的回报[①]。

(二) 间接经济价值

大型会展节事通过对参与方之间所转移的信息进行处理分析、可视化等,帮助用户获取信息价值;通过宣传志愿者服务,吸引客户聚集到大型会展节事中,从而获得用户聚集价值;通过吸引大量观众和游客到大型会展节事的举办地旅游,促进当地旅游业的发展。

三、大型会展节事志愿者服务的社会价值

(一) 社会促进价值

大型会展节事对整个社会具有巨大的影响力,这决定了相比于其他大型活动,大型会展节事能够给予志愿者更加广阔的宣传平台,有助于志愿者整体形象的塑造和志愿服务精神的宣传,从而让社会认可大型会展节事志愿者创造的服务价值,也让参与大型会展节事的社会群众成为社会中的潜在志愿者,推动我国志愿事业的发展。

(二) 社会整合价值

大型会展节事将来自社会各界、不同阶层的志愿者集中在大型会展节事这一平台上,而大型会展节事的志愿服务工作需要全体志愿者的紧密联系、默契配合才能完成。社会各界的志愿者们因为同样的价值诉求在这里相遇,相互了解、互相帮助,在大型会展节事志愿服务的过程中,消除彼此的陌生感,分享各自的志愿服务体验。总体而言,大型会展节事通过志愿者的志愿服务工作,将原本互相分离的人们聚集在一起,从客观的角度达到了整合社会资源的作用。

四、大型会展节事志愿者服务的文化价值

大型会展节事志愿者并非单纯的服务提供者,他们作为举办国的形象大使,肩负着向世界展现举办国文化魅力的重要任务,是举办国文化风采的承载者和展现者。大型会展节事志愿者在为来自世界各地的参观者提供专业服务的同时,可以展示本国文化特色,促进世界各国友好交流、互相理解,使得大型会展节事能够在短时间内,将举办国的文化传播到世界各地,成为时间跨度更长、影响范围更广、远超寻常节事的文化交流活动,进而增强民族认同

---

① 志愿者为北京奥运节省43亿元[EB/OL].(2019-12-05).http://www.chinahaoren.cn/Articlebody-detail-id-6051.html.

感和民族自豪感。

五、大型会展节事志愿者服务的政治价值

（一）形象价值

大型会展节事被认为会对举办国的目的地形象和国家形象产生显著而积极的影响，举办国在大型会展节事举办中的表现会影响其国家形象的塑造。举办国可以通过举办大型会展节事向全世界展示国家形象，并将国家形象与大型会展节事的正面形象联系起来，大型会展节事志愿者服务是国家形象的重要传播媒介。因此，将志愿服务精神引入大型会展节事的形象构建中，整合志愿服务精神和大型会展节事的正面形象进行宣传，成为塑造城市形象及国家形象的重点，即大型会展节事可以利用志愿者服务的政治价值。例如，在2018年上海举办的首届中国国际进口博览会中，志愿者"小叶子"的阳光、积极的形象传播到了全世界，让全世界认识到中国青年的活力，提升了中国的国家形象和国际知名度。志愿者通过统一的服装展现出大型会展节事的主题，加深了参与者对于大型会展节事举办国的国家形象的印象，提升了大型会展节事的政治价值。表9-9介绍了我国一些具有代表性的大型会展节事志愿者的称谓。

表9-9　我国一些具有代表性的大型会展节事志愿者的称谓

大型会展节事名称	志愿者称谓	含义
上海世博会	"小白菜"	上海世博会园区志愿者都穿着绿白相间的志愿者服装，远看像一棵棵新鲜的白菜。白和绿的色彩搭配，象征着绿色环保，体现了和谐、洁净和创新的主题
上海世博会	"小蓝莓"	上海世博会城市志愿者的称呼与"小白菜"类似，城市志愿者穿着蓝色的志愿者服装，蕴含了环保、洁净和创新的主题
南京青年奥林匹克运动会	"小青柠"	青柠这种水果，果香清新，提神解乏，寓意着青春、青年、活力四射，展现了志愿者们蓬勃朝气的精神面貌
G20杭州峰会	"小青荷"	"青荷"来自宋代杨万里的诗句"接天莲叶无穷碧，映日荷花别样红"，谐音是"亲和"。志愿者的微笑是杭州最好的名片，"荷"音同和谐的"和"，展现志愿者为社会和谐、城市文明贡献力量的决心
世界互联网大会·乌镇峰会	"小梧桐"	志愿者服饰以乌镇的代表色蓝色为主题色，以"千禧凤凰"为设计灵感，寄寓了中华民族奋发向上、浴火重生、刚强坚韧的伟大精神，象征美好、才智和吉祥。凤凰最乐于栖在梧桐之上，梧桐树高大挺拔，是祥瑞的象征。志愿者名为"小梧桐"，传达了世界互联网大会·互联网发展论坛融合共生的理念
中国国际进口博览会	"小叶子"	国家会展中心（上海）是一株大大的"四叶草"，每一名志愿者自然就是一片"小叶子"。"小叶子"象征着志愿精神，甘当绿叶，做好服务，是每名志愿者的最大职责；代表年轻，代表成长，代表未来，是当代青年一代的象征；象征者青少年在党和国家的阳光雨露下健康成长，正是祖国的繁荣昌盛，才让年轻人有机会服务家门口的进博会

（二）影响价值

大型会展节事志愿者服务还能体现国家软实力，扩大国际影响力。文化软实力作为国家形象评价的一个重要指标，源自一个国家政治、经济及文化综合实力。大型会展节事志愿者的服务能在一定程度上提升举办国的文化软实力及国际话语权，展现了举办国独特的人文精神和哲学文化优势。

拓展学习

1.请阅读资料一并思考以下问题。

(1)请你依据资料和自身阅历，指出中国青年志愿者标志"心手标"曾出现在哪些大型会展节事(大型赛会)中？

(2)什么是志愿精神？请以中国某一大型会展节事为例，分析中国青年志愿服务精神的具体体现。

资料一：中国青年志愿者标志基本规范

2.请阅读资料二并思考以下问题。

(1)北京2022年冬奥会志愿者服务价值体现在哪些方面？
(2)北京2022年冬奥会志愿者服务价值是如何共创的？
(3)北京2022年冬奥会组委会围绕志愿服务工作开展了哪些宣传工作？
(4)你认为北京2022年冬奥会和冬残奥会志愿服务精神应如何传承？

资料二：托马斯·巴赫致信北京2022年冬奥会全体志愿者
——你们的笑容温暖了我们的心

参考文献

Reference

[1] 汪慧.我国国际化节事活动中的媒体对外传播策略研究——以中国(曲阜)国际孔子文化节为例[D].武汉:华中科技大学,2016.

[2] 高文超.《礼记》丧祭礼的哲学意蕴[D].天津:天津大学,2015.

[3] 潘文焰.节事资源旅游产业化的机理与路径研究[D].上海:华东师范大学,2014.

[4] 鲁俊.旅游目的地节事活动的开发策略研究——以山东省重点节事活动为例[D].天津:天津商业大学,2016.

[5] 孙昊.冰灯冰雕艺术数字化保护与传播研究[D].哈尔滨:黑龙江大学,2021.

[6] 张丽敏.浅析中国古代"集市"的形态演变[J].西安欧亚学院学报,2006,4(3):3.

[7] 常海强.现场与网上广交会相映成辉[J].中国经贸画报,2000(6):18-19.

[8] 吴江.信息化建设对大型展会的作用[J].中国商界(上半月),2010(12):401.

[9] 蔡瑞初,赵骏凯,邓强,等.网络会展电子商务功能分析——以"网上广交会"网站分析为例[J].电脑知识与技术,2011,7(24):5850-5852.

[10] 任宁,陈思宇.我国智慧会展的发展现状与对策研究[J].现代经济信息,2015(18):333-335.

[11] 隋金茹.以广交会为例分析疫情下的跨境电商直播模式[J].营销界,2020(51):49-50.

[12] 林克明.广州中苏友好大厦的设计与施工[J].建筑学报,1956(3):58-67.

[13] 倪阳,邓孟仁.珠江边上吹来的"和煦之风":中国出口商品交易会琶洲展馆一、二期[J].建筑创作,2010(12):84-91.

[14] 荆文君,何毅,刘航.中国互联网经济与互联网经济学20年:1998—2018[J].山西财经大学学报,2020,42(5):46-60.

[15] 程凡可.浅析淘宝网发展现状及未来发展趋势[J].经贸实践,2016(13):130.

[16] 王韶华,夏敏敏,马文芳.淘宝网与中国的电子商务[J].时代金融,2014(5):141.

[17] 宋纤.淘宝商城"双十一"购物节的经济学分析[J].经济研究导刊.2019(9):156,181.

[18] 李立.红人经济中的消费者信任研究——基于KOL与KOC视角[J].商业经济研究,2022(6):95-98.

[19] 吴晨茜.KOL电商直播商业现象解析[J].现代商业,2021(32):34-36.

[20] 王芝文,朱洙,郭朝玲,等.自媒体KOL、KOC对消费者影响的实证研究[J].现代商业,2021(12):22-25.

[21] 沈佳铭.从天猫双十一农村淘宝数据看农村电商发展前景[J].商场现代化,2018(2):58-59.

[22] 赵贤哲.集市—购物中心——"集"市新型购物中心与现代城市关系的再评价[J].科协论坛(下半月),2011(10):186-187.

[23] 罗芳,刘宇辰.中美网络购物节消费的比较研究[J].电子商务,2019(9):9-11.

[24] 刘少和,李秀斌.大型节事的文化展示与文化传播[J].旅游学刊,2009,24(3):6-7.

[25] 李慧玲.试说中国古代的狂欢节——蜡祭[J].河南师范大学学报(哲学社会科学版),2011,38(2):205-208.

[26] 刘振华.《礼记》所载蜡祭仪式的演变及其戏剧性考论[J].戏剧文学,2017(10):100-105.

[27] 张宪荣."蜡祭"考索[J].唐山师范学院学报,2013,35(6):33-37.

[28] 习近平.决胜全面建成小康社会 夺取新时代中国特色社会主义伟大胜利——在中国共产党第十九次全国代表大会上的报告[J].政策,2017(11):2,4-23.

[29] 周建国.春节的文化意义与社会功能[J].社会,2002(2):19-21

[30] 张婷,李琼.新化渠江源景区节事活动策划研究[J].旅游纵览(下半月),2020(6):141-143.

[31] 刘嘉龙.会展活动策划整合理论研究[J].中国城市经济,2011(29):260-261,264.

[32] 鲁宁.南方的冰雪梦——探访"冰墩墩"[J].美术观察,2019(12):5-8.

[33] 董宇.冬奥会开幕式探究[J].体育文化导刊,2015(8):95-100.

[34] 蔡今思.借鉴国际PPP运用经验支持公共基础设施建设[J].中国财政,2014(9):17-19.

[35] 刘亭立,王诚庆.重大节事的经济效应实证研究——以北京奥运会的市场反应为切入点[J].旅游学刊,2011,26(5):84-89.

[36] 曹广杰,王昕,吴建峰.重大节事对旅游城市入境旅游的影响研究——以北京为例[J].重庆师范大学学报:自然科学版,2015(32):165.

[37] 易剑东."双奥之城"的历史意蕴、时代使命及未来愿景[J].西安体育学院学报,2022,39(3):263-273.

[38] 王朝辉.产业融合拓展旅游发展空间的路径与策略[J].旅游学刊,2011,26(6):6-7.

[39] 王义学,刘玉杰.论冰雪文化在汉语国际教育中的应用与传播[J].文化创新比较研究,2022,6(6):167-170.

[40] 刘亚薇,崔姗.非遗文化"哈尔滨冰灯冰雕"的传播与保护[J].边疆经济与文化,2021(3):17-19.

[41] 施君鹏,赵野.浅谈我国东北地区雪雕艺术在城市建设中的发展与影响[J].中国民族博览,2020(14):170-171.

[42] 张佳琪,庄一兵.浅谈哈尔滨冰雪雕塑的审美意蕴[J].天工.2021(3):56-57.

[43] 王松引,邵龙,冯珊.哈尔滨现代冰雕艺术的发展与创新[J].工业设计,2021(3):120-122.

[44] 罗乔欣.3000厂商聚在线广交会[J].每周电脑报,1999(11):16.

[45] Rosenberg N.Technological Change in the Machine Tool Industry:1840-1910[J].The Journal of Economic History,1963,23(2):414-446.

[46] Greenstein S, Khanna T.What Does Industry Convergence Mean?[A]// Yoffie D.Competing in the Age of Digital Convergence.Boston: Perseus Distribution Services,1997.

[47] 王金锋.春华秋实:广交会迎来百届庆典[M].长春:吉林出版集团有限责任公司,2010.

[48] 杨义堂.非物质文化遗产记忆档案:祭孔大典[M].济南:山东友谊出版社,2013.

[49] 李英儒.春节文化[M].太原:山西古籍出版社,2003.

[50] 高承,事物纪原(卷八)[M].北京:中华书局,1989.

[51] 周二军.中华传统节日——春节[M].长春:东北师范大学出版社,2011.

[52] 陈鼓应.老子今注今译[M].北京:商务印书馆,2003.

[53] 萧放.春节[M].北京:生活·读书·新知三联书店,2009.

[54] 靳之林.生命之树与中国民间民俗艺术[M].广西:广西师范大学出版社,2002.

[55] 萧放.岁时——中国传统民众的时间生活[M].北京:中华书局,2002.

[56] 爱德华·泰勒.原始文化[M].连树声,译.上海:上海文艺出版社,1992.

[57] 习近平.习近平谈治国理政[M].北京:外文出版社,2017.

[58] 王景富.世界五千年冰雪文化大观[M].哈尔滨:黑龙江人民出版社,2007.

[59] 赖长强."云上广交会"的举办经验与创新发展思考[M]//张跃国,洪谦.广州国际商贸中心发展报告(2021).北京:社会科学文献出版社,2021.

[60] 于婷婷,晋艺函,刘一帆.消费文化视阈下的电商购物节现象解读[M]//钟瑛.中国新媒体社会责任研究报告(2016).北京:社会科学文献出版社,2016.

[61] 王珂.消费升级,以蓬勃内需推动长期增长[N].人民日报,2019-02-25(5).

[62] 乔继红."双十一"带动全球经济共振[N].新华每日电讯,2020-11-13(7).

[63] 古代也有购物节[N/OL].北京青年报,2019-11-04.https://epaper.gmw.cn/wzb/html/2019-11/09/nw.D110000wzb_201911093-02.htm.

[64] 徐邦印."冰丝带"的后冬奥时代,中国冰雪运动发展的亮丽名片[N/OL].新京报,2022-06-26.https://baijiahao.baidu.com/s?id=1736676990826984741&wfr=spider&for=pc.

[65] 李丹.古代的集市[N/OL].中国纪检监察报,2017-08-22.http://www.ynylxf.cn/NewsView.aspx?NewsID=216314.

后记

自2019年底,疫情陆续在全世界各个国家爆发,对我国乃至全球各国的文化、会展、旅游等产业发展产生了巨大的影响。"非必要不举办大型会议、培训、演出、会展、体育赛事、节庆等人员聚集性活动",意味着诸多线下会展节事活动的"停办""取消"或"延迟"。如何把疫情危机转化为机遇和挑战,是全球都必须面对的问题。当前,会展节事的发展既面临诸多挑战,也迎来新的发展契机,因此,应采用最新的技术和理念加快转型升级,优化资源配置,集聚优质资源,形成行业的良性发展。

党的十八大以来,党中央对建设网络强国、数字中国、智慧社会作出战略部署,形成推动数字经济发展的强大合力。《中华人民共和国国民经济和社会发展第十四个五年规划和2035年远景目标纲要》就"打造数字经济新优势"提出了多方面的具体要求和任务。习近平总书记强调:"发展数字经济意义重大,是把握新一轮科技革命和产业变革新机遇的战略选择。""当今时代,数字技术、数字经济是世界科技革命和产业变革的先机,是新一轮国际竞争重点领域,我们一定要抓住先机、抢占未来发展制高点。"文化旅游经济的发展应深刻把握数字经济发展的时与势,促进数字技术与文化旅游产业的深度融合,以实现数字经济赋能高质量发展。

在互联网技术、数字技术等多元化技术的支持下,会展节事走上数字化发展道路,从"网上广交会"到"数字进博",从2010年上海世博会的"VR展馆"到2022年上海时装周的"元宇宙秀场",中国的会展节事可以不受空间和时间所限,大放异彩,举办功能及成效显著,推动产业不断优化升级,真正做到服务于国家经济发展,为国家经济的稳步增长做出积极的贡献。未来,在数字经济发展进程中,中国会展节事可持续发展必将进一步加强在网络空间的举办效果,进一步实现"线上+线下"双线融合发展的模式。

中国会展节事的可持续发展意义重大,尤其是对于大型会展节事来讲,其是中华优秀传统文化的集中代表和传播载体,有利于推进文化自信自强、铸就社会主义文化新辉煌;其对于目的地形象树立、区域经济、文化和社会发展具有积极的影响作用,有利于加快构建新发展格局,着力推动高质量发展;其提倡挖掘本土优势资源,保护生态文明,有利于推动绿色发展,促进人与自然和谐共生;其是青年一代参与志愿服务、实现个人价值的舞台,有利于中华文明的传承、弘扬与传播。

编者

2023年3月20日

教学支持说明

普通高等学校"十四五"规划旅游管理类精品教材系华中科技大学出版社"十四五"规划重点教材。

为了改善教学效果,提高教材的使用效率,满足高校授课教师的教学需求,本套教材备有与纸质教材配套的教学课件和拓展资源(案例库、习题库等)。

为保证本教学课件及相关教学资料仅为教材使用者所得,我们将向使用本套教材的高校授课教师赠送教学课件或者相关教学资料,烦请授课教师通过电话、邮件或加入旅游专家俱乐部QQ群等方式与我们联系,获取"电子资源申请表"文档并认真准确填写后发给我们,我们的联系方式如下:

地址:湖北省武汉市东湖新技术开发区华工科技园华工园六路

邮编:430223

电话:027-81321911

传真:027-81321917

E-mail:lyzjjlb@163.com

旅游专家俱乐部QQ群号:758712998

旅游专家俱乐部QQ群二维码:

电子资源申请表

填表时间：_____年___月___日

1. 以下内容请教师按实际情况写，★为必填项。
2. 根据个人情况如实填写，相关内容可以酌情调整提交。

★姓名		★性别	□男 □女	出生年月		★职务	
						★职称	□教授 □副教授 □讲师 □助教

★学校		★院/系	
★教研室		★专业	
★办公电话		家庭电话		★移动电话	
★E-mail（请填写清晰）				★QQ号/微信号	
★联系地址				★邮编	

★现在主授课程情况	学生人数	教材所属出版社	教材满意度
课程一			□满意 □一般 □不满意
课程二			□满意 □一般 □不满意
课程三			□满意 □一般 □不满意
其他			□满意 □一般 □不满意

教材出版信息						
方向一		□准备写	□写作中	□已成稿	□已出版待修订	□有讲义
方向二		□准备写	□写作中	□已成稿	□已出版待修订	□有讲义
方向三		□准备写	□写作中	□已成稿	□已出版待修订	□有讲义

请教师认真填写表格下列内容，提供索取课件配套教材的相关信息，我社根据每位教师填表信息的完整性、授课情况与索取课件的相关性，以及教材使用的情况赠送教材的配套课件及相关教学资源。

ISBN(书号)	书名	作者	索取课件简要说明	学生人数（如选作教材）
			□教学 □参考	
			□教学 □参考	

★您对与课件配套的纸质教材的意见和建议，希望提供哪些配套教学资源：